A MONTANHA
ILUMINADA

IMPRIMATUR:

Pe. Edegard Silva Jr MS

Coordenador Provincial

Curitiba, 19 de setembro de 2015

PE. ATICO FASSINI, MS

A MONTANHA ILUMINADA

O FATO DA
SALETTE

Paulinas

Dados Internacionais de Catalogação na Publicação (CIP)
(Câmara Brasileira do Livro, SP, Brasil)

Fassini, Atico
A montanha iluminada : o fato da Salette / Atico Fassini. – São Paulo : Paulinas, 2016. – (Coleção arte e mensagem)

ISBN 978-85-356-4233-9

1. Salette, Nossa Senhora da 2. Maria, Virgem, Santa - Aparições e milagres I. Título. II. Série.

16-07920　　　　　　　　　　　　　　　　　　CDD-232.917

Índice para catálogo sistemático:
1. Nossa Senhora da Salette : Aparições e milagres : Cristianismo   232.917

1ª edição – 2016
1ª reimpressão – 2017

Direção-geral: *Bernadete Boff*
Editora responsável: *Vera Ivanise Bombonatto*
Copidesque: *Mônica Elaine G. S. da Costa*
Coordenação de revisão: *Marina Mendonça*
Revisão: *Sandra Sinzato*
Gerente de produção: *Felício Calegaro Neto*
Projeto gráfico: *Jéssica Diniz Souza*
Imagem de capa: Fotolia – © yik2007

Nenhuma parte desta obra poderá ser reproduzida ou transmitida por qualquer forma e/ou quaisquer meios (eletrônico ou mecânico, incluindo fotocópia e gravação) ou arquivada em qualquer sistema ou banco de dados sem permissão escrita da Editora. Direitos reservados.

Paulinas
Rua Dona Inácia Uchoa, 62
04110-020 – São Paulo – SP (Brasil)
Tel.: (11) 2125-3500
http://www.paulinas.org.br – editora@paulinas.com.br
Telemarketing e SAC: 0800-7010081
© Pia Sociedade Filhas de São Paulo – São Paulo, 2016

"O povo que andava nas trevas viu uma grande luz.
Para os que habitavam nas sombras da morte uma luz resplandeceu".

(Is 9,1)

"Treva é tudo que, no mundo, é confusão, falta de sentido,
autossuficiência, tentativa de construir a vida partindo
apenas de nós mesmos, de nos organizarmos
com nossas pobres e pequenas forças.
Nas trevas resplende uma luz. A luz que brilha nas trevas
é uma realidade viva e pessoal, Jesus Cristo,
Filho de Maria e Filho de Deus.
As trevas não têm poder sobre essa luz indestrutível.
Essa luz é a certeza de que,
em Jesus Cristo, Deus ama este nosso mundo".

(Carlo Maria Martini – Cardeal arcebispo de Milão – Itália.
Sulle Strade del Signore, Milão, Ed. Oscar Mondadori, 1993, p. 522-524)

SUMÁRIO

Introdução 11

Parte 1. Salette: fato e contexto

Capítulo I. Situação histórica da França 17

Capítulo II. Um submundo na França profunda 21

Capítulo III. Sobreviventes da baixada humana..................26

Capítulo IV. O evento extraordinário....................................31

Capítulo V. Ecos do evento..46
    1. Les Ablandens: a surpresa da compaixão de Deus...................46
    2. La Salette e Corps na dinâmica da reconciliação...................49
    3. Os agraciados: retorno ao cotidiano 67
    4. Pe. Mélin: "Le Bon Papa"...72

Capítulo VI. Alvo de muitas buscas.......................................85

Capítulo VII. Grenoble: a palavra da Igreja 91
    1. Um modelo de bispo...91
    2. Primeiras informações 97

Capítulo VIII. À procura do sentido 101
    1. A investigação inicial 101
    2. A análise conclusiva 103

Capítulo IX. O despontar da decisão episcopal 107
   1. O "Incidente de Ars"..111
   2. Superado o equívoco 118

Capítulo X. Os "segredos" em Roma 121

Capítulo XI. E a luz se fez 134

Capítulo XII. "Deixai vosso servo partir em paz" 145

Capítulo XIII. A fortaleza do novo bispo 151
   1. O novo bispo de Grenoble...151
   2. O teólogo 153
   3. O pronunciamento 157
   4. O devoto da Salette 159

Capítulo XIV. Outros pastores enviados 164
   1. Dom Paulinier 164
   2. Dom Fava 164

Parte 2. O Novo Mandamento

Capítulo I. Um templo sobre rocha 173
   1. O Santuário 173
   2. O povo de Deus peregrino 179

Capítulo II. O legado de Dom Philibert: os Missionários da Mãe da Reconciliação 185
   1. A Aparição da Salette: evento inspirador 185
   2. Os precedentes da fundação 186
   3. O ato fundador de 1º de maio de 1852 187
   4. Os pioneiros 194
   5. O carisma 200
   6. A missão 203

Capítulo III. A missão saletina no Brasil 205
   1. Os primórdios da missão 205
   2. A missão em São Paulo 206
   3. A missão no Rio de Janeiro 208
   4. A missão no Rio Grande do Sul 209
   5. A missão no Paraná 210
   6. A missão na Bahia 212
   7. A missão no Centro-Oeste do Brasil 213
   8. A missão além-fronteiras 214
   9. A missão a serviço da Igreja no Brasil 215

Apêndice

Capítulo I. O percurso de vida de Maximino e Melânia 219
   1. Maximino: inconstância de vida na fidelidade a Bela Senhora ... 221
   2. Melânia: vida virtuosa em trajetória tortuosa 228

Capítulo II. Uma espinhosa questão 238

Capítulo III. Uma questão suplementar 250

Conclusão 255

Bibliografia 261

INTRODUÇÃO

Quando amanhece o dia em La Salette, o sol, no cimo do Monte Gargas, abre lentamente seu imenso e brilhante olhar, espia as montanhas circundantes e vagarosamente derrama sua luz sobre as quebradas dos vales para dissipar as sombras que os encobrem. O dia, então, se faz e ilumina a labuta cotidiana do povo alpino.

O mundo miúdo de La Salette, na cadeia dos Alpes da França profunda, em meados do século XIX, vivia nas trevas. A miséria econômica e a carência religiosa submergiam a população no sofrimento. A fome era devastadora, com alto índice de mortalidade infantil. As sombras da dor e da morte encobriam os vales das montanhas. Trilhas de vida pareciam não mais existir. Choro e gemidos ecoavam por entre os montes, como os lamentos das mães de Belém que choravam por seus filhos e não queriam ser consoladas, porque eles já não existiam (Mt 2,18). Era a noite escura da desesperança das mães de La Salette, a "pequena sala" de encontro entre o céu e a terra, onde a Mãe de Deus visitou seu povo.

Numa tarde de fim de verão, a 19 de setembro de 1846, uma "Senhora", revestida de clarão sem par, apareceu a Maximino Giraud e Melânia Calvat, duas pobres crianças, pastoras de ocasião e sobreviventes da baixada humana. O evento aconteceu no cenário reduzido, discreto e agreste de um valinho, junto à minúscula fonte intermitente a par do riacho Sézia, a 1.800 metros de altitude, no alto do Monte Planeau, coração de imenso e magnífico anfiteatro montanhoso, aos pés dos

Montes Gargas e Chamoux. Uma claridade intensa iluminou o recanto obscuro. Misteriosa luz brilhou na montanha bendita naquela tarde, como na noite dos pastores de Belém (Lc 2,9), e iluminou um povo na escuridão do sofrimento. Um "farol luminoso" de salvação, segundo o bispo de Grenoble, Dom Philibert de Bruillard.

O poeta René Fernandat podia, então, exclamar: "Oh! Montanha sagrada coroada de luz, que em ondas de luz resplandece quando o Eterno ilumina tua fronte e a Virgem na terra aparece!".[1]

Na linguagem humana da Bíblia, a luz natural é símbolo do esplendor da glória, vestimenta de que Deus se reveste (Sl 104,2). O próprio Senhor é a Luz da salvação (Sl 27,1). Sua Palavra ilumina o caminho da vida (Sl 118,105). Seu Verbo Encarnado resplandece nas trevas e orienta os passos humanos (Jo 1,5.9; 9,5; Lc 2,32; Jo 1,14). Quem o segue "terá a luz da vida" (Jo 8,12).

No evento maravilhoso de 19 de setembro de 1846 no Monte Planeau, o palco central da imensa arena de montanhas de La Salette, o Cristo, Luz do Mundo, entrou em cena, crucificado e glorioso, contracenando o drama das lágrimas luminosas da Bela Senhora. O Cristo, compassivo e resplandente, sobre o Coração da Mãe Maria em sua Aparição, iluminou a vida do povo montanhês imerso em vale de lágrimas. Do Cristo Crucificado-Ressuscitado, pendente da cruz deposta sobre o coração da "Senhora", brotava sem cessar a intensa luz mais forte que a do sol, luz que a todos envolvia em translúcida claridade, durante a Aparição. "Como se o sol tivesse caído lá...", diriam mais tarde as duas crianças. "Era uma luz, mas uma luz muito diferente de qualquer outra", afirmava Maximino Giraud, em *Ma profession de foi sur l'Apparition de Notre Dame de La Salette*. Luz gloriosa que dá à morte do Crucificado

---

[1] Diversos, in *La Salette – Témoignages*, Paris, Éd. Bloud & Gay, 1946, p. 53.

e às lágrimas da "Senhora" a dimensão da vida ressuscitada no seio da eternidade. A mariofania da Salette se fez divina cristofania.

A palavra e a compaixão da Bela Senhora diluíram as sombras da dor e da morte que reinavam na baixada humana. Em Salette, a esperança de vida se reacendeu no olhar e na alma do povo desolado. Um novo dia clareou. Dia de salvação nas trilhas da reconciliação. Dia de luz divina que iluminou o caminho da vida. Naquele dia o povo de La Salette, que andava nas trevas, viu uma grande luz (Is 9,1). A luz da Salette impregnou o coração dos pastores Maximino e Melânia, e transformou a alma do povo.

"O Fato da Salette", a história desse novo dia que amanheceu no Monte Planeau, a Montanha Iluminada, aqui vai narrada. A presente obra é fruto de busca ampla e de coleta honesta de elementos históricos relativos ao Fato da Salette. Fixando os olhos nesse evento, o texto bebeu exaustivamente em fontes categorizadas, trabalho de diversos autores, especialistas na matéria. Dentre eles, destaca-se a monumental obra de Pe. Jean Stern MS, *La Salette – Documents authentiques*, em três volumes, que cobre o arco do tempo entre setembro de 1846 e novembro de 1854, período decisivo para a afirmação do insólito acontecimento. Com método absolutamente científico, Pe. Jean Stern ali recolhe, criticamente e numa ordem cronológica rigorosa, os documentos autênticos que surgiram nesse período em relação ao assunto.

A presente obra encontra igualmente suporte na vivência do autor como superior provincial dos Missionários de Nossa Senhora da Salette no Brasil e Conselheiro Geral de sua Congregação em Roma, e em seu trabalho pastoral junto aos peregrinos dos Santuários de Nossa Senhora da Salette na França, em Marcelino Ramos, Rio Grande do Sul, em Caldas Novas, Goiás, em São Paulo, São Paulo, e no Rio de Janeiro, Rio de Janeiro.

A versão anterior desta obra, impressa em 2011 com o título *Salette – De volta à fonte*, teve caráter exclusivamente interno, a serviço dos formandos da Província dos Missionários de Nossa Senhora da Salette no Brasil. A presente versão, porém, revista e agora publicada sob o título de *A Montanha Iluminada – O Fato da Salette*, visa ao grande público interessado em conhecer esse maravilhoso evento.

Consciente de seus limites, a obra deseja ser fiel à história da Aparição de Nossa Senhora em La Salette, na França. Aparição única porque aconteceu uma só vez. Única também pela dinâmica de seus personagens, num drama em três atos em que a paixão do povo e a compaixão de Deus se entrelaçam: no primeiro, Nossa Senhora, sentada sobre uma pedra, chora num silêncio solidário ante as angústias do povo; no segundo, põe-se de pé e, no diálogo com Melânia e Maximino, convoca o povo à reconciliação; no terceiro, seguida pelos dois pastorinhos, anda montanha acima e se eleva aos céus, símbolo da caminhada em busca do Reino de Deus. A mariofania da Salette, com seu conteúdo bíblico-teológico, é expressão de rico significado pastoral.

Esta obra tem, pois, o modesto intuito de levar ao público o Fato da Salette em seu 170º aniversário, e de agradecer a Bela Senhora, Mãe da Reconciliação, pelo 60º aniversário de Vida Religiosa e 50º de sacerdócio do autor. Sirva ela a seu simples objetivo e Deus será louvado!

Parte 1

SALETTE: FATO E CONTEXTO

Capítulo I

SITUAÇÃO HISTÓRICA DA FRANÇA

A verificação passageira do contexto histórico-social da França nos meados do século XIX serve para melhor intuir o significado transcendente do Fato da Salette. Um simples mosaico de elementos indicativos permite uma percepção aproximativa do que era a França naquela época.

A situação do país no século XIX vinha marcada por pesadas sequelas da Revolução Francesa de 1789. As guerras napoleônicas, a instabilidade do regime, as revoltas do povo, a Comuna de Paris, os resquícios de cesaropapismo e os ímpetos imperialistas criavam graves obstáculos para a vida do país.

Do ponto de vista econômico-social, fazia-se ainda sentir o peso do feudalismo contrabalançado pela indústria nascente que incorporava a máquina a vapor, a eletricidade, as ferrovias em construção e os novos meios de comunicação, os quais aceleraram o desenvolvimento do capital industrial. A bolsa de valores e a especulação financeira entraram no jogo da economia nacional. O êxodo rural ocasionou o surgimento de populações periféricas nas grandes cidades, contexto que possibilitou a formação da consciência de "povo" e de "proletariado". A sociedade dividida entre riqueza e pobreza se tornou o cadinho do comunismo. Diferentes tipos de socialismo foram, então, experimentados.

É a época do advento do marxismo, que teve início em 1841, na Universidade de Jena, quando Marx lançou a tese filosófica pela qual condenava a fé em Deus como obstáculo à liberdade humana. Pouco tempo depois, Feuerbach propagava a ideia de que Deus é o produto da alienação do ser humano que se despoja das próprias qualidades para projetá-las em um ser imaginário. Entre 1843 e 1845, em Paris, Marx descobriu o mundo operário e seu potencial de fermentação social. Poucos meses antes da Aparição em La Salette, com a colaboração de Engels, publicou a obra *A ideologia alemã*, pela qual deu ao ateísmo teórico de Feuerbach um caráter prático. Lançou, então, o materialismo dialético com a publicação de seu *Manifesto Comunista*, em 1848.

Nessa época, também as ideologias de Nietzsche, Freud, Alan Kardec, Auguste Compte e outros eram difundidas em toda a Europa.

O racionalismo voltairiano e o pensamento iluminista se haviam infiltrado na cultura europeia, favorecendo o ateísmo militante, o anticlericalismo e a indiferença religiosa que, somados ao êxodo rural e ao ritmo de trabalho contínuo na indústria, resultaram no desequilíbrio na vivência tradicional do tempo semanal e dominical, levando à perda de valores morais e religiosos, ao abandono da Igreja e da prática religiosa.

O contexto francês era, pois, encoberto por muitas sombras. Apesar disso, a França continuou sendo terra de santos e de heróis. A Igreja na França do séc. XIX gerou uma plêiade de eminentes personalidades, viveu intensa atividade missionária, viu a fundação de muitas congregações religiosas e o testemunho de vida de grandes santos e santas, contemporaneamente ao surgimento de significativos movimentos sociais de caráter eclesial em benefício dos pobres.

As circunstâncias históricas que caracterizavam a França no século XIX pesaram na mente e na vida do povo interiorano, entranhado na França profunda das montanhas de La Salette. De alguma forma, esse povo bebia das águas turvas desse mundo tumultuado, estranho e tentador. Influências de todo tipo chegavam a Corps, a pequena cidade-polo da região. O povoado respirava os sobrecarregados ares cosmopolitas trazidos por passantes vindos de muitos cantos em direção a tantos outros recantos. Saudáveis ou não, os ares da civilização afetavam a vida social, moral e religiosa de Corps e subiam pelos meandros das montanhas até La Salette para impregnar a alma simples de seu povo rude.

O que mais pesava, no entanto, na alma e no corpo da população saletina era a fome, a terrível fome que dizimava a vida de seus habitantes. O texto do historiador André-Jean Tudesq, "La France Romantique et bourgeoise (1815-1848)", publicado em *Histoire de la France des origines à nos jours*, por Georges Duby em 1995, muito bem ilustra essa realidade:

> Quanto à prosperidade, encontrou-se ela interrompida desde o outono de 1846 por uma grave crise econômica. Esta apresentou inicialmente o aspecto tradicional das dificuldades provocadas por más colheitas. Já em 1845 a colheita de batatinhas (que, em peso, ultrapassava geralmente à do trigo) tinha sido medíocre. Em 1846, as colheitas de cereais e forragens foram gravemente prejudicadas, primeiramente por calor e seca excessivos e, a seguir, no outono, por inundações que pesaram fortemente sobre a sorte dos cultivadores... O anúncio da crise do trigo despertou o antigo medo de escassez. O medo da falta de grãos ou a esperança de vendê-los mais caro, por causa da penúria, levou numerosos proprietários a suspender suas vendas. (...) Dessa forma, a crise alimentou a crise e criou nas regiões rurais uma situação revolucionária, sem objetivo político. Os recursos populares foram açambarcados pelas compras alimenta-

res e o preço do pão subiu tanto que, quase em toda parte, não se queria fixá-lo. Em contrapartida, o povo deixou de comprar vestimentas e outros produtos, e os trabalhadores da indústria, sobretudo a têxtil, estavam ameaçados de desemprego no momento em que o aumento do pão tornava mais urgente a necessidade de se buscarem recursos. (...) A avidez pelas ações das companhias de estradas de ferro, embora tardia, se alastrou pelas diversas camadas da burguesia, desviando para o lado da especulação os capitais até então utilizados de maneira mais sadia no comércio e na indústria. (...) A greve dos trabalhadores nos canteiros de construção de ferrovias aumenta o número de desempregados e determina também a suspensão das encomendas na metalurgia. Assim se acumulam as catástrofes: desemprego, falências, bancarrotas são acompanhadas por um cortejo de miséria. (...) Uma parte da opinião burguesa responsabilizava as doutrinas socialistas pelas sublevações populares esparsas pelo país afora. (...) O termo "capitalista" entrou no vocabulário da polêmica. Muitos escândalos aconteceram em 1847. (...) O enfraquecimento da moralidade atingiu todas as classes (...). As transformações econômicas mudariam a escala de valores...[1]

Era a situação humana em La Salette, razão de muitas lágrimas no olhar e no coração de seu povo. Lágrimas que também rolaram misteriosamente reluzentes do rosto da Bela Senhora, assunto de sua conversação com Melânia e Maximino, durante a Aparição de 19 de setembro de 1846.

---

[1] SCHLEWER, Marcel MS, *Salette, opção de vida*, tradução de Pe. Atico Fassini MS, Passo Fundo, Gráfica Editora Pe. Berthier, 1999, p. 193-197.

Capítulo II

UM SUBMUNDO NA FRANÇA PROFUNDA

Corps, pequena cidade assentada no vale do Rio Drac, nos Alpes do Delfinado, sudeste da França, em meados do século XIX era morada de 1.300 habitantes, aproximadamente.

Por ela passa a "Estrada de Napoleão", importante via de comunicação entre o sudeste e o restante da França. A estrada nacional leva esse nome porque serviu de passagem ao imperador Napoleão, quando fugia da prisão na Ilha de Elba. Dirigia-se a Paris para retomar o poder. Em Corps, encontrou hospedagem.

Pela localidade de Corps transitavam muitos viajantes que iam e vinham por esses caminhos da França em direção à Itália e a outros horizontes, e vice-versa. Passageiros, em diligências puxadas por cavalos para transporte de correio e mercadorias, cavaleiros isolados, pedestres, portadores de todo tipo de notícias e histórias, ali encontravam pousada, alimento, bebida e alguma distração. A situação moral e religiosa da cidade era lamentável.

Grenoble é o grande polo urbano da região, a cerca de 70 km de distância de Corps. La Mure se encontra a meio caminho entre ambas. A 50 km além de Corps, pela Estrada de Napoleão, ladeada por montanhas esplêndidas, chega-se a Gap, cidade de médio porte.

Em Corps, a estrada regional de 6 km, no antigo caminho íngreme e pedregoso, dá acesso a La Salette, a "pequena sala" geograficamente plantada em meio aos Alpes, a 1.300 metros de altitude.

No meio caminho entre Corps e La Salette, uma acanhada "garganta" (*gorge*) serve de porta única de entrada para um mundo de rochedos e abismos, de pradarias esparsas e pequenas florestas, com parca terra cultivável. Logo se impõem ao olhar os Montes Gargas e Chamoux, irmãos gêmeos rochosos e robustos que se erguem a 2.300 metros de altitude e formam a grande muralha que circunda La Salette, pequena cidade sentada no fundo do vale, contemplando a grandiosidade do panorama. À meia altura, a 1.800 metros de altitude, uma exígua faixa de terra, dita "Sous-les-Baisses", ladeada por abismos profundos, liga o Gargas e o Chamoux ao nanico e gracioso Monte Planeau, caprichoso palco de teatro romano insólito. No sopé do Monte Planeau toma assento La Salette, a 9 km abaixo do local da Aparição de Nossa Senhora.

Outras montanhas se erguem para emoldurar o majestoso quadro da encantadora região saletina. Em suas fraldas íngremes, rebanhos de ovelhas passam o verão, em transumância pelas pastagens alpinas. Um pequeno curso d'água, o regato Sézia, brota lá no alto, no entremeio aos imponentes Gargas e Chamoux. Suas águas frias, depois de banhar os costados do Monte Planeau, descem cantarolando para molhar os pés da cidadezinha de La Salette. Atravessam a estreita "garganta" de montanhas, regam as cercanias de Corps e, finalmente, desembocam no impetuoso Rio Drac, aos pés da beleza soberba do Monte Obiou, com 3.200 metros de altitude.

O entorno montanhês é extraordinariamente ornado por um mar de flores nativas que enfeitam, multicoloridas, a primavera. Ao seu tempo, o manto branco e espesso da neve abriga o solo contra o rigoroso frio do inverno. Marmotas, raposas, corvos e cabras selvagens habitam os recantos das montanhas. As estrelas estão ao alcance da mão. O silêncio é imenso e espesso. Maravilhoso mundo imerso na pétrea solidão da França profunda!...

A minúscula e pobre população do município de La Salette de ontem vivia encaixada nesse estreito cenário de montes e vales. Limitado, esse povo sempre sofreu as influências, positivas e negativas, jogadas em Corps, ponto de encontro de pessoas, culturas e informações de todo tipo e de muitos lugares. Cerca de 700 habitantes ali viviam em meados do séc. XIX. Sua parca e sofrida população de agricultores e pastores era distribuída em doze pequenas e míseras aldeias, esparsas e ocultas entre baixadas e encostas, isoladas nos meandros das montanhas. Seu contato com o mundo de fora era miúdo, afunilado como as águas do regato Sézia na descida para Corps. O atraso cultural e social da população era ilimitado.

No inverno entre 1845 e 1846, a região saletina caiu na miséria. Uma praga agrícola atingira todos os produtos da cesta básica desse povo: trigo, uva, nozes, batatinhas... A penúria se alastrou pelas redondezas e por toda a França. Em 1846, ainda, a produção de cereais foi frustrada em razão de uma primavera demasiadamente seca e de um verão muito chuvoso. O preço dos alimentos se tornou extorsivo. O povo não tinha meios para adquirir suprimentos vindos de fora. A fome se tornou grave e generalizada. A mortalidade por inanição, sobretudo entre crianças, agravou o sofrimento dos moradores da área e suscitou sentimentos de desespero. A situação se agravou no inverno seguinte, entre 1846 e 1847.

No início de 1847, pela França afora explodiram movimentos populares de indignação e pilhagens. A queda na produção agrícola gerou, por sua vez, uma crise industrial e o consequente desemprego em todo o país. A crise econômica levou à crise demográfica. O número de casamentos e de nascimentos baixou. O índice de mortalidade se elevou.

A falta de alimentos se estendeu por outros países europeus, como Alemanha e Bélgica. Em 1847, a calamidade da fome obrigou grande parte do povo da Irlanda a emigrar para os Estados Unidos. Disso dão testemunho os estudos históricos.

Por sua vez, o indiferentismo religioso e o anticlericalismo agressivo reduziram a frequência à Igreja. A apatia religiosa, o enfraquecimento da fé, o desprezo pela religião, a blasfêmia, o trabalho em dias santificados, o desrespeito aos ofícios religiosos, a falta de observância da Quaresma sufocavam a alma dos habitantes de La Salette e da região. Essa mentalidade reinante na França, somada às pressões sociais e culturais de Corps, derramava influências perniciosas sobre seu povo interiorano e inculto. A qualidade de vida moral e religiosa da população no tempo da Aparição fazia de Corps uma "terra de missão".

Aos pés das alterosas montanhas Gargas e Chamoux, no Monte Planeau, modesto e belo, a luz da glória do Senhor, como em novo Horeb (Ex 24,17), iluminou, porém, o povo de La Salette que vivia na escuridão e nas sombras da morte.

O cenário do evento luminoso extraordinário se oculta no pequeno vale por onde serpenteia o regato Sézia. Ali, num largo entre o regato e a barranca, pastores da região haviam arranjado algumas pedras para se assentar nas horas de refeição e descanso. Em meio às pedras, a assim chamada "Pequena Fonte" jorrava água em tempos de chuva ou no final do inverno com o degelo. Secava, porém, no calor do verão. Era intermitente. Os pastores se dessedentavam em suas águas poucas, mas puras, frescas e boas. Mais acima da "Pequena Fonte", na poça conhecida como "Fonte dos Homens", os pastores apanhavam água para uso pessoal. Mais abaixo outra poça, a "Fonte dos Animais", era reservada para matar a sede dos rebanhos.

Nesse aprazível, embora exíguo, local de encontro de pastores, Maximino e Melânia repousaram sobre a pastagem, à beira do regato, ao meio-dia de 19 de setembro de 1846. O local convidava a um descanso depois das caminhadas estafantes do pastoreio pelas montanhas. O sol escaldante encontrava um contraponto gostoso no frescor das águas do riacho.

No coração desse anfiteatro esplêndido o céu se inclinou para tocar a terra dos homens. De ponto de encontro de humanos sem rumo, o local se tornou ponto de encontro entre os humanos e o divino, na misteriosa luz do evento que mudou a vida de duas pobres crianças pastoras e, por meio delas, transformou a vida do povo humilde e abandonado no perdido mundo montanhês de La Salette.

Por que esse recanto ignoto, austero, escarpado, desértico, distante e silencioso foi escolhido para que uma luz transcendente nele se manifestasse a duas crianças sem significação social, filhas de um povo faminto, desencaminhado, morador de baixadas e vales, em meio a trevas espessas de uma existência pesada? O divino insondável envolve o que ali aconteceu.

Capítulo III

SOBREVIVENTES
DA BAIXADA HUMANA

Ao longo da história, como se lê nas Escrituras Sagradas, Deus se vale dos pequenos para realizar grandes coisas, segundo Maria, a Mãe do Senhor (Lc 1,46-56).

Eleitos do Senhor, dois insignificantes pastores, adolescentes ainda, sobreviventes da miséria humana reinante nos vales dos Alpes franceses, galgaram, a 19 de setembro de 1846, as escarpadas trilhas das montanhas para, em meio ao trabalho humilde e exigente do pastoreio, testemunhar um grandioso evento na solidão austera do Monte Planeau, em La Salette.

Quem eram eles antes da Aparição?

1. *Pierre-Maximin Giraud* era natural de Corps. Nasceu a 27 de agosto de 1835. Era o quarto filho de um pobre fabricante de carroças. O pai, Germain Giraud, e a mãe, Anne-Marie Templier, eram naturais da região. A mãe morreu a 11 de janeiro de 1837, quando Maximino tinha um ano e meio de idade. Entre os irmãos havia uma menina, Angélica.

Pouco tempo após a morte da esposa, Germain Giraud casou novamente. Maximino, porém, ia crescendo sem o devido afeto e a necessária atenção. O pai passava o dia entre a oficina e o bar. Não se preocupava com os filhos. Não praticava a religião, embora guardasse a seu modo alguns resquícios de fé cristã. A madrasta, que não tinha amor a Maximino, morreu a 24 de janeiro de 1848. O mal-amado, deixado ao abandono, passaria fome se não fosse a solidária partilha de alimento que um seu meio-irmão, filho do pai com a madrasta, lhe prestava. A primeira infância do menino foi desastrosa. A família mal estruturada não lhe oferecia a afeição familiar de que precisava para o equilíbrio de vida.

Crescido, o garoto Maximino vagueava pelas ruas de Corps, correndo curioso atrás de diligências e de cavaleiros passantes. Perambulava sem preocupações, de cá e de lá, acompanhado por uma cabra e o cachorrinho Lulu, seus grandes amigos. Não ia à escola, que não era obrigatória, nem à Igreja nem ao catecismo. Tampouco sabia rezar por completo o Pai-Nosso e a Ave-Maria, apesar de certo empenho do pai durante alguns anos. Mandado à missa, Maximino preferia evadir-se e brincar pelas ruas. Era um menino normal, sem problemas psíquicos. Sua agitação pueril compensava as marcas do sofrimento, a falta de carinho familiar, a pobreza e a ausência de acompanhamento em sua formação.

Era analfabeto, embora fosse esperto. Franco, tagarela e generoso, tinha um olhar expressivo e um bom coração. Muito extrovertido, sem malícia, respirava ares de ingenuidade e descuido pessoal. Irrequieto, era apelidado de "movimento perpétuo". Medianamente inteligente. Fisicamente subdesenvolvido. Inventava historietas para justificar traquinagens e assim livrar-se de possíveis castigos por parte dos pais. Falava apenas o *patois*, o dialeto da região, ainda que, em suas correrias pela cidade atrás dos viajantes que por ali passavam, tivesse aprendido algumas palavras de francês.

Assim decorreu a vida de Maximino em Corps, até seus onze anos de idade.

No domingo anterior à Aparição, dia 13 de setembro de 1846, Pierre Selme, morador de Ablandens, uma das aldeias do município de La Salette, desceu até Corps à procura do amigo, pai de Maximino, para lhe pedir que pusesse o garoto à sua disposição. Dele precisava por uns dias, para substituir um pastor seu que estava adoentado. O pai de Maximino relutou em pôr o menino em serviço longe de casa. Receava que a irresponsabilidade do filho causasse incômodos ao patrão e a ele próprio. O interessado Pierre Selme, porém, alegou que possuía um terreno próximo à pradaria onde Maximino deveria pastorear o pequeno rebanho. Comprometeu-se, pois, a manter o garoto e o rebanho sob seu olhar, enquanto ele, Pierre, trabalharia na pequena lavoura. Naquele domingo, Germain Giraud, diante do compromisso do amigo, permitiu que o filho Maximino acompanhasse Pierre Selme para trabalhar como pastor, por uma semana, em Ablandens.

Na segunda-feira, dia 14 de setembro, Maximino subiu ao Monte Planeau com o patrão para conhecer o local das pastagens e a trilha que levaria até lá. Assim começou a exercer, pela primeira vez na vida, a função de pastor de um pequeno rebanho. Na tarde da quinta-feira, dia 17, durante o pastoreio, o menino casualmente encontrou Melânia, que, no alto da montanha, pastoreava o rebanho do patrão Jéan-Baptiste Pra, também morador de Ablandens. Não se conheciam, apesar de conterrâneos. Trocaram algumas poucas palavras. Na sexta-feira, dia 18, encontraram-se novamente durante o pastoreio e passaram a se conhecer melhor. Ao tomarem conhecimento de que ambos eram naturais de Corps, a conversa fluiu espontaneamente, apesar da grande timidez de Melânia. No fim do dia se despediram fazendo uma aposta sobre quem seria o primeiro a chegar com o respectivo rebanho às pastagens do alto do monte, na manhã seguinte, sábado, dia 19 de setembro.

2. *Françoise-Mélanie Calvat*, também conhecida pelo sobrenome de "Mathieu", tinha quatro anos a mais que Maximino. Nasceu em

Corps, a 7 de novembro de 1831. Seu pai, Pierre Calvat, serrava madeiras. Vivia em busca de outros trabalhos para garantir a sobrevivência da família. Era um homem rude. A mãe, Julie Barnaud, andava sobrecarregada de preocupações com os numerosos filhos. O clima familiar era pesado e tolhia o necessário equilíbrio afetivo das crianças. O casal teve dez filhos. Melânia era a quarta. A grande pobreza da família obrigava muitas vezes essas crianças a mendigar pelas ruas de Corps. Melânia carregou esse peso em sua infância.

Desde cedo, aos sete ou oito anos de idade, Melânia tinha sido posta a serviço de famílias das redondezas: Sainte-Luce, Quet-en-Beaumont, La Salette... Durante a primavera e o verão, Melânia prestava serviços domésticos e pastoreava pequenos rebanhos pelas montanhas das cercanias. Com isso garantia a comida e a pousada. Durante o outono e o inverno, quando o trabalho nas montanhas era impraticável por causa da neve, a menina voltava para a casa dos pais, onde se via forçada a reviver a penúria. A menina não pôde fazer a experiência de verdadeira afeição familiar.

Nessas condições, Melânia não frequentava nem a escola nem o catecismo. Não sabia ler nem escrever. Apesar do esforço da mãe, não aprendera a rezar por inteiro o Pai-Nosso nem a Ave-Maria. Sua capacidade intelectual não era brilhante. Falava somente o *patois*, embora soubesse também raras palavras de francês. A ignorância religiosa e cultural de Melânia antes de 1846 era inegável. Diversos são os testemunhos históricos a respeito.

De mau humor, contrariava-se facilmente. Era tímida, imprevidente, lenta para compreender e dada à teimosia. Modesta, tinha um coração puro. Apesar de subdesenvolvida fisicamente, suas feições eram normais e delicadas. Seus muitos sofrimentos na infância e a solidão vivida no pastoreio pelas montanhas, longe do aconchego familiar, impuseram-lhe a tendência de se concentrar sobre si mesma. Era uma adolescente normal, embora amargurada e introvertida, traços de caráter de quem conhecia desde cedo o sofrimento, a falta de afeição familiar e de acompanhamento na formação.

Desde a primavera de 1846, Melânia estava em Ablandens, a serviço de Jéan-Baptiste Pra, vizinho de Pierre Selme, o patrão de Maximino. Seu patrão descreveu-a como desleixada nas orações. Segundo ele, Melânia só tinha participado das celebrações paroquiais duas vezes durante os seis meses em que ela trabalhara em Ablandens. Falava pouco e dificilmente respondia quando alguém lhe dirigia a palavra. Às vezes, por descuido, passava a noite dormindo sob as estrelas ou no estábulo, obrigando o patrão a procurá-la. Não se importava de apanhar chuva e permanecer vestida com a roupa molhada.

Melânia tinha quinze anos de idade por ocasião da Aparição. No entanto, dada sua fragilidade, parecia não ter mais do que onze anos. Se bem conhecia o sofrimento antes do evento, o peso do privilégio que receberia lhe traria outras e muito ingratas vicissitudes na vida.

Capítulo IV

O EVENTO EXTRAORDINÁRIO

Na manhã do sábado, 19 de setembro de 1846, Melânia e Maximino subiram ao Monte Planeau com os respectivos rebanhos de poucas vacas leiteiras. A cabra e o cãozinho Lulu acompanhavam Maximino. Passaram a manhã pastoreando no alto da montanha.

Ao ouvir o toque do sino da igreja matriz de La Salette, no fundo do vale, anunciando o Ângelus do meio-dia, o patrão de Maximino, Pierre Selme, que trabalhava no Monte Planeau num roçado próximo ao local onde se encontravam as crianças pastoras, lembrou-lhes de que era hora de almoçar e de levar o rebanho para tomar água na Fonte dos Animais.

Os dois pastores foram para junto do riacho Sézia e subiram por suas margens até a Fonte dos Homens, para se servirem de água potável. Depois, desceram margeando o regato até os rústicos assentos de pedra, junto à Pequena Fonte que, naqueles dias, estava seca. Assentados, os dois almoçaram frugalmente um pão ressequido e um queijo envelhecido. Lulu, o cachorrinho amigo de Maximino, estava com eles.

Outros pastores que andavam pelas montanhas vieram ao riacho para apaziguar a sede. Detiveram-se por alguns instantes para conversar com Melânia e Maximino.

Depois do almoço, Maximino e Melânia, fatigados, sentiram sonolência e, contrariamente a seus hábitos, estenderam-se no gramado e cochilaram por algum tempo. Melânia foi a primeira a despertar. Preocupada, chamou Maximino dizendo-lhe: "Maximino, vamos ver onde estão nossas vacas!".

Atravessaram o riacho Sézia num pulo e subiram até o alto do barranco. De lá puderam ver os animais a certa distância, descansando no descampado na outra margem do regato. Os dois pastores, tranquilizados, começaram, então, a descer o barranco, de volta ao ponto de almoço. Melânia ia à frente.

No interrogatório feito pelo Pe. Lagier, competente autor de um dos primeiros relatórios sobre o Fato da Salette, Melânia, com a concordância de Maximino, descreveu muito simplesmente aquele momento:

– Nós descíamos a barranca em busca de nossas mochilas. Como eu olhava para baixo, comecei a ver um clarão.

– Onde você viu esse clarão?

– Estava lá embaixo, sobre as pedras postas umas sobre as outras, e nossas mochilas estavam em cima.

– Então o clarão iluminava as mochilas?

– Sim. Depois disse a Maximino: "Olha lá embaixo, um clarão...". "Onde está ele? Onde está ele?" Disse-lhe: "Lá embaixo". Ele veio ao meu lado e viu. Eu lhe disse: "Ó meu Deus!". Depois vi o clarão levantar-se um pouco, vi que se movia um pouco. Era arredondado.

– Quando você viu esse clarão não havia ninguém lá?

– Não.

– Você viu só o clarão?

– Sim. Quando ele começou a se mover, quase não podíamos enxergá-lo, porque atrapalhava nosso olhar.[1]

---

[1] JAOUEN, Jean MS, *La Grâce de La Salette au régard de l'Eglise*, Corps, Association des Pèlerins de La Salette, 1981, p. 133.

Junto à Pequena Fonte intermitente, o globo de intensa e pura luz era "como se o sol tivesse caído lá", diriam mais tarde as duas crianças.[2] O sol, na verdade, estava em seu lugar, brilhando no céu esplêndido sem nuvens, daquela meia tarde de final de verão. O misterioso foco de luz cintilante pairava sobre a pedra que servira de mesa de refeição aos dois pobres pastores, num místico simbolismo de comunhão entre o céu e a terra.

Melânia, apavorada ao ver o clarão, deixou cair o bastão de pastora. O menino, corajoso, lhe disse então: "Pega teu cajado. Eu seguro o meu e vou bater naquilo, se nos fizer mal".

Imobilizados pelo medo, fixaram o olhar no globo de luz para ver o que podia acontecer.

Pe. Lagier, segundo seu Relatório, ao interrogar Melânia, perguntou-lhe:

– Por que você teve medo?
– Porque, vendo aquilo, lembrei que minha patroa me havia ameaçado e repreendido algumas vezes, dizendo-me que, em algum dia, certamente veria o diabo ou qualquer outra coisa, porque quase nunca fazia minhas orações e zombava dos outros quando rezavam a Deus, por exemplo, antes e depois das refeições.
– Você pensou, então, que estivesse vendo o diabo?
– Não, não lembro bem o que pensei.

Aos poucos o clarão se entreabriu e apareceu uma "Senhora", no dizer das duas crianças. A desconhecida "Senhora" estava assentada sobre uma pedra. Seus pés repousavam sobre o leito seco da Pequena Fonte. Seus cotovelos se apoiavam sobre os joelhos e as mãos cobriam

---

[2] Ibid., p. 164.

o rosto banhado em lágrimas, numa atitude de profunda tristeza, em atitude de *kenosis*, o "esvaziamento de si" vivido pelo Cristo ao se fazer um de nós (Fl 2,6-11).

A "Senhora", então, afastou do rosto suas mãos e se pôs de pé. As lágrimas continuavam caindo, fundindo-se na luz, sem atingirem o chão.

Pe. Jaouen recolheu a descrição dos detalhes da postura da "Senhora", percebidos pelas duas crianças:

> Imersa na luz, seus trajes brancos revestiam toda sua figura, descendo até o calçado. Cruzando os braços, a "Senhora" guardou as mãos nas mangas do vestido. Um manto, amarrado nas costas, encobria seu perfil. Um amplo avental amarelo descia da cintura até os pés. Uma touca, encimada por um diadema de luz, encobria sua cabeça, envolvia seu rosto e se unia com a túnica pelas costas. Calçados completavam a indumentária. Dupla auréola de luz contornava a "Senhora": uma, viva e cintilante, aderia à sua pessoa, outra, mais suave e imóvel, se estendia para mais longe, de forma a envolver também as duas crianças e o cãozinho Lulu. Das espáduas da "Senhora" desciam duas correntes rutilantes: mais pesada, uma acompanhava as bordas do manto, a outra, mais leve, pendia do pescoço, sustentando uma cruz com o Cristo. O Crucificado-Ressuscitado, vivo, se movia, e de sobre o coração da "Senhora" irradiava a luz intensa que formava a Aparição, em transcendente claridade, expressão da glória da Ressurreição. Junto à trave da cruz pendiam os instrumentos da Paixão: um martelo à esquerda, uma torquês à direita. Três coroas de rosas multicores ornavam respectivamente o calçado, o manto e a cabeça da "Senhora".[3]

---

[3] Ibid., p. 53-54.

Na expressão pessoal da "Senhora", a simplicidade da Serva do Senhor se unia à realeza da Mãe de Deus.

Numa primeira impressão, as vestimentas longas e largas, próprias para o clima frio das montanhas, e segundo o feitio dos trajes das donas de casa, camponesas da região, induziram Maximino a comentar depois com Melânia:

– Quando comecei a vê-la, pensei que era uma mulher de Valjoufrey que queria pegar nossa comida. Quando, porém, ela falou do braço de seu Filho, pensei que era alguma senhora cujo filho a tivesse maltratado e, por causa disso, se havia refugiado na montanha. Tive vontade de dizer que se calasse, não chorasse mais, porque nós iríamos ajudá-la.

– Você viu – perguntou Melânia – que ela não fazia sombra, nem mesmo nós quando estávamos com ela? Como ela era brilhante!

– Oh! Como ela era bela! O que achei de mais bonito foi sua cruz.

– Seu manto, sua corrente e sua cruz, era isso que mais brilhava![4]

A "Senhora" deu alguns passos em direção às crianças, dizendo-lhes com imenso carinho: "**Vinde, meus filhos, não tenhais medo! Aqui estou para vos anunciar uma grande novidade!**".

As crianças não compreenderam o sentido dessas palavras ditas em francês. Tocadas, porém, pelo calor humano do chamado, expresso com voz tão materna e afetuosa, instantaneamente sentiram o medo se dissipar. A voz "era como que uma música", diriam mais tarde. Uma transformação profunda se realizou em seu coração. Invadidas de íntima

---

[4] Ibid., p. 53.

alegria por serem carinhosamente chamadas de "meus filhos" por essa misteriosa mulher, as duas crianças se sentiram interiormente gratificadas, compensadas de todas as frustrações e carências afetivas sofridas na infância. Descobriram alguém que tinha consideração por elas. Uma alegria pura, jamais experimentada, iluminou o céu de seu coração.

Aproximaram-se, então, da "Senhora" desconhecida. Melânia se postou à direita e Maximino, à esquerda. Tão próximos que ninguém poderia passar entre os três envoltos na mesma beleza translúcida da luz transfiguradora desse novo e mariano Tabor (Mt 17,1-8). As pobres crianças, em sua ignorância religiosa, não conheciam a palavra da Escritura que diz: "Um sinal grandioso apareceu no céu: uma Mulher vestida de sol..." (Ap 12,1s). Não podiam reconhecer, portanto, a misteriosa "Senhora".

A Luz, muita Luz divina iluminou o Monte Planeau naquela tarde de fim de verão. Ao anoitecer, na forma da Mensagem da "Senhora" decalcada na Palavra de Deus, a Luz desceu do Monte Planeau, carregada pelo testemunho de Maximino e Melânia, até o pequeno mundo de La Salette, trazendo alegria, esperança e paz àquele povo imerso nas trevas das dores da vida. Ao anoitecer do dia bendito, um novo dia amanheceu no coração dos aldeões de Ablandens ao ouvirem a primeira narrativa da Aparição, feita por Melânia e Maximino.

O dia 19 de setembro de 1846, sábado, era véspera da festa litúrgica de Nossa Senhora das Dores, celebrada no terceiro domingo de setembro naquela época. A Igreja, na liturgia de Vésperas, cantava a antífona bíblica: "Com que abundância de lágrimas o rosto da Virgem Mãe está inundado, e que tamanha dor transpassa seu coração...".

A "Senhora", de pé, chorava sem cessar. Contemplando aquela cena de tão grande majestade e de profunda tristeza, o Profeta Jeremias exclamaria: "Oh! vós todos que passais pelo caminho, olhai e vede se há dor igual à dor que me atormenta" (Lm 1,12). Como compreender esse mistério de celeste e gloriosa exaltação, penetrado por tão humana e dolorosa lamentação? Maximino e Melânia já conheciam o peso do sofrimento e o sentido das lágrimas derramadas na infância. Poderiam imaginar, no entanto, a dimensão de tamanha prostração, imbuída de tanta glória? Luzes e lágrimas teciam a visão incompreensível para os pequenos pastores, mas repercutiam na ternura que invadiu seu coração.

A "Senhora" sobressaía em muito à estatura das crianças. Melânia, apesar da claridade intensa, conseguia contemplar seu rosto e a abundância de suas lágrimas: "Ela chorou durante todo o tempo em que nos falou. Ah! Bem vi suas lágrimas caírem", disse ela mais tarde.[5] Maximino, de estatura menor, mais facilmente contemplava o Cristo Crucificado-Ressuscitado sobre o coração da "Senhora".

Como que suspensa a uns vinte centímetros do solo, a "Senhora" inspirava um ar de bondade e dignidade, de simplicidade e grandeza, de materna ternura e compaixão, de real majestade. Seu fulgor eclipsava o brilho do sol, impedindo-lhe que formasse qualquer sombra no entorno do evento inaudito. A luz que refulgia no rosto da "Senhora" era tal que Maximino mal pôde entrevê-lo. Melânia, porém, contemplou distintamente a extraordinária beleza da face dessa nobre "Senhora" banhada em lágrimas e marcada pela tristeza. Segundo o testemunho de Melânia, enquanto permaneceram junto à "Senhora", ficaram envoltos pela divina luz do celeste evento. Quando a Senhora começou a se afastar deles, subindo o barranco, a sombra produzida pelo sol reapareceu.

O cãozinho Lulu, sem se perturbar com o que acontecia durante a Aparição, estava tranquilamente deitado aos pés de Maximino. As duas crianças sentiam-se intensamente felizes ao ouvir a Mensagem da "Senhora". Maximino, sempre irrequieto, mas atento ao que ouvia, brincava

---

[5] Ibid., op. cit., p. 12.

com o cajado de pastor, girando o chapéu sobre ele e com ele remexendo os pedriscos do solo. Nenhum dos dois, porém, tocou os pés da "Senhora", conforme testemunharam depois.

A "Senhora", de pé, diante das crianças, no começo falou em francês, língua desconhecida dos dois pastores. Falava com autoridade de "Mãe", sem revelar o próprio nome. Referia-se a seu "povo" sem designar de quem se tratava, e a seu "Filho" sem pronunciar seu nome. Numa linguagem direta, afetuosa e ao mesmo tempo candente como a fala dos profetas do Antigo Testamento, a "Senhora" fez o confronto entre a vida concreta de seu povo e a Palavra de Deus. Referia-se a seu Filho, cujo braço se mantém levantado para a salvação de seu povo convocado à conversão, a exemplo das ações libertadoras realizadas no passado pela mão poderosa de Deus.

Dos lábios da "Senhora", Maximino e Melânia ouviram uma longa e impressionante Mensagem:

– Se meu povo não quer se submeter, sou forçada a deixar cair o braço de meu Filho. É tão forte e tão pesado que não posso mais sustê-lo. Há quanto tempo sofro por vós! Se quero que meu Filho não vos abandone, sou incumbida de suplicá-lo sem cessar. E, quanto a vós, nem fazeis caso! Por mais que rezeis, por mais que façais, jamais podereis recompensar a aflição que sofro por vós. Dei-vos seis dias para trabalhar. Reservei-me o sétimo e não mo querem conceder. É isso que torna tão pesado o braço de meu Filho! E também os carroceiros não sabem jurar sem usar o nome de meu Filho. São estas as duas coisas que tornam tão pesado o braço de meu Filho. Se a colheita se estraga é só por vossa causa. Eu vo-lo mostrei no ano passado com as batatinhas. Vós nem fizestes caso! Ao contrário, quando encontráveis batatinhas estragadas, juráveis usando do nome de meu Filho. Elas continuarão assim e neste ano, para o Natal, não haverá mais.

Nesse ponto Melânia se voltou para Maximino, fazendo-lhe sinal de que não entendia o que a "Senhora" dizia. A "Senhora", então, perguntou aos dois:

– Não compreendeis, meus filhos? Vou dizê-lo de outro modo.

Repetiu, então, a seguir, no dialeto regional, o que acabara de dizer em francês. Depois prosseguiu em sua Mensagem, sempre no mesmo dialeto:

– Se tiverdes trigo, não se deve semeá-lo. Tudo que semeardes será devorado pelos insetos e o que produzir se transformará em pó ao ser malhado. Virá uma grande fome. Antes que a fome chegue, as crianças menores de sete anos serão acometidas de tremor e morrerão nos braços das pessoas que as carregarem. Os outros farão penitência pela fome. As nozes caruncharão. As uvas apodrecerão.

Neste ponto, a "Senhora" interrompeu a Mensagem e disse, em segredo, uma palavra pessoal em francês a Maximino, e depois a Melânia. Nenhum dos dois ouviu o que a "Senhora" disse ao outro em particular. Ambos, em segredo e fielmente, guardaram essa palavra pessoal recebida da "Senhora", apesar dos graves percalços que suportaram por sua causa. Depois, ela continuou falando às duas crianças:

– Se se converterem, as pedras e rochedos se transformarão em montões de trigo, e as batatinhas serão semeadas nos roçados. Fazeis bem vossa oração, meus filhos?

– Não muito, Senhora!

– Ah! Meus filhos, é preciso fazê-la bem, à noite e de manhã, dizendo ao menos um Pai-Nosso e uma Ave-Maria, quando não puderdes fazer melhor. Quando puderdes fazer melhor, dizei mais. Durante o verão, só algumas mulheres de certa idade vão à missa. Os outros trabalham no domingo, durante o verão. Durante o inverno, quando não sabem o que fazer, só vão à missa para zombar da religião. Durante a Quaresma vão ao açougue como cães. Nunca vistes trigo estragado, meus filhos?

– Não, Senhora!

– Mas tu, meu filho, tu deves tê-lo visto uma vez, em Coin, com teu pai. O dono da roça disse a teu pai que fosse ver seu trigo estragado. E então fostes ambos até lá, apanhastes duas ou três espigas entre as mãos e, amarrotando-as, tudo caiu em pó. Ao voltardes, quando não estáveis mais do que a meia hora longe de Corps, teu pai te deu um pedaço de pão dizendo-te: "Toma, meu filho, come pão ainda neste ano, pois não sei quem dele comerá no ano próximo, se o trigo continuar assim!".

– É verdade, Senhora, agora lembro. Há pouco não lembrava isso – disse Maximino.

A "Senhora" encerrou a conversação, acrescentando em francês:

– **Pois bem, meus filhos, transmitireis isso a todo o meu povo!**

Deslizando seus passos sem tocar na relva, a "Senhora" se pôs a galgar lentamente a barranca, numa trilha tortuosa, a uma dezena de passos à frente das crianças que a seguiam. Caminhava na grandeza de sua simplicidade. Mais tarde, peregrinos perceberam nessa trilha o traçado do caminho de Jesus para o Calvário. Desde então, a Via-Sacra faz parte da peregrinação a Salette.

Sem voltar-se para os pastorinhos em seu encalço, a "Senhora" insistiu dizendo-lhes:

– Vamos, meus filhos, transmiti isso a todo o meu povo!

Foram suas últimas palavras.

Maximino, em sua candidez, mais tarde afirmou: "Comíamos suas palavras e depois ficávamos muito contentes".

O profeta Ezequiel viveu semelhante experiência: "Então (o Senhor) disse-me: 'Filho do homem, come o que tens diante de ti, come este rolo e vai falar com a casa de Israel'. Abri a boca e ele me deu o rolo para comer. Em seguida, disse-me: 'Filho do homem, ingere este rolo que te estou dando e sacia-te com ele'. Eu o comi. Na boca parecia-me doce como o mel" (Ez 3,1-3).

Melânia, mais tarde, descreveu esse momento sublime:

Ela continuou caminhando até o ponto no qual estive para ver onde andavam minhas vacas. Seus pés mal tocavam a ponta da folhagem, sem dobrá-la. Chegando à pequena elevação, a Bela Senhora parou e imediatamente me pus à sua frente para vê-la bem, bem, e tentar descobrir qual o caminho que ela mais parecia tomar. Ela me olhava com uma terna bondade que me atraía a si. De olhos fechados, eu queria lançar-me em seus braços. Ela não me deu tempo de fazê-lo. Elevou-se insensivelmente da terra a uma altura de mais ou menos um metro e pouco, e permanecendo assim suspensa no ar durante um pequeno instante, minha Bela Senhora olhou para o céu, depois para a terra, à sua direita e à sua esquerda... E enquanto meu coração se abria em doce dilatação, a bela figura de minha Bela Senhora desaparecia pouco a pouco. Parecia-me que a luz em movimento aumentava ou então se condensava em torno da Santíssima Virgem, para impedir-me de vê-la por mais tempo. Assim, a luz tomava o lugar das partes do corpo que desapareciam de meu olhar, ou, então, parecia que o corpo de minha Senhora se mudava em luz ao desaparecer. Assim, a luz em forma de globo elevava-se docemente à direita.[6]

"Derretia-se na luz como manteiga ao fogo", segundo a cândida expressão de Maximino. Primeiro a cabeça, depois os braços e os pés. Nos céus, depois, havia apenas um grande clarão. Por fim, nada mais!

Melânia exclamou, então:

– Talvez seja uma grande santa...

---

[6] In Diversos, *La Salette – Témoignages*, op. cit., p. 26-27.

Com isso Melânia demonstrou que não sabia quem era aquela "Senhora". Não possuía, portanto, como alegou mais tarde em seus escritos, os dons sobrenaturais que, desde sua infância, a ela Deus teria concedido.[7]

Maximino, em sua ingenuidade, acrescentou: "Se soubéssemos que era uma grande santa, teríamos pedido a ela que nos levasse consigo!".

Ao ver o calçado da "Senhora" ornado por rosas, o menino estendeu o braço para apanhar uma delas. Nada conseguiu. Tudo se desvanecera. Mais tarde, saudoso e muito sincero, Maximino lamentou: "Ela partiu e me deixou com todos os meus defeitos...".

A grandiosa experiência mística dos dois pobres pastores havia chegado ao fim. Encantados, viveram eles com indescritível paz e felicidade esse momento de convívio com a desconhecida "Senhora". Sua beleza, sua amabilidade e materno acolhimento na "música" de suas palavras, como diziam, penetraram no coração simples deles.

Em sua mente infantil guardaram por inteiro a longa e sublime conversação com a Bela Senhora, tanto o que foi dito em língua francesa quanto no dialeto regional. Não compreenderam o que, inicialmente, a "Senhora" falou em francês. Compreenderam, porém, sua repetição no dialeto regional a respeito da situação de fome e da mortalidade na região, bem como o chamado para a prática da religião que o povo esquecera. Dada, porém, a reduzida formação dessas duas crianças privilegiadas pelos céus, não podiam elas compreender de imediato a grandeza e profundidade do evento que testemunharam. Por que tantas lágrimas desta "Senhora" envolta em luz de glória? Quem é esse Filho seu a quem se refere? Quem é o povo de que fala? Que significa a conversão que proclama?

---

[7] Cf. CARLIER, Louis MS, *Histoire de l'Apparition de la Mère de Dieu sur la montagne de La Salette*, 9. ed., Desclée de Brouwer et Cie., Lille, 1914, nota 2, p. 24-25.

O Fato da Salette em sua dimensão religiosa, a Mensagem em seu significado teológico-pastoral, a mística que o envolve e sua rica simbologia merecem uma exegese específica, em texto apropriado, elaborado à luz da Palavra de Deus.

A Aparição teria durado cerca de meia hora. Eram mais ou menos três horas da tarde do sábado, 19 de setembro de 1846. Outros pastores perambulavam pela região, mas de nada se aperceberam.

Após o evento maravilhoso, Melânia e Maximino buscaram as mochilas junto à fonte intermitente. Voltaram, então, para junto dos rebanhos. Enquanto pastoreavam, encantados, trocavam entre si as fortes impressões sobre o que tinham visto e ouvido. Maximino comentava o incomparável esplendor que brotava da Cruz suspensa sobre o coração da "Senhora". Lembrando que, em determinado momento da conversação, a Senhora falou a Melânia sem que Maximino ouvisse o que ela dizia, perguntou então a Melânia:

– O que é que ela te disse quando *nada dizia*?

– Ela me disse algo, mas não quero falar disso. Ela me proibiu de dizê-lo – foi a resposta da menina.

– Ah! Eu estou contente, Melânia. Ela me confiou também uma coisa, mas nem eu quero te dizê-la! – retrucou o menino.[8]

Ambos compreenderam que haviam sido agraciados com uma palavra pessoal da parte da "Senhora". Um "segredo" dito a cada um em particular.

Nem a "Senhora" falou seu nome nem as crianças lhe perguntaram como se chamava. Dada a beleza e majestade da "Senhora", elas, porém, em sua inocência infantil, candidamente lhe deram o nome admirável de "Bela Senhora".

---

[8] Ibid., p. 26.

No texto de Maximino, *Ma profession de foi sur l'Apparition de Notre-Dame de La Salette*, a incomparável visão foi descrita com as seguintes palavras:

> Quando preciso falar da Bela Senhora que me apareceu sobre a Santa Montanha, experimento o embaraço que deve ter experimentado São Paulo ao voltar do terceiro Céu. Não, o olho humano jamais viu o que me foi dado ver... Ninguém se admire, pois, se aquilo a que chamamos de touca, coroa, manto, corrente, rosas, avental, veste, saia, fivela e calçado, só tinha a forma disso tudo. No lindo traje, nada havia de terreno. Somente os raios de diferentes coloridos se entrecruzavam, produzindo um magnífico conjunto que, ao descrevê-lo, empobrecemos e materializamos... Era uma luz, mas uma luz muito diferente de qualquer outra.

Naquela tarde, Pierre Selme já havia partido de seu roçado, de volta para casa. Melânia e Maximino, no final do dia, também desceram a montanha para junto dos respectivos patrões, em Ablandens.

O dia fora repleto de maravilhas realizadas pelo Senhor. Descera ele novamente, não mais sobre o Monte Sinai para estabelecer aliança com seu povo através de Moisés, mas sobre o Monte Planeau para relembrar sua aliança com seus filhos, através da Bela Senhora. O Senhor vira a situação de seu povo esmagado, ouvira seus gemidos, e desceu para libertá-lo do desespero e do pecado. Veio na pessoa da Mãe de Jesus, numa atitude de imensa compaixão ante a dura realidade humana dos camponeses de La Salette. Maria, Mãe do Senhor, a Bela Senhora, Mãe da Reconciliação, se apresentou a esse povo atribulado e pecador, convocando-o a uma vida nova pela conversão.

Num evento realista, num cenário da França mais profunda, a Bela Senhora apareceu vestida ao modo das mães de família da região, falando em sua linguagem, comentando os problemas vividos pelos camponeses, sinalizando, pelo episódio de Coin, sua viva presença no cotidiano do povo. Deus, por meio da Mãe de Jesus, se manifestou inserido na história humana para resgatá-la. Maria, a Senhora da Compaixão e Mãe da Reconciliação, manifesta a presença viva de seu Filho Crucificado-Ressuscitado junto a seu povo sofrido e pecador. O evento da Salette deu testemunho da misteriosa inserção do Divino na vida dos humanos, pela presença do Senhor Jesus, Luz do Mundo e Caminho da Vida.

Capítulo V

ECOS DO EVENTO

O evento produziu repercussões imediatas, fortes, surpreendentemente comovedoras por entre as montanhas de La Salette. Com grande rapidez, como a torrente do Sézia, desceram aos vales e se difundiram amplamente pelas encostas da região de Corps. O povo todo foi tomado de surpresa.

1. Les Ablandens: a surpresa da compaixão de Deus

Pierre Selme, patrão de Maximino, ao se deparar com o menino que, no entardecer daquele extraordinário dia 19 de setembro, retornava da montanha para Ablandens, perguntou-lhe por que não fora procurá-lo na lavoura do alto do Monte Planeau, durante o dia, como tinham combinado.

O menino lhe disse que uma Bela Senhora havia se detido com ele e Melânia por algum tempo, na montanha. E narrou o que vira e ouvira. O patrão ordenou, então, a Maximino que fosse à procura de Melânia para que ela, em sua presença, confirmasse a história contada pelo menino.

Chegando à casa do vizinho Jéan-Baptiste Pra, patrão de Melânia, Maximino perguntou à mãe de Pra:

– Mãe Caron, a senhora não viu uma Bela Senhora em fogo, passando pelos ares, lá acima do vale? Ela conversou muito conosco, Melânia e eu, hoje de tarde, no alto da montanha.

A vovó se mostrou reticente. Maximino insistiu:

– Se a senhora não quer acreditar em mim, chame a Melânia!

O assunto excitou a curiosidade da família Pra, que rapidamente se congregou. Maximino fez, então, pela segunda vez, a narrativa da maravilhosa Aparição.

Melânia estava no estábulo, cuidando das vacas. Procurada pela senhora Pra, retraída, se recusou a falar:

– Vi o que Maximino viu. E uma vez que ele já falou, vocês sabem o que houve![1]

Sob insistência, porém, entrou em casa e narrou absolutamente a mesma história contada pelo menino. Foi essa a primeira narrativa do acontecido feita por Melânia.

A partir de então, ambos repetiam sem hesitações, tanto em *patois* quanto em francês, a Mensagem ouvida uma só vez da parte da Bela Senhora. Ao fazê-lo, as crianças sempre pareciam transformadas, causando admiração aos ouvintes que bem conheciam a ignorância e a simplicidade dos dois pequenos pastores. A descrição da Aparição e a narrativa da Mensagem da Bela Senhora eram feitas por eles com total coerência e sem contradições, tanto juntos quanto separadamente, por inúmeras vezes, ante milhares de peregrinos. Sempre, no entanto, se diziam incapazes de bem traduzir em palavras a beleza infinita da celeste visão.

Não está aí um dos indícios da veracidade do fato? Como poderiam duas crianças incultas, que mal se haviam conhecido na véspera do evento, inventar semelhante fato? Não teriam tido nem engenho humano nem tempo suficiente para tramar tamanha fantasia sem contradições entre ambos. Sua ignorância religiosa também era tão crassa que não tinham a mínima condição de inventar essa história tão impregnada de temas teológicos e bíblicos.

---

[1] Ibid., p. 29.

Em Ablandens, no entardecer daquele dia venturoso, a vovó Caron ouviu atentamente a narrativa feita por Melânia na presença de Maximino. Refletindo sobre as palavras da Bela Senhora repetidas pelas duas crianças:

– Se meu povo não quer se submeter, sou forçada a deixar cair o braço de meu Filho – a vovó acrescentou comovida. – No céu, só ela tem um Filho que governa o mundo!... Essa Bela Senhora é certamente a Santa Virgem![2]

Bendita vovó, a primeira a assinalar a identidade da Bela Senhora! Voltando-se, então, para seu filho mais moço, Tiago, e referindo-se à Mensagem da Bela Senhora, disse-lhe em tom de repreensão:

– Você ouviu o que a Mãe de Deus disse a esta menina? Depois disso, você ainda vai trabalhar no domingo?

Tiago, desculpando-se, respondeu:

– Pois sim! Vou acreditar que essa menina viu Maria Santíssima, ela que nunca reza?[3]

Melânia, pensando nessa observação da vovó Caron e na recomendação da Bela Senhora a respeito da oração, naquela noite se deteve rezando por algum tempo antes de deitar, a ponto de a patroa lhe dizer: "Você já rezou o suficiente nesta noite para compensar os outros dias".

Era a noite do sábado, 19 de setembro de 1846, dia da Aparição. Surpresos, na mesma noite os moradores da pequena e rústica aldeia de Ablandens tomaram conhecimento do ocorrido. Zeloso, um aldeão, funcionário da prefeitura de La Salette, se apressou em levar o caso ao conhecimento do prefeito do município.

No dia seguinte, domingo, as duas crianças foram conduzidas à igreja paroquial, em La Salette, para relatarem ao pároco o ocorrido na tarde da véspera, no alto do Monte Planeau.

---

[2] Ibid., p. 29.
[3] Ibid., p. 29.

2. La Salette e Corps na dinâmica da reconciliação

O pároco de La Salette, Pe. Jacques Perrin, era um venerando ancião sexagenário. Nascera em Jallieu, perto de La Tour du Pin, em 1782. Simples, bondoso, homem de oração. De saúde precária, não suportava mais o clima severo das montanhas. Tinha problemas de visão. Não estava mais em condições de servir bem a paróquia, tanto que o prefeito de La Salette, o sr. Peytard, havia solicitado ao bispo de Grenoble a substituição do padre. A casa paroquial, por sua vez, estava deteriorada, num estado lamentável.

Alguns dias antes da Aparição, o Pe. Jacques recebera a nomeação para outra comunidade. Depois da Aparição, a 9 de outubro de 1846, deixou a paróquia de La Salette para assumir a de Saint-Sixte, em Saint-Geoire. Era muito estimado por Dom Philibert de Bruillard, bispo de Grenoble. Tinha grande amor a Nossa Senhora da Salette, cuja Aparição acontecera em sua paróquia, no final de seu ministério paroquial. Venerado como santo, ele morreu na manhã de 20 de janeiro de 1848, na sacristia, em seu genuflexório, durante a ação de graças após a missa.

No domingo, 20 de setembro, pela manhã, Melânia e Maximino, acompanhados de Pedro Selme, desceram, pois, de Ablandens até a igreja paroquial de La Salette. No caminho encontraram um guarda municipal que lhes perguntou para onde iam naquela hora. Conhecida a história, o guarda logo foi transmiti-la ao prefeito, que a qualificou de balela.

Chegando à casa paroquial, as duas crianças quiseram falar com o Pe. Jacques. Naquele momento, o pároco estava preparando o sermão para a missa dominical. Insistindo junto à cozinheira da casa paroquial, as duas crianças conseguiram que ela chamasse o padre. Ao tomar conhecimento da história, o pároco, em lágrimas, exclamou: "Ah! Meus filhos, vocês são felizes, vocês viram a Santa Virgem!".[4] E anotou por escrito os principais elementos da história.

---

[4] Ibid., p. 31.

Durante a missa, comovido, comentou o acontecimento, deixando de lado o que havia preparado para o sermão. Levado pelo simples sentimento pessoal e sem ter elementos para julgar o ocorrido na véspera, fez uma declaração prematura a respeito do evento, como se fosse um fato já confirmado pela autoridade eclesiástica.

Maximino se deteve na paróquia por pouco tempo. Voltou apressadamente a Ablandens de onde, após o café da manhã, Pedro Selme o levou a Corps para confiá-lo ao pai Giraud. Melânia, porém, numa atitude de reserva, permaneceu em silêncio no fundo da igreja durante a missa. Depois voltou para casa do patrão, em Ablandens.

Após a missa, o conselho municipal se reuniu na prefeitura. Havia assuntos do interesse do município de La Salette a serem tratados. Ciente do acontecido na véspera, no alto do Monte Planeau, o prefeito M. Peytard pôs em discussão o caso. Como os conselheiros presentes à missa não haviam entendido o sermão do pároco, um morador de Ablandens e membro do conselho municipal, Jean Moussier, repetiu nessa reunião a narrativa feita pelos dois pastores em Ablandens, na noite anterior. Ninguém acreditou.

À tarde do mesmo dia 20 de setembro, o prefeito, com vinte francos no bolso e preocupado com as possíveis repercussões do insólito ocorrido, dirigiu-se a Ablandens, a cerca de um quilômetro de distância da prefeitura, para interrogar as crianças. Só encontrou Melânia, uma vez que Maximino já havia partido para a casa do pai, em Corps. O prefeito pediu a Melânia que lhe contasse a história sem interrupção.

Peytard ficou admirado com a simplicidade da menina, sua firmeza e entusiasmo ao narrar o acontecido, ela que era tão tímida e reservada. Fez-lhe algumas perguntas para forçá-la a cair em contradição. Ameaçou-a de prisão. Prometeu dar-lhe a soma de vinte francos se ela deixasse de falar desse assunto. Melânia, firme em sua atitude, apesar da imensa pobreza da família, respondeu-lhe que nem mesmo uma casa cheia de dinheiro a demoveria de sua certeza. Mostrava-se inflexível. Só tinha uma resposta a dar: "Foi-me dito que contasse, e eu contarei!".

O próprio patrão de Melânia, ainda incrédulo quanto ao fato, ficou surpreso com a firmeza da menina, com suas respostas claras, fortes e convincentes, e vendo a atitude do prefeito, começou a acreditar no que Melânia afirmava.

Peytard, homem de formação superior, judicioso, perspicaz e tomado pela surpresa, inclinou-se a admitir a veracidade do acontecido. Depois de três horas de interrogatório, pediu a Jéan-Baptiste Pra, o patrão de Melânia, que não permitisse à pastora descer a Corps e se encontrar com Maximino, antes que ele mesmo, prefeito, interrogasse o menino.

Logo após a partida do prefeito, Jéan-Baptiste Pra procurou o ex-patrão de Maximino, Pierre Selme, e o conselheiro municipal, Jean Moussier, todos moradores de Ablandens. Os três se puseram de acordo para, naquela noite de 20 de setembro, em Ablandens, ouvirem juntos o relato de Melânia. A entrevista com a pastora durou cerca de sete horas. A narrativa foi anotada palavra por palavra e assinada com o simples título que a cultura interiorana dos três entrevistadores permitiu imaginar: *Lettre dictée par la Sainte Vierge à deux enfants sur la Montagne de La Salette-Fallavaux* [Carta ditada pela Santa Virgem a duas crianças sobre a montanha de La Salette-Fallavaux].[5] Uma "carta ditada" pela Bela Senhora... É o primeiro e valioso documento escrito sobre a Aparição, datado de 20 de setembro de 1846, dia seguinte ao evento vivido pelos dois pastores no alto do Monte Planeau. Esse documento histórico é conhecido como "Relatório Pra". O Fato da Salette teve registro documental imediato; uma de suas características.

---

[5] Ibid., p. 34.

Na segunda-feira, dia 21 de setembro, algumas pessoas de Corps subiram à montanha e, na presença de Melânia, constataram com imensa surpresa que a Pequena Fonte intermitente, seca no dia 19, vertia água serenamente. Desde então nunca mais cessou de jorrar água pura, em torrente de graças, tornada permanente. Fonte de muitas maravilhas operadas pela fé na Bela Senhora!

Alguns dias depois, chegou o novo pároco de La Salette, Pe. Louis-Joseph Perrin. Era homem de bom senso, de muita piedade e zelo pastoral. Havia sido pároco em Monestier d'Ambel, na região de Corps, onde o seu irmão Pe. Jacques-Michel Perrin, que era capelão do hospital geral de Grenoble, o auxiliou por algum tempo. Apesar do mesmo sobrenome, não tinham parentesco algum com o pároco anterior de La Salette.

O novo pároco, Pe. Louis-Joseph Perrin era natural de La Murette. Nasceu em 1812. Fez seus estudos no Seminário Maior em Grenoble. Foi ordenado sacerdote aos 29 anos de idade. Tinha 34 anos quando assumiu a paróquia de La Salette, a 28 de setembro de 1846, poucos dias após a Aparição. Suportou com paciência a situação de pobreza da casa paroquial. Já tinha conhecimento do evento extraordinário, mas queria certificar-se pessoalmente a seu respeito, trocando ideias com seu antecessor, Pe. Jacques, durante os poucos dias em que o antigo pároco se deteve em La Salette.

Diariamente, muitas pessoas, solitárias ou em pequenos grupos, subiam ao Monte Planeau, local da Aparição. Maximino acompanhava-os com frequência para narrar o fato aos peregrinos. A 22 de outubro de 1846, com a ajuda de dois amigos, levou ao alto da montanha uma cruz que foi instalada no ponto onde a Bela Senhora subira aos céus.

Pe. Louis-Joseph, no entretempo, buscava informações junto a pessoas do local. Dez dias após sua instalação na paróquia, passando por Ablandens, tomou consigo Melânia para visitar a Montanha da Aparição. Interrogava a menina e anotava todas as suas respostas. Três outros padres e mais cerca de trinta pessoas se juntaram a eles nessa visita. De volta da montanha, interrogou também Pedro Selme e Baptiste Pra a respeito das duas crianças. Aos poucos ele passou a aceitar o fato. Superou preconceitos diante da clareza dos acontecimentos, deixando-se conquistar pela Bela Senhora. À luz da Aparição, começou a trabalhar intensamente na conversão dos paroquianos de sua rebelde comunidade.

A 24 de outubro, o padre enviou carta a Dom Philibert dizendo-lhe que a Aparição se tornava cada vez mais aceita e que o número de peregrinos era grande e diário. Observou também que a prática religiosa crescia cada vez mais entre seus paroquianos. Concluiu o texto afirmando: "Não encontro nada em contrário, e sim tudo a favor da realidade".

A 17 de novembro enviou uma carta circunstanciada ao Pe. Rousselot, de Grenoble. Outros escritos foram por ele enviados à Cúria Diocesana.

O movimento de peregrinos, provenientes de La Salette, de Corps e de regiões mais distantes, foi intenso até o mês de dezembro de 1846, início do inverno. Corps teve o mérito de iniciar as peregrinações coletivas, organizadas. Em meados de novembro de 1846, dois meses após a Aparição, o povo já demonstrava sinais de conversão, encontrando o caminho de volta à igreja. Surgiu, então, a ideia de fazer uma procissão até o local da Aparição, na já chamada "Montanha de Nossa Senhora, de nossa Boa Mãe". A ideia se transformou em movimento popular espontâneo.

A chamada "Confraria dos Penitentes de Corps", um grupo devocional da paróquia, tomou a iniciativa de organizar a primeira procissão montanha acima, a 17 de novembro de 1846. Reuniu cerca de seiscentas pessoas. O pároco, Pe. Mélin, não participou do movimento em virtude da proibição expressa do bispo de Grenoble. Dom Philibert havia pedido ao Clero que guardasse toda reserva até que o evento fosse devidamente analisado pela autoridade eclesiástica competente. A ausência do pároco, porém, foi suprida pela devoção do povo peregrino. Depois de algumas horas de penosa caminhada montanha acima, os peregrinos rezaram e cantaram no alto do monte da Aparição. Na volta, ao chegarem a Corps, os "penitentes" percorreram as ruas da cidade sem levar em conta os comentários maldosos do público, de forma que até velhos impenitentes se juntavam à multidão em sinal de conversão. Milagres começaram a acontecer.

Poucos dias depois, a 28 de novembro, foi realizada a segunda peregrinação em ação de graças por uma cura milagrosa acontecida em Corps. Maximino e Melânia encabeçavam a procissão com cerca de mil e quinhentas pessoas. Algumas religiosas e todo o grupamento policial de Corps se incorporaram ao movimento. Moradores das vilas dos arredores aderiram ao ato. Apesar da neve que já cobria a montanha, ninguém se deixava abater. A multidão cantava e rezava o terço durante as quatro horas de estafante caminhada. No meio do povo reunido em prece no local da Aparição, uma senhora hidrópica, amparada pelo esposo e filho montanha acima, rezava pedindo a graça da saúde. Junto à Pequena Fonte de águas milagrosas, a enferma repentinamente se sentiu curada. Com grata alegria depositou, como ex-voto, nos braços da cruz plantada por Maximino no local da assunção da Bela Senhora, a corrente de ouro que trazia consigo. De volta a Corps, a multidão percorreu mais uma vez as ruas da cidade, até chegar à igreja matriz. A 8 de dezembro de 1846, os "Penitentes de Corps" fizeram sua terceira e última peregrinação.

As duas crianças, que no final de 1846 estavam internadas no Colégio das Irmãs da Providência, em Corps, acompanhavam frequentemente os peregrinos até o lugar da Aparição, repetindo-lhes incansavelmente a narrativa do evento. Numa dessas visitas, Melânia, seguindo o exemplo de Maximino, quis plantar uma cruz no local da conversação da Bela Senhora com os dois pastores. A cruz, obtida a muito custo por causa da pobreza do pai, foi apresentada por Melânia ao pároco Pe. Mélin, que a abençoou.

A Mensagem da Bela Senhora, incessantemente proclamada pelas duas crianças, era confirmada pelos milagres e conversões admiráveis constatados em toda a região. No entanto, se a misericórdia de Deus, sinalizada por curas e conversões, se manifestava vivamente no meio do povo, certas calamidades, sofridas pela população antes da Aparição, historicamente prosseguiram depois dela. Era uma previsão realista a partir dos acontecimentos, tal a gravidade da situação agrícola e dos descaminhos da vida moral e social na região. A respeito disso a Bela Senhora não fez profecias extemporâneas e ameaçadoras para amedrontar mais ainda a população em desespero. Numa leitura coerente dos dados concretos, a Bela Senhora simplesmente assinalou com clareza a sequência dos fatos: "As batatinhas continuarão a se estragar e, para o Natal, não haverá mais... As crianças morrerão... Os outros farão penitência pela fome...".

Mais do que profecia, trata-se de simples previsão do futuro imediato, como continuação da realidade já existente, e não de ameaças proferidas por um Deus malvisto como justiceiro. A Bela Senhora, em lágrimas de compaixão e solidariedade para com o pesado sofrimento do povo, fez um veemente apelo à conversão pela adesão ao desígnio salvador de seu Filho Jesus. Os fatos concretos lidos à luz da Palavra de Deus, para a Bela Senhora, eram o sinal de que o povo é chamado a vivê-los num caminho penitencial de vida nova. Sua leitura dos sinais dos tempos tinha como finalidade despertar, segundo a pedagogia da fé, a consciência do povo diante da vida. Nesse contexto da Mensagem da Salette é preciso perceber, acima de tudo, que esse prenúncio da Bela Senhora vem impregnado de esperança ao anunciar a vida nova que surge da conversão: "Se se converterem, as pedras e rochedos se transformarão em montões de trigo, e as batatinhas serão plantadas nos roçados...".

É Palavra de alento diante dos males existentes. Um apelo ao compromisso ante a necessária transformação da real situação. O advento de nova realidade na justiça e na paz sempre é possível por graça divina e corresponsabilidade humana. Esse é o núcleo sólido e verdadeiro do evento da Salette, a única e esperançosa profecia da Bela Senhora, fundada na infinita misericórdia do Senhor para com seu povo pecador. O Papa São João Paulo II bem intuiu essa dimensão do evento ao afirmar em sua Mensagem, por ocasião do Sesquicentenário do Fato da Salette: "Salette é mensagem de esperança".

Na perspectiva da Bela Senhora, o inverno entre 1846 e 1847 foi muito pesado, sobretudo para os pobres. Para o Natal não havia mais trigo nem batatinhas. O pão era raro e caro. Tudo sofreu grande elevação de preço em virtude da escassez de produtos alimentícios e da gananciosa especulação sobre os produtos importados. Os moradores da região não tinham dinheiro para compras. A carestia fechava as portas do comércio para os pobres.

Na primavera de 1847, homens, mulheres e crianças percorriam os campos em busca de plantas silvestres para matar a fome. Por causa da inanição, a mortalidade, sobretudo a infantil, devastava a população. A 12 de abril de 1847, Pe. Mélin, pároco de Corps, levou ao conhecimento do bispo de Grenoble o fato de que, entre janeiro e abril daquele ano, trinta crianças e dez adultos dentre os 1.300 habitantes da paróquia haviam morrido de fome. O Tabelionato de Corps registrou, para o ano de 1847, a cifra de noventa e nove óbitos, sendo sessenta e três de crianças, entre elas o irmão menor de Maximino.

Se na região de Corps e La Salette os efeitos da fome se faziam sentir dolorosamente, a luz do evento da Salette, porém, iluminava os corações e incitava o povo a acolher a Mensagem da Bela Senhora e a percorrer o caminho da conversão. Em La Salette os paroquianos, abertos aos apelos do Senhor, imitavam o pároco em seu amor filial para com a Mãe de Jesus que os visitou. A comunidade, juntamente com o pároco, tendo a permissão do bispo Dom Philibert, implantou uma grande cruz no alto do Monte Planeau para que os peregrinos, desde a sede da paróquia, pudessem localizar o cenário da Aparição, oculto por situar-se no outro lado do Monte Planeau.

A 23 de junho de 1847, a paróquia inteira acompanhou o pároco de La Salette em procissão até o ponto do evento extraordinário, carregando as cruzes que, intercaladas às de Maximino e de Melânia, foram depostas no percurso feito pela Bela Senhora, formando o conjunto da Via-Sacra. A partir daí, a devoção da Via-Sacra faz parte da espiritualidade saletina. Flores eram ali depositadas, acendiam-se velas, rezava-se com piedade ao longo desse caminho santo, celebrando a Paixão do Senhor e a compaixão de sua Mãe Maria. O povo da Bela Senhora se reencontrava com o Filho Jesus.

Muitos padres acompanhavam as peregrinações do povo numeroso tocado pela graça da Salette. Na segunda-feira de Pentecostes de 1847, encontravam-se no Monte Planeau mais de três mil peregrinos, e no dia 31 de maio do mesmo ano, cerca de seis mil devotos ali faziam sua peregrinação. Pessoas de inúmeras regiões, de todas as condições, idade e profissão se convertiam ao Senhor.

Vendo o fervor dos peregrinos, o padre Louis-Joseph, prudentemente, expôs ao bispo a ideia de erigir um oratório no local do evento. Com frequência ele acompanhava os peregrinos, com discrição, uma vez que o fato ainda não tinha sido aprovado pela autoridade eclesiástica. Na montanha dedicava-se a alguns trabalhos manuais, como o arranjo da Pequena Fonte, muito procurada pelos visitantes. Queria facilitar o acesso dos idosos e doentes à água milagrosa. Para evitar a degradação da fonte miraculosa e do lugar da Aparição, ali instalou uma proteção adequada.

Por sua vez, a pedra sobre a qual se assentara a Bela Senhora era objeto de veneração, o que induzia os peregrinos a extrair algum pedaço para levar para casa como sagrada lembrança da peregrinação. Pe. Louis-Joseph quis apanhar o resto da pedra bendita para conservá-la em seu presbitério, mas ela já tinha sido levada a Corps pelo Pe. Mélin.

O pároco de La Salette, em meio a todos esses acontecimentos, desejou organizar com solenidade os festejos do primeiro aniversário da Aparição. A data de 19 de setembro de 1847 coincidia com um domingo. Seria um acontecimento grandioso. Pe. Louis-Joseph podia contar com um auxiliar, seu irmão mais velho, Pe. Jacques-Michel Perrin, que viera para trabalhar na paróquia. Fora ordenado a 9 de julho de 1836. Era padre muito zeloso e estimado por seus paroquianos.

Prevendo o movimento devocional que a celebração do primeiro aniversário suscitaria no meio do povo, o Pe. Louis-Joseph, depois de consultar o bispo e com o apoio do prefeito Peytard, uma semana antes da festa levantou no local da Aparição um oratório rudimentar, feito com madeira doada pelo povo de La Salette. O oratório permitiria celebrar a missa ao abrigo do tempo. Ponderada a situação, o bispo autorizou a celebração de missas na pequena capela, desde a aurora até o meio-dia do primeiro aniversário, e durante sua oitava.

Três dias antes da comemoração festiva, as estradas que levam a Corps foram tomadas pelas multidões. As igrejas estavam repletas de pessoas que buscavam o confessionário. No dia 18 de setembro de 1847, a cidade de Corps não comportava mais gente. À tarde, uma chuva forte e glacial caiu. O tempo era assustador. O povo passou a noite em oração. No início da noite, os peregrinos, à luz de tochas e velas em meio à escuridão, e sem conhecer os perigosos caminhos das montanhas, se puseram a subir até o local da Aparição pela íngreme trilha dos pastores. A multidão formava uma fila de cerca de seis quilômetros, cantando e rezando. Durante a noite, os padres animavam o fervor do povo, entoando cantos e preces junto ao oratório no alto da montanha bendita.

Às 2h30 da madrugada, depois de abençoado o oratório, o Pe. Louis-Joseph e seu irmão Pe. Jacques-Michel rezaram a missa, um de frente ao outro no mesmo altar, em tempos em que a Liturgia não permitia a concelebração eucarística. Outros padres se sucederam na celebração da missa, até o meio-dia. Na manhã do primeiro aniversário, o povo peregrino aumentava cada vez mais, apesar do mau tempo. Durante a manhã o tempo amainou e o entusiasmo dos fiéis reanimou-se. Às 11h30 ninguém mais podia se movimentar, tal era o tamanho da multidão no exíguo local da Aparição.

Na missa comemorativa, o Pe. Sibillat, vigário em La Tronche e, mais tarde, um dos primeiros Missionários de Nossa Senhora da Salette, fez vibrante alocução ao povo presente. Pe. Gérin, pároco da Catedral de Grenoble, empolgado, fez outra pregação. Cerca de duzentos padres se faziam presentes à cerimônia. A multidão, dividida em dois coros separados pelo riacho Sézia, cantava o *Magnificat*, o *Sub Tuum* e o *Te Deum*. Um espetáculo inolvidável. Junto à Pequena Fonte milagrosa as pessoas esperavam longamente para apanhar um pouco da água bendita.

No meio do povo estavam Maximino e Melânia. Todos queriam vê-los, ouvi-los e abraçá-los. Por três vezes em diferentes pontos do local, eles repetiram a narrativa da Aparição, ouvida atentamente pelos presentes. Para que todos pudessem ouvi-la, algumas pessoas no meio da multidão repetiam suas palavras. Depois rezaram o terço com o povo. Para não serem sufocados pela multidão, Maximino foi socorrido pelo pai, e Melânia foi protegida pelas Irmãs de Corps.

Melânia era muito procurada. Imprudentemente, alguém lhe fez um comentário elogioso que dela fazia uma pessoa mais importante que a Bela Senhora: "Veja todo esse povo! Você é a responsável por tudo isso!...". Melânia, na hora, deu de ombros, não levando em consideração essa palavra imprudente.

No começo da tarde de 19 de setembro de 1847, os peregrinos se puseram a descer a montanha, encerrando a incomparável peregrinação do primeiro aniversário da Aparição. Testemunhas oculares avaliaram a multidão que subiu à Montanha da Salette, naqueles dias de celebração, entre cinquenta e cem mil peregrinos.

A respeito da comemoração, o prefeito de La Salette, estupefato com o que presenciara, enviou carta a Dom Villecourt, bispo de La Rochelle, descrevendo o acontecimento. Na noite desse dia 19 de setembro, o pároco de La Salette também enviou a Dom Villecourt uma carta que foi incluída em seu livro *Nouveau récit de l'Apparition de la Sainte Vierge sur la montagne des Alpes*, publicado em 1847, texto no qual o bispo descreve suas excelentes impressões a respeito do local, das duas crianças e da história da Aparição. Dom Villecourt tinha sido o primeiro bispo a visitar a Montanha da Salette, a 22 de julho de 1847. Naquela ocasião, Maximino o acompanhou cheio de um contentamento tão grande que o levou a bater o sino da igreja matriz de La Salette durante toda a breve estadia do bispo nessa paróquia. De retorno à sua diocese, Dom Villecourt pregou publicamente sobre a Aparição. Em carta posterior exaltou "a candura, a simplicidade e a humildade" dos paroquianos de La Salette, reflexo da vida dos padres Perrin, por ele tidos como "homens de Deus". Desde que ouvira falar da Salette tinha muita consideração pelo evento. Estudou a Aparição e a ela deu crédito plenamente. Escreveu depois belos textos a respeito. Dom Villecourt recebeu o chapéu cardinalício a 17 de dezembro de 1855, como recompensa concedida por Pio IX por ele ter pedido a proclamação do Dogma da Imaculada Conceição. Vivendo em Roma, recebeu por diversas vezes a visita do Papa durante sua prolongada doença. Morreu a 16 de janeiro de 1867.

Logo após o primeiro aniversário, Pe. Jacques-Michel recebeu de Dom Philibert, bispo de Grenoble, a incumbência de celebrar a missa para os peregrinos na Santa Montanha até a festa de Todos os Santos de 1847. O inverno começava. Não havia alojamentos em La Salette, nem no alto da Montanha. E a casa paroquial se encontrava em estado lastimável. Assim mesmo, os dois irmãos padres Perrin, na sua pobreza, acolhiam peregrinos, sobretudo sacerdotes, e com eles frequentemente subiam à Montanha da Salette.

Dom Philibert, no final do inverno, a 13 de março de 1848, deu sua aprovação à Novena Perpétua em honra a Nossa Senhora da Salette. Ao final desse mês, os padres Perrin comunicaram ao bispo o fato da cura de uma pessoa de Saint-Dizier, em cuja paróquia havia uma arquiconfraria reparadora. Sabendo disso, os dois padres logo pensaram em organizar uma associação semelhante na paróquia de La Salette. A 1º de maio de 1848, o pároco padre Louis Perrin recebeu de Dom Philibert a permissão de erigir na paróquia a Confraria de Nossa Senhora das Sete Dores, inspirando-se na compaixão da Bela Senhora em sua Aparição. Zeloso servidor da peregrinação à Montanha da Aparição, o pároco fundou a "Confraria de Nossa Senhora Reconciliadora da Salette". O Pe. Jacques-Michel ajudou o irmão Pe. Louis nesse passo, porque havia lido um texto sobre a "Reconciliação" em chave mariana, na obra *As glórias de Maria*, de Santo Afonso Maria de Ligório. Os paroquianos aderiram com entusiasmo à nova Associação.[6]

---

[6] Cf. BASSETTE, Louis, *Le Fait de La Salette, 1846-1854*. Paris, Les Éditions Du Cerf, 1955, p. 159.

O objetivo da nova Confraria era o de rezar pela conversão dos pecadores e fazer reparação das ofensas a Deus. Tinha como norma a oração diária de um Pai-Nosso, de uma Ave-Maria e da invocação: "Nossa Senhora da Salette, Reconciliadora dos Pecadores, rogai sem cessar por nós que recorremos a vós!". As inscrições no rol dos membros da Confraria foram abundantes e rápidas. Em 1850 contava com mais de 18 mil inscritos. Em 1852, o número de membros chegava a 50 mil.

Em 22 de agosto de 1852, o Pe. Burnoud, primeiro superior dos Missionários de Nossa Senhora da Salette, pediu a Dom Philibert que erigisse canonicamente a Confraria. O bispo logo solicitou à Santa Sé a autorização para os padres peregrinos celebrarem, na Montanha da Aparição, a missa Votiva da Santa Virgem Maria, e alguns favores para a nova Confraria, tais como:

> 1) A consagração desse *nome* pela autoridade apostólica, ou sua mudança para outro que fosse julgado mais conveniente pelo Santo Padre;
> 2) A elevação dessa piedosa associação em arquiconfraria, à qual se filiariam todas as outras que se formariam a seguir...[7]

A "Arquiconfraria de Nossa Senhora Reconciliadora da Salette" foi instituída por Pio IX num Breve datado de 7 de setembro de 1852, com a concessão de diversos privilégios e indulgências. O título de "Reconciliadora", aplicado a Bela Senhora, foi assumido imediatamente e com fervor pela piedade popular, e se mantém vivo na espiritualidade da Congregação dos Missionários de Nossa Senhora da Salette, das Irmãs e dos leigos e leigas saletinos.

---

[7] STERN, Jean MS, *L'Evêque de Grenoble qui approuva La Salette: Philibert de Bruillard (1765-1860)*. Strasbourg, Éditions du Signe, 2010, p. 73.

A dimensão mariana da Reconciliação estava praticamente esquecida pela Teologia e pela Pastoral desde a Idade Média. Um dos últimos grandes teólogos a comentá-la foi Santo Anselmo de Cantuária († 1109). Em sua *Oratio 1.130-138*, referiu-se a Maria como "Mãe da Reconciliação":

> Da mesma forma que o Filho de Deus é a beatitude dos justos, assim também vós, fecunda em frutos de salvação, tendes um Filho que reconcilia os pecadores. Não há outra reconciliação senão aquela que vossa castidade concebeu. Não há outra justificação senão aquela que vós, Virgem, nutristes no vosso seio. Não há outra salvação senão aquela que vós, sempre Virgem, gerastes. Ó Senhora, vós sois, então, a Mãe da Justificação e dos justificados, a Mãe da Reconciliação e dos reconciliados, a Mãe da Salvação e dos que foram salvos. Ó bem-aventurada confiança! Ó refúgio seguro! A Mãe de Deus é nossa Mãe. A Mãe daquele de quem tudo esperamos e somente a quem tememos, é nossa Mãe.[8]

O Pe. Jean Jaouen MS afirma:

> Um modesto cura de campanha, procurando o sentido essencial do drama que se desenrolara visivelmente sob os olhares de duas crianças, encontrou esse título que faz parte do apanágio sobrenatural de Maria e que os teólogos não desaprovam, mas a respeito do qual jamais teriam pensado em torná-lo objeto de uma devoção: sua importância lhes fugia. Era preciso que a própria Virgem, por meio de todos os momentos e símbolos de sua Aparição, nos explicitasse a

---

[8] Cf. PINTARD, J., *Marie, Mère de la Réconciliation et de l'Église*. Cahiers Marials, 15/01/1974.

riqueza desse título e suas conexões sobrenaturais, para que tivéssemos a ideia de nele fixarmos nosso olhar e com ele alimentar nossa vida. Milhões de almas invocaram a Virgem sob esse novo título, ou mais exatamente, perceberam com novo olhar esse mistério que ela realiza nos céus desde sempre, a reconciliação dos pecadores que todos somos.[9]

Outras devoções a Nossa Senhora da Salette surgiram depois, como a Novena Perpétua, a oração do Lembrai-vos e as Ladainhas, na dimensão mariana reconciliadora. Maravilhas aconteceram com a prática dessa devoção.

Não contentes ainda, os irmãos padres Perrin, além de sua vasta correspondência, decidiram lançar, em 1849, o periódico *Les Annales de Notre-Dame Réconciliatrice de La Salette* e, após, o *Journal des Pèlerins de Notre-Dame de la Salette*. Receberam muitos elogios da parte do grande escritor e polemista Louis Veuillot, em carta de 6 de fevereiro de 1849.[10]

Os anos de 1848 a 1850 foram excessivamente trabalhosos para os dois padres de La Salette. Recebiam peregrinos de todas as partes da Europa. Na Montanha, celebravam a missa diariamente, em atenção aos peregrinos. Passavam horas atendendo confissões, sem se preocupar consigo mesmos.

Fatigado, Pe. Jacques-Michel, ao final de quatro anos em La Salette, pediu ao bispo que o transferisse para La Murette, sua terra natal. Desejava um repouso bem merecido. Ali, seu estado de saúde piorou. No Domingo de Ramos, em abril de 1851, pediu os Santos Sacramentos e entregou sua vida a Deus. Dom Philibert declarou-o "um de seus padres de elite", tal era sua humildade e heroísmo.

---

[9] JAOUEN, Jean MS, *La Grâce de La Salette, 1846-1946*, op. cit.; BASSETTE, Louis, *Le Fait de La Salette...*, op. cit., p. 160.

[10] Cf. HOSTACHY, Victor MS, *La galerie des portraits de La Salette*, vol. II, s/d, p. 58.

O Pe. Louis-Joseph, em seguidas e cansativas subidas ao Monte Planeau, acompanhava o movimento dos peregrinos, muitas vezes com a presença de Maximino e Melânia. A respeito deles declarou que, quando eram submetidos a interrogatórios, "raramente se cansavam. Interrogados quer separadamente, quer um frente ao outro, nunca se puseram em contradição entre si".[11] Atestou que ambos repetiam sempre a mesma narrativa da Aparição com a Mensagem da Bela Senhora.

A construção do Santuário no local do evento estava sendo cogitada. Fazia-se, antes, necessária a compra do terreno junto à prefeitura municipal de La Salette, proprietária da área onde aconteceu a Aparição. O pároco de La Salette acompanhou os passos dados nessa transação, até que os Missionários de Nossa Senhora da Salette, congregação fundada por Dom Philibert em 1852 para zelar pelos peregrinos e pelo sonhado Santuário, assumissem o posto. O pároco de La Salette compreendeu, então, que, depois de cinco anos e meio de prodigiosa ação pastoral em La Salette, era tempo de se retirar. Quando de sua partida da paróquia, repassou aos novos Missionários, com os quais mantinha excelente relacionamento, todos os documentos relativos à Aparição, bem como o pedaço da pedra sobre a qual a Bela Senhora assentara-se. A 15 de abril de 1852, quando Pe. Burnoud, primeiro superior dos Missionários de Nossa Senhora da Salette, e Pe. Sibillat, seu confrade, assumiram a missão junto aos peregrinos na Santa Montanha, o pároco de La Salette, padre Louis-Joseph Perrin, estava presente, bem como o pároco de Corps, Pe. Mélin.

Ao deixar a paróquia de La Salette e vendo sua transformação religiosa, Pe. Louis-Joseph escreveu:

---

[11] Ibid., vol. I, p. 24.

Percebia-se, com edificação, a cessação da blasfêmia e dos trabalhos aos domingos, nas paróquias vizinhas a La Salette. Ia-se à igreja até mesmo nos dias de trabalho, para ouvir a Palavra de Deus e receber os sacramentos... No primeiro ano após a Aparição não houve uma família sequer de minha paróquia que não tenha pedido a celebração de uma missa de ação de graças em honra da Santa Virgem. Oh! Como era bom ser pároco então. Esses foram os dias mais bonitos de minha vida![12]

O povo da paróquia acolhera o apelo de conversão feito pela Bela Senhora. Com a consciência do dever cumprido, Pe. Louis-Joseph louvava a Deus por lhe ter concedido a graça de exercer o ministério sacerdotal em La Salette.[13]

Em maio de 1852, o ex-pároco de La Salette foi nomeado pároco de Courtenay, na região de Morestel. Mais tarde, aos setenta anos de idade, depois de mais de trinta anos de serviço pastoral, deixou o trabalho paroquial e se retirou para sua cidade natal, La Murette, onde viveu mais dois anos. Ali morreu no dia de Natal de 1884.

Um sobrinho dos irmãos padres Perrin, o Pe. Joseph Perrin MS, superior-geral dos Missionários de Nossa Senhora da Salette, afirmou que o que mais admirava na vida de seu tio Pe. Louis-Joseph era "seu amor pelos pobres a quem tanto gostava de socorrer no exercício de seu ministério, e sua atenção pela promoção das vocações eclesiásticas e religiosas, bem como a retidão de espírito que o fez compreender a importância das duas grandes virtudes evangélicas: a caridade e o apostolado".[14]

---

[12] CARLIER, Louis MS, *Histoire de l'Apparition...*, op. cit., p. 57-58.
[13] Cf. HOSTACHY, Victor MS, *La galerie des portraits...*, vol. II, op. cit., p. 79.
[14] Ibid., p. 79.

3. Os agraciados: retorno ao cotidiano

Depois da Aparição, Maximino e Melânia voltaram para junto de seus familiares.

Maximino, conduzido pelo ex-patrão Pierre Selme, retornou de Ablandens à casa do pai Giraud, em Corps, logo após a missa dominical de 20 de setembro de 1846. O menino, em casa, só encontrou a madrasta. O pai estava no bar. Pierre Selme contou brevemente à madrasta do menino o que acontecera. Depois foi ao bar para se encontrar com o amigo Giraud e lhe falou do acontecido na véspera, na Montanha da Salette. Maximino, que o acompanhava, ali narrou o fato, diante dos presentes incrédulos e zombeteiros.

Giraud, naquele domingo, voltou para casa tarde da noite. Acordou o menino e o fez repetir a narrativa. Vendo a desenvoltura de Maximino, comentou: "É muito esperta a pessoa que tão depressa pôs na tua cabeça tantas coisas. Com muito custo consegui, ao fim de três anos, te ensinar o Pai-Nosso e a Ave-Maria...".[15]

No dia seguinte, os curiosos começaram a chegar em grande número e envolviam Maximino como um "enxame de abelhas de que não é possível se livrar", como ele dizia. Incansavelmente repetia a história aos interessados, apesar da proibição do pai.

Dentre os curiosos, o mais importante era o prefeito de La Salette. A 21 de setembro, segunda-feira, o prefeito Peytard chegou repentinamente à casa de Giraud, em Corps, para ouvir diretamente a história narrada por Maximino e constatou a inteira coincidência entre a narrativa dele e a de Melânia, que ouvira no dia anterior, em Ablandens. O prefeito, em tom severo, disse, então, ao menino: "Maximino, eu não queria estar em seu lugar. Você espalhou uma história que assusta

---

[15] CARLIER, Louis MS, *Histoire de l'Apparition...*, op. cit., p. 35.

as pessoas... Preferiria levar alguém à morte a inventar o que você diz de acordo com Melânia...".

Maximino respondeu: "Inventando, eu? Não se pode inventar uma coisa dessas. Nós falamos do que nossos olhos viram e nossos ouvidos ouviram".[16]

O prefeito Peytard foi vencido pela firmeza do garoto. Ordenou, porém, que, no domingo seguinte, dia 27 de setembro, devia se encontrar com ele na Montanha da Aparição. No dia marcado, o prefeito de La Salette subiu ao monte acompanhado por um sargento da polícia. Maximino partiu de Corps. Melânia, que estava em Ablandens, também compareceu. No local da Aparição, as duas crianças repetiram a narrativa tantas vezes feita ao longo daqueles poucos dias. Descreveram minuciosamente o fato. Peytard fez o possível para saber de todos os detalhes da história e levar as crianças a caírem em contradição. Ao final, sentiu-se vencido e se persuadiu de que as duas crianças diziam a verdade. No entanto, o policial que acompanhava o prefeito segurou Maximino e, com insultos, ameaçou jogá-lo num abismo, se não dissesse que tudo era mentira. O menino não se intimidou e respondeu: "Não, eu não vou dizê-lo, porque é tudo verdade!". Mais tarde Maximino afirmou que, naquele momento, uma voz interior lhe dizia: "Não tenhas medo, meu filho, ninguém te fará mal!".[17]

Em Corps, o resultado da investigação feita pelo prefeito Peytard causou profunda impressão. Muita gente começou a acreditar no fato, enquanto outros o ironizavam. A notícia se propagava com a maior rapidez.

Naqueles dias, o pai de Maximino, estando em casa, pediu ao garoto que narrasse novamente o fato. O pai se irritou mais uma vez. Maximino então lhe disse: "Mas, papai, a Senhora me falou também de

---

[16] Ibid., p. 35.

[17] Ibid., p. 40.

você!".[18] Diante da grande surpresa do pai, Maximino contou-lhe o episódio da "terra de Coin" que a Bela Senhora tinha comentado durante a Aparição.

Desse dia em diante, Giraud deixou o filho mais à vontade. Permitiu, por fim, que ele fosse ao local da Aparição, acompanhando a madrasta, a avó e a prima Melânia Carnal de onze anos, portadora de uma doença nos olhos, e mais algumas pessoas. Giraud recomendou a todos que examinassem bem a situação para se assegurarem de que a história contada não era uma impostura.

De retorno, a madrasta fez uma detalhada descrição do local. Afirmou que todos haviam tomado água na Pequena Fonte milagrosa, e que Melânia Carnal sentira alívio da doença ao lavar os olhos com a água da fonte. Giraud sentiu-se, então, inclinado a acreditar no fato. Cresceu nele a esperança de que, fazendo uso da água milagrosa, seria curado do mal de asma de que era portador. Tendo subido ao local da Aparição algum tempo depois, tomou da água santa e sentiu-se curado. Em sinal de gratidão, atendeu o insistente pedido de Maximino para que preparasse uma cruz a ser instalada no lugar bendito. Poucos dias depois, a 22 de outubro de 1846, a cruz de Maximino foi colocada no local da assunção da Bela Senhora. Giraud finalmente procurou o confessionário para se reconciliar com Deus por intermédio da Bela Senhora. A partir daí, participou diariamente da missa e da Comunhão, até sua morte piedosa, a 24 de fevereiro de 1849.

Melânia só voltou de Ablandens para a casa dos pais, em Corps, a 15 de dezembro de 1846. Não teve melhor sorte junto aos seus. Sofreu muita opressão por causa da Aparição, sobretudo da parte do pai.

---

[18] Ibid., p. 36.

Melânia e Maximino, com a ajuda de Dom Philibert, foram, então, admitidos como internos no Colégio das Irmãs da Providência, em Corps. Ali permaneceram cerca de quatro anos, até setembro de 1850. Melânia tinha mais dificuldade no estudo. Mesmo depois do tempo de escola ainda cometia numerosos e grandes erros de ortografia. Essa era uma das deficiências de Maximino também. É o que transparece numa carta enviada por ambos a Dom Philibert, em fins de julho de 1847.[19]

Apesar de colegas no mesmo colégio, Maximino e Melânia se mantinham "indiferentes entre si, sem mútua simpatia. Evitavam-se em vez de se procurar, e aproveitavam sempre a ocasião para mútuas zombarias".[20] Quando falavam da Bela Senhora, porém, se transformavam.

As Irmãs do Colégio de Corps foram educadoras exemplares das duas crianças. Procuravam instruí-las e formar sua personalidade, acompanhando-as de perto para evitar que se tornassem presas de interesseiros, ou "objetos de veneração" por parte de algumas pessoas. A superiora, Irmã Sainte-Thècle, com a ajuda das outras Irmãs, cuidava para que as duas crianças não se orgulhassem por causa do privilégio recebido. Não era fácil a tarefa, porque a graça por elas vivida não havia transformado sua realidade humana. Possuíam belas qualidades. Conservavam, porém, os mesmos defeitos anteriores à Aparição. Para evitar elogios superficiais, aprenderam a se manter discretos. Falavam da Aparição apenas quando interrogados a respeito. Suas respostas eram concisas e estritamente relacionadas às perguntas feitas.

A 8 de novembro de 1847, acompanhadas pelo Pe. Mélin, pároco de Corps, e pela Irmã Sainte-Thècle, superiora do Colégio, as duas crianças compareceram diante de uma Comissão Episcopal presidida por Dom Philibert, em Grenoble. Haviam sido convocadas para prestar es-

---

[19] Cf. HOSTACHY, Victor MS, *La galerie de portraits...*, vol. II, op. cit., p. 113-114.
[20] CARLIER, Louis MS, *Histoire de l'Apparition...*, op. cit., p. 65.

clarecimentos sobre o evento de La Salette. Nessa oportunidade, a Irmã Sainte-Thècle revelou que Maximino tinha levado mais de um ano para aprender a servir a missa, e que Melânia consumira mais tempo ainda para aprender os atos de fé, esperança e caridade. Apreensiva, acrescentou: "Há um mês venho receando que Melânia seja tomada de vaidade por causa da celebridade que o evento lhe propiciou".[21] A palavra imprudente, ouvida por Melânia no primeiro aniversário da Aparição, estaria, talvez, dando sinal de algum efeito pernicioso na alma da menina.

"O futuro de Melânia, desse momento em diante, dependeria da clarividência de seus guias e da resistência que ela mesma conseguiria manter ante o Tentador que acabava de assaltá-la."[22] Por isso, com a firmeza de educadora experimentada, Irmã Sainte-Thècle procurou manter a adolescente num caminho de equilíbrio interior.

No Colégio, Melânia e Maximino continuaram vivendo em sua cândida e humilde simplicidade, sem ter consciência plena da própria celebridade por causa da Aparição. Durante o tempo de estudos, ambos foram muitas vezes interrogados a respeito da Aparição por parte de autoridades eclesiásticas e de outros que deixaram testemunhos memoráveis em relação a eles.[23]

Os dois levaram longo tempo para aprender o Catecismo, de forma que, só a 7 de maio de 1848, fizeram a Primeira Comunhão. Maximino tinha então 13 anos de idade e Melânia, 16 e meio. Cansadas do trabalho com as duas crianças, apesar do grande amor por elas, as Irmãs da Providência solicitaram ao bispo que as liberasse dessa responsabilidade. O bispo, no entanto, pediu-lhes mais um ano de cuidados. Isso permitiu que, a 25 de junho de 1850, Melânia e Maximino recebessem em Corps a Confirmação das mãos de Dom Depéry, bispo de Gap.

---

[21] JAOUEN, Jean MS, *La Grâce de La Salette...*, op. cit., p. 98.

[22] Ibid., p. 98.

[23] CARLIER, Louis MS, *Histoire de l'Apparition...*, op. cit., p. 63-71; JAOUEN, Jean MS, *La Grâce de La Salette...*, op. cit., p. 95-103.

Ao final de 1850, as duas crianças partiram de Corps para seguirem seu próprio caminho de vida. Ambos, no entanto, embora distantes entre si, repetiam incessante e exatamente a mesma história aos interessados, intrepidamente fiéis ao que viram e ouviram. O Espírito Santo lhes havia concedido a mesma graça da fidelidade e da fortaleza dada aos Apóstolos, que diziam: "Não podemos deixar de falar do que vimos e ouvimos!" (At 4,20).

4. Pe. Mélin: "Le Bon Papa"

Pe. Pierre Mélin, pároco de Corps, em meio a tantos e tão inusitados fatos, mantinha-se em silêncio, observando os acontecimentos e ouvindo os comentários relativos ao evento na Montanha de La Salette. Apesar de jovem, aos 31 anos de idade possuía grande tato e sabedoria. Desempenhou uma nobre missão junto àquelas duas crianças nascidas em sua paróquia. Mantinha-as sob seus cuidados desde que voltaram de Ablandens para Corps. Acompanhava-as de perto, embora estivessem sob o cuidado direto das Irmãs no Colégio. Mostrava-se, porém, reservado e prudente com relação à Aparição, obediente às ordens do bispo diocesano.

O Pe. Mélin era natural de Jallieu, onde nasceu a 6 de maio de 1810. Fez seus estudos superiores no Seminário Maior de Grenoble. Como padre, foi inicialmente professor de Filosofia e Teologia. Depois foi nomeado vigário do pároco da catedral, o Pe. Gérin. Dali foi transferido para Corps, aí chegando a 1º de julho de 1841.

A população de Corps estava recheada de anticlericais. Pe. Mélin, ao chegar, enfrentou muitos ultrajes. Homem alto e forte, não receava, porém, as injúrias recebidas. A cidade era renomada por sua falta de religião e pouca educação. Segundo uma carta sua ao bispo, em dezembro de 1847, a cidade "era habitada por semisselvagens".[24]

---

[24] STERN, Jean MS, *La Salette, Documents Authentiques, septembre 1846-début mars 1847*, vol. I, Paris, Desclée de Brouwer, 1980, p. 11.

Segundo o Pe. Champon, um dos sucessores de Pe. Mélin em Corps, a situação religiosa e moral da cidade era péssima antes de 1846:

> O espírito de insubordinação, as blasfêmias, a profanação do domingo, a falta de toda mortificação, o abandono da abstinência e do jejum na Quaresma, o amor desenfreado pelos divertimentos públicos e pelos cabarés: tal era a situação moral de nossa população. Corps, ponto de referência da região, se distinguia especialmente por todas essas desordens e caminhava à frente das comunidades dos arredores, no largo caminho do mal e da perdição. (...) Os sacramentos tinham sido abandonados a ponto de dois homens apenas fazerem a Páscoa ou irem à igreja uma vez por semana, muito cedo, para escapar aos insultos de seus concidadãos.[25]

Os bailes eram publicamente organizados pelas autoridades. Nenhum clérigo podia andar pelas ruas da cidade sem ser insultado.

Pe. Mélin chegou para pacificar a paróquia pobre e mal afamada. Para a sua alegria, a comunidade começou a se transformar a partir de novembro de 1846, logo após a Aparição. Em seu zelo sacerdotal, incentivava a todos na prática da religião. Humilde e caridoso, alimentava inteira confiança em Nossa Senhora Reconciliadora dos pecadores.

Tudo levava o povo a retomar ao caminho de Deus, até mesmo a mortalidade infantil e o furacão que, às vésperas do Natal de 1846, fez estragos enormes na cidade. Nessa ocasião, a tranquilidade começou a voltar quando os habitantes, atemorizados, perceberam a presença de Melânia e Maximino rezando pelo bem-estar da população. O fato despertou de maneira mais forte ainda na consciência do povo a necessidade de conversão. Os confessionários, a partir daí, foram muito

---

[25] CARLIER, Louis MS, *Histoire de l'Apparition...*, op. cit., p. 54-55.

procurados. Naquele Natal, na missa da meia-noite, cerca de quinhentas comunhões foram distribuídas. A metade delas foi para homens. A conversão de Corps foi um dos frutos mais significativos da Aparição. A divina luz que iluminou o Monte Planeau a 19 de setembro de 1846 estava penetrando no profundo da alma desse povo que, pela Mensagem da Bela Senhora, reencontrou o caminho da reconciliação.

Pe. Mélin, em carta enviada a Dom Philibert no mês de abril de 1847, atestava que a mudança de vida do povo de sua paróquia e de toda a região de Corps era prova evidente da feliz influência da Aparição. A Páscoa daquele ano foi celebrada com grande edificação. Na carta ao bispo, Pe. Mélin afirma:

> Éramos quatro confessores, e estamos de acordo em afirmar que nunca demos a absolvição com tanta segurança como nesse tempo santo. Houve tantas graças, e graças tão extraordinárias, que me sinto preocupado com o futuro. Ontem depositei tudo entre as mãos da tão Bela Senhora. Ela foi a grande pregadora, a confessora por excelência.[26]

Segundo Pe. Mélin, na Páscoa de 1847, contrariamente à de 1846, apenas trinta pessoas, dentre as mil e quinhentas da paróquia, haviam deixado de cumprir seu dever pascal. A conversão de Corps se tornara um fato conhecido. Quando de sua visita a La Salette, em 1847, o bispo de La Rochelle, Dom Villecourt, testemunhou essa transformação religiosa generalizada não só na diocese de Grenoble, mas também em outras dioceses vizinhas.

Antes da Aparição, Pe. Mélin conhecia superficialmente a Maximino. Jamais o vira na igreja ou na escola. O garoto não se preocupava em encontrar-se com o pároco, nem mesmo depois da Aparição. Quan-

---

[26] JAOUEN, Jean MS, *La Grâce de La Salette...*, op. cit., p. 173.

do voltou a Corps, a 20 de setembro, o padre, sabendo da presença de Maximino na cidade, não se apressou em encontrar o menino já muito falado. Mantinha-se reservado, segundo um comentário posterior do próprio Maximino:

> Padre Mélin se mostrou frio e pouco apressado. Todo mundo corria atrás de mim, e ele permanecia em seu presbitério. É preciso dizer que eu também não pensava no pároco. No sábado, quando o sino soou para a missa, minha irmã (Angélica) foi lhe dizer: "O senhor sabe que meu irmão viu a Santa Virgem?". "Pois bem, diga-lhe que venha me ver depois da missa", respondeu-lhe o padre.[27]

No sábado, dia 26 de setembro, véspera do encontro marcado do prefeito com as duas crianças no alto da montanha, Melânia desceu de Ablandens a Corps, para uma visita a seus familiares, e acompanhou Maximino para a entrevista com o pároco. Pe. Mélin quis ouvi-los separadamente e, depois, em conjunto. Ao final da conversa perguntou aos dois: "É tudo o que essa Senhora vos disse?". "Não. Ela também nos disse outra coisa, mas fomos proibidos de falar", disseram os dois.[28]

O padre compreendeu que os dois haviam recebido uma palavra pessoal a ser guardada em segredo. Perguntou-lhes por que não tinham contado isso a ninguém. Responderam-lhe que ninguém os havia interrogado a esse respeito e, como se tratava de segredo, não tinham razão para falar. Depois de recomendar-lhes que rezassem, despediu-os sem dizer nem sim nem não a respeito do que ouvira. Maximino voltou à casa do pai, e Melânia retornou a Ablandens a serviço de Jéan-Baptiste Pra.

---

[27] HOSTACHY, Victor MS, *La galerie des portraits...*, vol. II, op. cit., p. 93.
[28] CARLIER, Louis MS, *Histoire de l'Apparition...*, op. cit., p. 41.

O pároco, no entanto, queria fazer um inquérito aprofundado para certificar-se por si mesmo do acontecido e não apenas a partir de comentários de outrem. Juntamente com Maximino e algumas outras pessoas, subiu, então, de Corps até o local da Aparição, no dia 28 de setembro de 1846. De passagem por Ablandens, Melânia juntou-se ao grupo. Ao fim de quatro horas de caminhada, chegaram ao Monte Planeau. O padre logo sentiu que o "milagre impregnava a atmosfera" do alto da Montanha. Chegando lá, o grupo se pôs a rezar. Alguns dentre os visitantes quiseram quebrar a pedra sobre a qual a Bela Senhora se havia sentado, para levar algum fragmento para casa, como outros visitantes anteriormente haviam feito. Pe. Mélin, porém, proibiu que o fizessem e carregou consigo o restante da pedra para conservá-la em Corps. Seria uma preciosa relíquia no caso de o evento ser confirmado como verídico. Apanhou também um pouco de água da fonte milagrosa para levá-la a um doente em Corps. A cura aconteceu. O padre, porém, não se apressou em proclamar o fato como milagre. Agia com sabedoria e prudência. Declarou, por fim, que, desde esse dia, sua convicção a respeito da verdade da Aparição estava firmada. Tinha razões tão convincentes que não podia mais duvidar. Aguardava, porém, algum milagre complementar que confirmasse a Aparição para poder falar publicamente a respeito. E, impressionado, constatou também o fato de que as duas crianças sempre narravam a mesma história.

Pe. Mélin compreendeu que devia informar o bispo Dom Philibert sobre tudo e com exatidão. A 4 de outubro de 1846, enviou ao bispo sua primeira carta. A resposta do bispo pedia reserva a respeito dos acontecimentos, enquanto não se fizesse um exame tão exato quanto severo do caso. A partir daí, uma frequente correspondência mútua foi mantida.

O pároco de Corps também estava preocupado com a vida das duas pobres crianças. Não era possível abandoná-las. Tinha profunda comiseração por elas, as mais deserdadas de seu povo e ao mesmo tempo as mais favorecidas pelo Céu. Urgia dar-lhes instrução, formação e uma vida digna:

> Pobres, ignorantes e desprovidos de tudo, os dois pastores, logo após a Aparição, estiveram à mercê de todos. Uns quiseram encarregar-se deles, com interesse sincero por eles, outros queriam ter consigo essas crianças para se jactarem ou para explorá-las, seja em proveito de partidos políticos, seja para os próprios interesses.[29]

O próprio Maximino mais tarde afirmou:

> Pessoas de Gap, vendo-nos nesse estado, nos propuseram, durante uma subida à santa Montanha, de acompanhá-las, Melânia e eu, até sua cidade, pois lá cuidariam de nossas necessidades e de nossa educação. Foram os primeiros a pensar em nos instruir e nos fazer sair do estado miserável em que estávamos.[30]

Apesar de os dois pastores estarem dispostos a aceitar o convite para irem a Gap, Pe. Mélin se opôs a isso. Expôs o caso ao bispo, em carta de 19 de novembro de 1846. O bispo respondeu que também ele estava preocupado com as duas crianças. Ofereceu-se a pagar a pensão de Melânia junto às Irmãs da Providência em Corps, e a de Maximino junto a alguma família. Pe. Mélin, por fim, conseguiu que os dois ficassem com as Irmãs. Duas delas tomariam conta das crianças: Irmã Sainte-Thècle e Irmã Sainte-Valérie. Ambos teriam, pois, onde viver e

---

[29] HOSTACHY, Victor MS, *La galerie des portraits...*, vol. II, op. cit., p. 108.
[30] Ibid., p. 108.

ser alfabetizados. As Irmãs, sobretudo a superiora, Irmã Sainte-Thècle, passaram a dar-lhes acurada assistência e formação.

Maximino, já órfão de pai e mãe, recebeu como tutor o seu tio Templier. Com isso, o acompanhamento zeloso a Maximino por parte de Pe. Mélin se tornou mais difícil. O padre, porém, continuou sendo um verdadeiro pai para o menino, de forma tal que Maximino o chamava de "Le bon papa Mélin". E a Irmã Sainte-Thècle era a mãe de que o garoto precisava. Quando o menino foi infectado pela varíola, o pároco teve receio de que ele morresse. Por duas vezes, porém, ouviu de Melânia uma palavra de esperança: "Ele não vai morrer por causa dessa doença!".

Pe. Mélin quis dar lições de latim a Maximino, com a intenção de enviá-lo ao Seminário mais tarde. Contudo, era grande o esforço a ser feito para burilar a personalidade do menino, corrigindo não só seus erros de ortografia, mas também seus defeitos de caráter. O próprio Maximino, relembrando os tempos de colégio, confessou: "Em vez de aproveitar dos bons exemplos e lições que recebia no Convento da Providência, eu crescia não em ciência e sabedoria como Melânia, mas em ignorância e estultice".[31]

Maximino declarou também que, por causa de suas frequentes fugas do colégio, Pe. Mélin um dia lhe disse: "'Meu garoto, não posso mais cuidar de você. Volte para o lugar de onde veio!' E, pondo-me à porta, fui forçado a partir para junto de meu tio".[32] Essa atitude firme de Pe. Mélin, na verdade, se tornou causa de alegria para Maximino, que, assim, livremente podia passear pelas cidades próximas e ser recebido com admiração em todas as partes. O tio Templier sentia-se recompensado com isso. Imaginava que poderia explorar a fama do menino ganhando dinheiro com eventuais "espetáculos" montados a

---

[31] Ibid., p. 120.

[32] Ibid., p. 121.

partir do evento da Salette. Foi nesse contexto perverso que, a 22 de setembro de 1850, aconteceu a viagem de Maximino que resultou no célebre "Incidente de Ars".

Numa carta, Pe. Mélin declarou que sempre se manteve circunspeto a respeito da Aparição, mas sem abjurar as próprias convicções a respeito.[33] Por causa disso suportou incompreensões, até mesmo entre membros do Clero de Grenoble. Diante de todos esses problemas, um dia Pe. Mélin exclamou: "Se essa oposição cessasse, eu mesmo seria obrigado a me tornar meu próprio opositor para melhor fazer brilhar a sobrenaturalidade desse grande evento. Se ele é obra de Deus, é preciso que sofra contradições e perseguições".[34] Quanto a isso, Maximino afirmou: "As calúnias de que Pe. Mélin foi objeto representam uma honra para ele e provam que era exatamente o homem certo para as circunstâncias suscitadas pelo evento de 19 de setembro de 1846".[35]

Outra fonte de problemas foi o pedaço da pedra da Aparição que Pe. Mélin recolheu como relíquia. Foi acusado de roubo. Ele mesmo, então, declarou: "Conservei-a religiosamente não para mim, o que poderia ter feito, mas para as duas paróquias que deram à Aparição seus elementos primeiros de maneira providencial: La Salette, o terreno, e Corps, as crianças".[36] Dom Philibert encerrou essa polêmica ordenando que o bloco maior da pedra fosse repassado à paróquia de La Salette e alguns fragmentos permanecessem em Corps. Pe. Mélin acabou repassando tudo a La Salette. Hoje, a pedra se encontra em nicho especial, no Santuário da Montanha Santa.

---

[33] Ibid., p. 154.
[34] Ibid., p. 127.
[35] Ibid., p. 127.
[36] Ibid., p. 124.

Com o *Mandamento Doutrinal* de Dom Philibert a respeito da Aparição, datado de 19 de setembro de 1851, o coração de Pe. Mélin se dilatou mais ainda de pura alegria. Sentia-se inteiramente livre para falar a favor da grande graça de Maria a seu povo. Sua alegria chegou ao cúmulo quando, em maio de 1852, Dom Philibert subiu à Montanha santa para abençoar a pedra fundamental do Santuário. Nesse momento, o bispo conferiu a Pe. Mélin o título de Cônego Honorário da Catedral.

A casa paroquial de Corps era muito procurada por peregrinos e doentes que buscavam na Montanha a cura para seus males. Muitas vezes Pe. Mélin os acompanhava ao local da Aparição. Quando era preciso, ele mesmo socorria os viajantes retidos na montanha por causa do mau tempo. Acompanhou o bispo Dom Ullathorne, de Birmingham, Inglaterra, em maio de 1854. Novamente acompanhou Dom Philibert, em agosto de 1856, quando, já resignatário, o bispo quis lá celebrar seus 91 anos de idade e seus 30 anos de ordenação episcopal. Igualmente o Pe. Julião Eymard, hoje canonizado, fundador dos Padres do Santíssimo Sacramento, natural de La Mure, sentia-se feliz em estar com o Pe. Mélin. Tais visitas eram para o pároco de Corps um momento de repouso e consolo.

Durante os 24 anos de ministério em Corps, o pároco dedicou-se até o fundo da alma para o bem do povo e por amor a Nossa Senhora da Salette. Juntamente com o pároco de La Salette, empenhou-se de coração na aquisição do terreno para a construção do Santuário no alto da Montanha.

Apesar de todas as preocupações que aquelas duas crianças lhe davam, Pe. Mélin as amava ternamente. Teve sempre grande interesse por elas e, depois que partiram de Corps, frequentemente lhes enviava cartas. Um dia ele escreveu:

Muitas pessoas gostariam de vê-las mais *místicas*, ao menos mais perfeitas. A Santa Virgem, porém, deixou-as em sua própria natureza. Temos que nos contentar com isso. O que ela pôs nelas é como uma laranja num vaso. A laranja não transforma o vaso, não o torna mais cristalino, se for de simples vidro. O vaso, porém, deixa ver fielmente a laranja.[37]

Dom Ullathorne, bispo de Birmingham, ao visitar La Salette em 1854, deixou o seguinte testemunho a respeito do Pe. Mélin:

Esse digno eclesiástico é um homem de espírito sólido e de extrema prudência. Poucas pessoas são tão respeitáveis. É providencial o fato de que tal padre se tenha encontrado nesses lugares, e com tal autoridade, para acompanhar desde o começo toda essa questão de La Salette, moderar o zelo que em torno dele se desenvolvia e exercer uma vigilância paterna sobre as duas crianças.[38]

Em 1865 o Pe. Mélin voltou à Catedral de Grenoble. Morreu a 19 de junho de 1874. Por ocasião de sua morte, o periódico *Les Annales...* publicou o seguinte elogio fúnebre: "Pe. Mélin foi um dos primeiros e mais inteligentes apóstolos do culto a Nossa Senhora da Salette".[39]

O pároco de Corps se doou pela conversão de seu povo. A imensa torrente de conversões, em La Salette, em Corps e pela Europa afora, nele suscitava sentimentos de profunda admiração e louvor a Deus por essa graça concedida por intermédio do Fato da Salette. A torrente das águas vivas da Reconciliação se tornava a marca maior desse extraordinário acontecimento. Só Deus conhece o número e a identidade dos

---

[37] Ibid., p. 168.
[38] Ibid., p. 91-92.
[39] Ibid., p. 169.

que encontraram o caminho de vida nova, iluminados pela divina luz que brilhou na Montanha da Salette. Ontem e hoje. Na Europa e no mundo inteiro. Entre simples e humildes. Entre nobres e intelectuais. Na França, particularmente, no meio da multidão dos que encontraram a Deus através da Bela Senhora da Salette, tomou vulto significativo um considerável grupo de reconhecidos escritores que, direta ou indiretamente, beberam da fonte das águas de vida da Salette e, iluminados por sua luz celeste, irradiada pela Bela Senhora das Dores e da Compaixão, da Solidariedade e da Solidão, da Misericórdia e da Reconciliação, abraçaram a Cruz do Cristo Morto e Ressuscitado presente sobre o coração da Mãe do Senhor. O mistério do amor misericordioso de Deus ante a tragédia de seu povo pecador palpita no Fato da Salette. Mistério que encanta e suscita reconciliação. Mistério do sofrimento penetrado de glória, mistério da Cruz e Ressurreição.

> La Salette, parece, mais que qualquer outro lugar virginal, quer que lhe seja atribuída a coroa de tal homenagem. Nenhuma Aparição, a começar por Léon Bloy e Huysmans, atraiu tantos escritores e artistas, muitas vezes dentre os mais originais de seu tempo.[40]

Na trilha da conversão de Léon Bloy, escritor e polemista, e de sua intensa devoção à Virgem da Compaixão, "Aquela que chora", seguiram o filósofo Jacques Maritain e sua esposa Raïssa, Pedro Termier, o geólogo, Van der Meer, Stanislas Fumet, Ernest Psichari, Paul Claudel, o sublime poeta, Huysmans, François Mauriac, Gustave Thibon...

> Seria interessante saber por que La Salette atingiu e seduziu tantos escritores e artistas. (...) Penso, primeiramente, que

---

[40] Diversos, *La Salette – Témoignages*, op. cit., p. VII.

o que há de um tanto misterioso, e, até, de apocalíptico no sentido nobre do termo, de familiarmente bíblico, enfim, de concreto, ao mesmo tempo de pitoresco e muito geral, essas simples palavras que, à primeira vista, parecem destinadas a um pequeno recanto de montanha, a um povoado rústico, e que, de repente, se elevam ao universal e revelam num clarão um futuro talvez longínquo, penso que essa poesia complexa e diferente imediatamente atingiu esses poetas do verbo ou da cor.[41]

Duas perspectivas de espiritualidade influenciaram, de certo modo, na conversão desses intelectuais: a espiritualidade da reparação dos pecados e a espiritualidade apocalíptica da regeneração universal. A segunda, particularmente, distorceu o Fato da Salette. A França, desde a revolução de 1879, sofria gravemente do mal do pessimismo derrotista, originado pelos transtornos políticos e religiosos que o país vivia. Nesse contexto, o evento da Salette foi utilizado muitas vezes como esteio para justificar o pensamento apocalíptico dos que aguardavam terríveis castigos de Deus, mais do que a misericordiosa compaixão do Senhor testemunhada pela Bela Senhora.

Entre as numerosas personalidades que tiveram relação com a Salette, está um brasileiro, o professor doutor Newton Freire-Maia, geneticista de renome, que, ao final de longo percurso pelos caminhos do agnosticismo, reencontrou, como "ateu à procura de Deus", conforme ele mesmo se denominava, a fé católica recebida na infância. Nesse longo e complexo processo espiritual, vivido, porém, na esperança de encontrar a luz, e não segundo a visão trágica da história sufocada pela escuridão, a Bela Senhora da Salette exerceu sobre o Dr. Newton

---

[41] Ibid., p. VIII.

maravilhoso influxo por sua graça reconciliadora, conforme ele mesmo acena em sua autobiografia.[42] Como cientista, o Dr. Newton possuía uma firme convicção a propósito da teoria evolucionista. Tinha, pois, um espírito aberto ao novo e belo que o processo evolutivo possibilita no universo. A descoberta do pensamento teológico e científico de Pe. Teilhard de Chardin SJ, um evolucionista convicto que propôs o conceito de "evolução criadora", deu a Newton a necessária e ampla abertura para abraçar plenamente a fé que procurava. A luz da Salette que ele visitou, iluminou o fundo de sua alma.

Segundo a imagem do Apocalipse, é imensa a multidão de fiéis congregada junto ao trono do Cordeiro, banhada pela transbordante misericórdia nascida no coração do Pai e derramada pela Mãe da Salette. O Santuário da Montanha de La Salette se tornou o repositório dessas maravilhas que Maria cantou em seu *Magnificat*, maravilhas que se multiplicam pelo braço benigno e reconciliador do Senhor, estendido sobre seu povo.

---

[42] Cf. FREIRE-MAIA, Newton, *O que passou e permanece*, Editora UFPR, Curitiba/PR, 1995, p. 271-278; 281-282.

Capítulo VI

ALVO DE MUITAS BUSCAS

A coerência, a tenacidade, a fidelidade de Maximino e Melânia à narrativa da Aparição, sua prontidão nas respostas desconcertantes aos interrogatórios feitos, são admiráveis. A narrativa era feita em tom de seriedade, de simplicidade, com respeito religioso, inúmeras vezes repetida. Apesar de sua ignorância religiosa, pareciam doutores ao falarem da Bela Senhora. A impressão que davam era a de que falavam do que realmente viram e ouviram no alto da Montanha. Não era possível atribuir-lhes alguma impostura.

Quando, pelos contemporâneos, se sabe da irresponsabilidade de Maximino e da ingrata memória de Melânia, é surpreendente o fato de que essas crianças tenham podido conservar na memória, depois de ouvido uma única vez, esse longo discurso da Bela Senhora, com os detalhes da Aparição tão bem gravados em sua mente, e o fato de que, nos interrogatórios mais minuciosos, é sempre evidente a concordância de sua descrição.[1]

As duas crianças só falavam da Aparição quando interrogadas. Eram intransponíveis, no entanto, em relação ao "segredo", quando questionadas a esse respeito. Aos curiosos por saberem do "segredo" que

---

[1] JAOUEN, Jean MS, *La Grâce de La Salette...*, op. cit., p. 120.

a Bela Senhora lhes havia confiado durante a Aparição, a "palavra pessoal" que dela carinhosamente haviam recebido, sempre davam respostas surpreendentes. Assumiam uma intrepidez heroica e uma tenacidade insuperável diante das pressões sofridas para revelar o que era seu, exclusivamente seu. Por mais hábeis que fossem as perguntas, mais impressionantes eram as respostas. Não levavam em consideração se se tratava de amigos, parentes, padres ou bispos.

Um determinado senhor disse a Maximino: "Você se pôs de acordo com Melânia para contar essa história e ganhar dinheiro com isso!". "Pois bem, já que o senhor afirma isso, diga, então, quanto dinheiro recebemos?"

"As respostas de Melânia e de Maximino são tão espirituosas, tão incisivas, tão naturais que me parecem mais extraordinárias que o próprio evento", segundo o comentário de Pe. Arbaud.[2]

Ao sacerdote que perguntou a Melânia se ela contaria seu "segredo" ao padre, quando fizesse sua Primeira Comunhão, ela respondeu: "Meu segredo não é pecado!".[3]

Alguém lhe perguntou ainda: "Como você pode guardar essa história ouvida uma só vez? Eu a ouvi por três vezes de sua parte e não sou capaz de repeti-la". "Se a Santa Virgem a tivesse dito ao senhor, o senhor a saberia de cor".[4]

Disseram-lhe: "Apesar de tudo, você pode ter-se enganado!...". "E a Fonte, senhor, por que lá está?"[5]

---

[2] CARLIER, Louis MS, *Histoire de l'Apparition....*, op. cit., p. 75.

[3] Ibid., p. 76.

[4] Ibid., p. 77.

[5] Ibid., p. 78.

Um professor do Seminário disse a Melânia que o personagem visto por ela talvez fosse o demônio. A resposta da menina foi contundente: "Senhor, o demônio não carrega cruz!".[6]

Um padre de Gap, ao afirmar que a "Senhora" tinha desaparecido numa nuvem, Melânia respondeu: "Não havia nuvem alguma!". "Mas é fácil envolver-se numa nuvem e desaparecer..." "Pois bem, senhor, queira, então, envolver-se numa nuvem e desaparecer...".[7]

Pe. Lagier, no interrogatório feito a Melânia, lhe perguntou a respeito do "segredo" recebido durante a Aparição: "Agora você vai me dizer o que ela te disse?". "Oh! Não!" "Você vai dizê-lo a um padre que (...) pode receber todos os segredos e que é obrigado em consciência a guardá-los. Ele bem pode guardar o seu." "Oh! Não! Não o direi!" "Mas por quê?" "Porque fui proibida de dizê-lo, e eu não quero dizê-lo, e eu jamais o direi!".[8]

Maximino demonstrou a mesma firmeza nesse assunto. Alguém lhe disse: "Você deve dizer o segredo a seu confessor, a quem nada se deve esconder". "Meu segredo não é pecado. Na confissão a gente é obrigada a dizer só os pecados." E se fosse necessário dizer seu segredo ou morrer?" "Eu morreria... Eu não o diria!"

Um sacerdote lhe perguntou: "Meu garoto, você não cansa de repetir todos os dias a mesma história?". "E o senhor não cansa de dizer todos os dias a missa?"[9]

O episódio mais ilustrativo aconteceu no encontro entre o grande educador Pe. Dupanloup e Maximino. Na ocasião, o padre levava consigo uma maleta fechada com cadeado à base de segredo. Diante da

---

[6] Ibid., p. 78.
[7] JAOUEN, Jean MS, *La Grâce de La Salette...*, op. cit., p. 130.
[8] Ibid., p. 124-125.
[9] Ibid., p. 130.

curiosidade de Maximino, repetidas vezes o cadeado era aberto e fechado pelo padre. Maximino queria a todo o custo conhecer o segredo. O padre propôs por mais vezes que, se o garoto lhe revelasse seu segredo, também revelaria o seu ao garoto. Maximino lhe respondia: "Não posso dizê-lo!".

Em determinado momento, padre Dupanloup, abrindo a maleta, mostrou a Maximino o dinheiro lá guardado, dizendo que lhe daria tudo se revelasse o segredo. O garoto, que conhecia muito bem a miséria, admirado ao ver tanto dinheiro, se entristeceu e se afastou dizendo: "Senhor, eu não posso!". O padre lhe perguntou: "Quem proibiu?". "A Santa Virgem", respondeu Maximino.

Diante da firmeza do menino, o Pe. Dupanloup comenta: "A partir desse momento deixei de lado essa busca inútil. Senti que a dignidade do menino era maior do que a minha. Com amizade e respeito coloquei minha mão sobre sua cabeça".[10]

As atitudes tão extraordinárias dessas duas pobres crianças deixam transparecer a graça especial da fortaleza recebida da Bela Senhora.

A 22 de maio de 1847, Maximino e Melânia foram convocados pelo Tribunal de Grenoble para comparecer perante o juiz de paz, em Corps. Era preciso explicar os fatos que após a Aparição estavam perturbando a paz da população. Não era permitida a presença de outras pessoas na sessão. Apesar da ausência de Pe. Mélin, o protetor, as duas saíram-se muito bem diante das ameaças e dos severos interrogatórios, tanto em conjunto quanto separadamente.

Ao mesmo tempo em que circulavam na imprensa críticas mordazes contra a Aparição, como nos jornais *Le Patriote des Alpes*, de Grenoble, *Le siècle* e *L'Univers* de Paris, eram publicadas também opiniões mais precavidas e relatórios sérios tanto sobre interrogatórios feitos a Maximino e Melânia a respeito dos acontecimentos quanto sobre as repercussões do denominado "Fato da Salette".

---

[10] Ibid., p. 122-124.

Antes mesmo do pronunciamento oficial do bispo de Grenoble, Dom Philibert de Bruillard, a 19 de setembro de 1851, declarando a autenticidade da Aparição, diversas pessoas haviam tomado a iniciativa de fazerem, isoladamente e por conta própria, investigações sobre os acontecimentos de La Salette.

São vários os relatórios particulares. Entre os mais valiosos estão:

1. Relatório Jéan-Baptiste Pra: é o primeiro escrito sobre a Aparição, datado do anoitecer do dia seguinte do evento, 20 de setembro de 1846, feito a partir da narrativa de Melânia em Ablandens e assinado por Jéan-Baptiste Pra, Pierre Selme e Jéan Moussier.

2. Relatório de José Laurent, de Corps, em dezembro de 1846.

3. Notas do Pe. François Lagier, pároco de Saint-Oierre-de-Cherennes, nascido em Corps em 1806. Sua presença em Corps, durante o inverno de 1846-1847, foi de valor inestimável. Chegou incrédulo a respeito da Aparição e partiu convicto a respeito, deixando escritas as certezas por ele adquiridas nesse tempo, ao final de três longas entrevistas com Maximino e Melânia, entre fevereiro e março de 1847. Era um investigador competente. Seus questionamentos foram insistentes e penetrantes. Conhecia muito bem o *patois* de Corps e, por isso, dialogava muito espontaneamente com as duas crianças.[11]

4. Relatório F. Long, tabelião e juiz em Corps, elaborado em 1847.

5. Relatório Pe. Lambert, de 29 de maio de 1847. Pe. Lambert era vigário em Nîmes. Passou seis dias em La Salette entrevistando Melânia e Maximino, na presença de seis testemunhas.

---

[11] BASSETTE, Louis, *Le Fait de La Salette...*, op. cit., p. 37s.

6. Notas de Mlle. Des Brulais, diretora de um pensionato em Nantes. Foi a La Salette a 10 de setembro de 1847 e para lá voltou por mais vezes durante os sete anos seguintes, passando meses em Corps, ouvindo e interrogando Maximino e Melânia. O resultado de suas entrevistas, feitas com fina sensibilidade feminina e competente psicologia de professora, deixou uma obra intitulada *L'Echo de la Sainte Montagne*, publicado em 1852.[12]

7. Relatório Villecourt, bispo de La Rochelle, em 1847.[13]

8. Relatório de Pe. Rousselot, de 1848, resultado da pesquisa oficial feita por Rousselot-Orcel, a pedido do bispo de Grenoble.[14]

9. Documento de Mons. Dupanloup. Trata-se da correspondência a um amigo, datada de 11 de junho de 1848. Nela Dupanloup, bispo de Orléans, padre Conciliar do Vaticano I, em 1870, e um dos mais respeitados educadores do séc. XIX, na França, relatou os encontros com Maximino e Melânia. A entrevista com Maximino se prolongou por quatorze horas. O diálogo exigente e inteligente com o menino é de uma dignidade e inspiração extraordinária. De começo mal impressionado com a rudeza das duas crianças, Dupanloup terminou mostrando-se vencido pela candura, transparência, firmeza e veracidade delas. Trata-se de documento de grande valor para firmar a crença na verdade do Fato da Salette.[15]

Nessa época, muitas outras investigações foram feitas junto a Maximino e Melânia para verificar concretamente a veracidade do Fato da Salette.

---

[12] Cf. JAOUEN, Jean MS, *La Grâce de La Salette...*, op. cit., p. 96.

[13] CARLIER, Louis MS, *Histoire de l'Apparition...*, op. cit., p. 58.

[14] BASSETTE, Louis, *Le Fait de La Salette...*, op. cit., p. 72s.

[15] BACCELLI, Pe. Dr. Simão MS, *Conheçam La Salette*, São Paulo, Edições Paulinas, 1953, p. 54-60; BASSETTE, Louis, *Le Fait de La Salette...*, op. cit., p. 160s; CARLIER, Louis MS, *Histoire de l'Apparition...*, op. cit., p. 79-81.

Capítulo VII

GRENOBLE: A PALAVRA DA IGREJA

Dom Philibert de Bruillard, bispo da diocese de Grenoble, a cuja jurisdição pertence a paróquia de La Salette, exerceu insubstituível papel na afirmação da autenticidade da Aparição de Nossa Senhora, a 19 de setembro de 1846.

1. Um modelo de bispo

Dom Philibert de Bruillard era pastor de espírito vivaz, penetrante, e de atividade intensa. De atitudes aristocráticas, tinha bom coração e forte espiritualidade mariana. Era octogenário por ocasião da Aparição. Ao longo da vida, viu surgirem e desaparecerem diversos governos franceses. Nasceu sob o "Ancien Regime", a monarquia real, e morreu sob o Segundo Império. Durante a Revolução Francesa teria dado a absolvição final ao rei Luís XVI ao ser condenado à morte.

Durante seu episcopado em Grenoble, a Bela Senhora apareceu nas montanhas de La Salette. Foi justamente chamado "o primeiro bispo de Nossa Senhora dos Alpes". "Ele viu as tempestades se dissiparem e se estabelecer, enfim, de forma pacífica, a verdade a respeito da Aparição extraordinária de Maria aos pequenos pastores. Hoje, graças a ele, a Salette parece para sempre firmada."[1]

---

[1] "Monseigneur Philibert de Bruillard", *Journal Réligieux*, de Muret, março de 1861, p. 162.

Segundo sua biografia, apresentada por Jacques-Olivier Boudon no Colóquio organizado pelo Institut Catholique de Paris, em setembro de 1996, por ocasião do 150º aniversário da Aparição em Salette, e publicado na coletânea *La Salette, Apocalypse, Pèlerinage et Littérature (1856-1996)*, sob o título *L'évêque de La Salette, Mgr. De Bruillard"*, ps. *49-62*, Dom Philibert vivia "uma religião severa, marcada pela austeridade". Segundo Boudon ainda, para Dom Philibert Nossa Senhora da Salette "é certamente uma mediadora, mas de um Deus que continua como Deus do castigo... O bispo de Grenoble não esquece que a mensagem passada em La Salette é uma advertência, isto é, uma ameaça". Boudon afirma, ainda, que coube a Dom Ginoulhiac, sucessor de Dom Philibert, "privilegiar mais essa Aparição marial do que sua mensagem a ser transmitida, donde o surgimento de uma peregrinação em que predomina a esperança mais do que o medo" (ibid.). Em sua *Instrução Pastoral e Mandamento* de 4 de novembro de 1854, Dom Ginoulhiac afirmou que a Salette "não é uma nova doutrina... mas uma nova graça". Se, pois, a doutrina contida na Mensagem da Salette é a mesma da Tradição da Igreja, a Aparição em si é um gesto novo da bondade de Deus.

Philibert nasceu em Dijon, a 12 de setembro de 1765. Era o sexto dentre os oito filhos do agricultor Antoine Braillard com Étiennette Muzelier. Foi batizado no mesmo dia do nascimento, com o nome de Philibert Brailliard. O sobrenome teve outras variantes depois. O pai faleceu a 3 de março de 1770, aos quarenta e cinco anos de idade, depois de perder quatro filhos. Viúva aos trinta e quatro anos, a mãe se dedicou aos outros quatro filhos, órfãos de pai. Philibert tinha então quatro anos e meio de idade.

O passado de Philibert tem, no entanto, algo que se perde no tempo. Com cinco anos de idade foi levado a Paris. Lá entrou no Colégio de Navarre, fundado em 1304 pela rainha Jeanne de Navarre, esposa de Felipe, o Belo, para acolher crianças pobres. Aos onze anos de idade, o menino Philibert fez a Primeira Comunhão e recebeu a Crisma.

Em 1780 decidiu entrar no Seminário Maior, chamado "Comunidade de Laon", em Paris. Os padres Sulpicianos dirigiam a instituição. Foi colega do futuro bispo de Chartres, Dom Frayssinous, que, de 1824 a 1827, foi também ministro de Assuntos Eclesiásticos e da Instrução Pública, na França. No Colégio, a formação intelectual e espiritual era muito exigente. Sua espiritualidade se voltava mais para o "aniquilamento", na visão de De Bérulle, fundador da famosa Escola Francesa de Espiritualidade.

A 19 de setembro de 1789, Philibert, como clérigo de Dijon, foi ordenado sacerdote na Capela do Arcebispado de Paris. Em 1790, obteve o bacharelado e a licença em Teologia, provavelmente na Sorbonne. Como jovem padre foi "repetidor" de Filosofia e Teologia junto aos alunos do Seminário, em Paris.

A vida do Pe. Philibert foi repleta de trabalho e riscos de prisão. Durante o "período do terror" da Revolução Francesa, foi nomeado "capelão da guilhotina". Como tal dava assistência religiosa aos condenados à morte durante os anos da guerra civil. Em 1793 foi encarregado de se posicionar junto à rua por onde passavam as viaturas que levavam os condenados à guilhotina, para ministrar-lhes discretamente a absolvição suprema; entre os condenados esteve o rei Luís XVI. Além disso, percorria a cidade para confessar os doentes e levar o viático aos moribundos.

Incorporado à Guarda Nacional, o uniforme militar facilitava, de certa forma, seu ministério sacerdotal. Doava-se inteiramente em seu trabalho pastoral, dando o que possuía. Tornou-se professor de latim, francês, música e aritmética para sobreviver, sempre sob o olhar vigilante do poder revolucionário. Apesar disso, discretamente acompanhava as carretas dos condenados ao cadafalso. Teve a felicidade de reconciliar inúmeras pessoas com Deus nesse momento supremo. No meio das cenas de horror, entregava-se a Maria Santíssima. Sua vida de jovem sacerdote foi muito sofrida, mas de devotamento incansável.

Nessa época, muitas religiosas expulsas de seus conventos foram obrigadas a fundar pequenas escolas para sobreviver. As escolas se tornaram, a partir de 1815, berço de novas comunidades religiosas. Pe. Philibert foi nomeado capelão de muitas delas. Nesse ministério teve, em 1790, a graça de se tornar *diretor espiritual* de Santa Madalena Sofia Barat, fundadora das "Irmãs do Sacré-Coeur de Jésus". Mais tarde, ao fim de sua vida, depois de seu afastamento da diocese de Grenoble, Dom Philibert foi acolhido por uma comunidade dessa Congregação, em Montffleury, perto de Grenoble.

Providencialmente, Pe. Philibert teve contato com muitos santos e mártires da Revolução Francesa. Quando os dias terríveis da Revolução acabaram, o culto religioso foi restabelecido conforme a Concordata de 15 de julho de 1801, entre Napoleão e o Papa Pio VII.

Padre Philibert, com grande zelo pastoral, serviu a partir daí a paróquia de Saint-Sulpice. Em 1803 foi nomeado Cônego Honorário da Metrópole. Como tal, assistiu à coroação de Napoleão Bonaparte na igreja de Notre-Dame, em Paris, a 2 de dezembro de 1803. O novo clima de relações entre o imperador e a Santa Sé não impediu que a ambição pelo poder levasse Napoleão a invadir os Estados Pontifícios e deportar o Papa para a França.

O Pe. Bruillard era um pregador memorável. Em 1810 assumiu a paróquia de Saint-Nicolas-du-Chardonet, onde trabalhou durante dez anos e atendeu depois outras paróquias em Paris. Era considerado candidato ao Episcopado. Sem nunca ter cobiçado essa missão e mantendo-se sempre no humilde e serviçal pastoreio sacerdotal, o Pe. Philibert, aos 60 anos de idade, foi nomeado bispo de Grenoble, a 28 de dezembro de 1825, com a anuência do rei Carlos X. Dom Frayssinous, ministro dos Assuntos Eclesiásticos, exerceu influência decisiva nessa nomeação. A Concordata previa que, na França, a escolha de bispos fosse feita pelo rei, e sua instituição canônica cabia ao Papa. Sua ordenação episcopal aconteceu a 6 de agosto de 1826. A 11 de agosto Dom Philibert prestou juramento entre as mãos do rei Carlos X.

No dia de sua ordenação episcopal, enviou uma Carta Pastoral à diocese de Grenoble, na qual declarou que tomava como modelo de vida episcopal São Francisco de Sales, em sua doçura de coração, mas sem deixar de lado a firmeza necessária que o episcopado exige. Na Carta o bispo utilizou, pela primeira vez, a assinatura "Philibert de Bruillard", para assinalar a nobreza atribuída pela legislação em vigor aos bispos então designados com o título de "barão".

Ao se despedir de Paris, deixou a impressão de um sacerdote modelar.

Chegando a Grenoble, recebeu calorosa acolhida, a 21 de agosto de 1826. A 25 de agosto, contemplando da cátedra uma estátua da Virgem Maria, afirmou: "Creio que posso testemunhar – e com muita alegria – que faço parte do número de seus filhos; espero que ela não deixe de ser minha Mãe para sempre".[2]

A diocese de Grenoble contava com cerca de meio milhão de habitantes, em sua maioria agricultores e criadores de gado. Tinha 509 paróquias e 519 padres. A cidade, fundada pelo imperador romano Graciano, no século IV, tinha cerca de 80 mil habitantes, quase todos residindo dentro das muralhas da cidade. Grandes intelectuais fazem parte de sua história, inclusive o romancista Stendhal e o arqueólogo Champollion.

---

[2] HOSTACHY, Victor MS, *La Galerie des portraits...*, vol. II, op. cit., p. 49.

Um ano após a chegada de Dom Philibert, o clima de Grenoble lhe causou sofrimentos, o que, por algum tempo, o obrigou a se retirar para Marselha. Pensou, até, em apresentar sua demissão, mas as pressões levaram-no a desistir da ideia. Retomou com firmeza o trabalho episcopal e assim, por mais de um quarto de século, foi o Bom Pastor dessa diocese, sem mais levar em conta as próprias fragilidades.

Visitava com regularidade e zelosamente todas as paróquias da diocese. Empregou todos os seus recursos financeiros pessoais na ajuda aos pobres, na restauração de igrejas, na fundação de pias instituições e na reforma da catedral. Recebeu a Cruz de Cavaleiro e a de Oficial da Legião de Honra. Em 1828 reuniu um Sínodo Diocesano, instituiu um sistema de visitas pastorais às paróquias e incentivou as Missões Paroquiais. Preocupou-se com a formação de seus padres. As congregações religiosas, pouco numerosas antes, cresceram sensivelmente na diocese. Tomou cuidado para evitar amarras com o poder político. Acolheu devidamente o príncipe presidente na catedral de Grenoble, a 22 de setembro de 1852. Substitui o "Catecismo Imperial" pelo "Catecismo Diocesano". Por ocasião de grandes calamidades naturais na região, incentivou o povo à solidariedade para com a população sofredora.

Apesar de influenciado pelo galicanismo, manteve muita lealdade ao Papa. Sua espiritualidade cristocêntrica foi marcada por forte acento mariano, o que equilibrou sua tendência rigorista. Isso o predispôs a ver com muita simpatia o evento da Salette, tido por Dom Philibert como a grande recompensa de sua vida. Mais do que ninguém, foi o escolhido pela Virgem Mãe para dar sua chancela definitiva ao grandioso evento de 19 de setembro de 1846, o mais extraordinário que viveu em sua longa e frutuosa existência.

2. Primeiras informações

Era preciso levar o Fato da Salette ao conhecimento pleno e preciso de Dom Philibert. Ao Pe. Mélin, como decano da região de Corps, incumbia a tarefa de informar o novo bispo diocesano a respeito daquele evento extraordinário.

A partir de 4 de outubro de 1846, quinze dias após a Aparição e seis dias depois de sua chegada a Corps como pároco, Pe. Mélin começou a enviar informações a Dom Philibert. Na primeira correspondência relatou que havia interrogado as crianças, juntas e separadamente, e que elas sempre diziam a mesma coisa apesar das ameaças ou promessas. Logo entendeu que não se tratava de fantasia da parte delas. Informou também ao bispo que a primeira ideia do povo da região era a de construir um oratório no local da Aparição. Atestou que a pedra sobre a qual a Bela Senhora havia sentado fora feita em pedaços, levados como lembrança pelos visitantes, e que a relva do caminho pisado pela Bela Senhora fora cortada e, aos punhados, levada pelos visitantes como algo sagrado. Pe. Mélin afirmou ainda que o povo interpretava o evento como uma Aparição verdadeira da Virgem Maria. Finalizando a carta, Pe. Mélin declarou:

> Minha convicção pessoal, depois de tudo que pude recolher como prova, não difere da dos fiéis. Creio que essa advertência é um grande dom dos céus. Não preciso de outros prodígios para crer. Meu desejo muito sincero é que o Bom Deus, em sua misericórdia, realize alguma nova maravilha para confirmar a primeira".[3]

A 4 de novembro de 1846, Pe. Mélin, em nova carta ao bispo, comunicou-lhe que, até aquele dia, mais de duas mil pessoas haviam su-

---
[3] Ibid., vol. I, p. 100.

bido ao monte da Aparição, e que o povo, incentivado pelas maravilhas que aconteciam, queria construir ali uma capela.

No entanto, poucas semanas após a Aparição, o evento já era difundido de maneira distorcida, com caricaturas e cantilenas ofensivas. Para reprovar formalmente essas falsidades e para orientar os padres a respeito do fato, Dom Philibert, a 9 de outubro de 1846, enviou ao Clero da diocese uma circular pela qual ordenava a observância da seguinte norma:

> Proibimos, sob pena de suspensão *ipso facto*, declarar, imprimir ou publicar algum novo milagre, sob qualquer pretexto de notoriedade que ele possa ter, a não ser em virtude da autoridade da Santa Sé ou da nossa, depois de um exame que deverá ser exato e severo. Ora, não nos pronunciamos a respeito dos acontecimentos de que se trata. A sabedoria e o dever vos obrigam, pois, à maior reserva e, sobretudo, a um silêncio absoluto em relação a esse assunto, na tribuna sagrada.[4]

No final de 1846, três meses após a Aparição, o volume de cartas, declarações e outros documentos relativos ao evento, provenientes de muitas pessoas, já formava um volumoso dossiê sobre a escrivaninha de Dom Philibert.

Em fevereiro de 1847, Pe. Mélin recebeu um texto intitulado *Addition*. Tratava-se de um *Acréscimo* à Mensagem da Salette, enviado pelo Pe. Léopold Baillard. O texto descrevia os pecados que provocavam a cólera de Deus, as catástrofes que atingiriam algumas grandes cidades da França, bem como os ministros do Senhor que não cumpriam com seu dever. Alarmado, Pe. Mélin enviou o texto a Dom Philibert. Em resposta a 3 de março de 1847, o bispo afirmava que no texto do *Addi-*

---

[4] STERN, Jean MS, *La Salette, Documents authentiques...*, op. cit., vol. I, p. 157.

tion havia algumas coisas que lembravam, sim, o Fato da Salette. Acrescentava, porém, que era preciso ter cuidado com as afirmações do texto, porque podiam ser mero fruto de desequilíbrio psíquico. Na verdade, Pe. Léopold e seus dois irmãos, também sacerdotes, pouco mais tarde deixaram o ministério e se juntaram à seita de Vintras, bastante difundida na França no séc. XIX. Os adeptos da seita tinham caído na "mariolatria", pois consideravam Maria a Quarta Pessoa da Santíssima Trindade. O texto da *Addition* favoreceu, segundo Pe. Jean Stern, o surgimento da questão dos "Segredos da Salette".[5]

Reticências e recriminações a respeito da Aparição chegavam a Dom Philibert, até mesmo da parte do governo francês. O Tribunal de Grenoble fez investigações. O ministro da Justiça e dos Cultos, M. Hébert, queixava-se a respeito do Fato da Salette e ameaçava seus seguidores. A 12 de junho de 1847, em carta a Dom Philibert, o ministro denunciava a distribuição de gravuras da pretensa Aparição e de folhetos contendo o prenúncio de uma grande fome e de assustadora mortalidade infantil. Assinalava também o pedido feito no evento para que os agricultores não semeassem trigo, pois se transformaria em pó ao ser malhado. Ora, segundo o ministro, esse pedido causaria um funesto resultado para a economia do país e comprometeria a tranquilidade pública. O bispo respondeu ao ministro dizendo-lhe que semelhantes publicações não tinham a aprovação episcopal, uma vez que o Fato da Salette ainda não havia sido devidamente analisado pela autoridade eclesiástica.

Pe. Mélin, por sua vez, mantinha o bispo constantemente informado sobre os acontecimentos. A 12 de outubro de 1847, escreveu para dizer-lhe que o evento da Salette continuava realizando maravilhas entre seus paroquianos. O povo participava intensamente dos ofícios

---

[5] Id., *L'Évêque de Grenoble...*, op. cit., p. 33.

religiosos, tinha abandonado o trabalho aos domingos e muitíssimos visitantes subiam devotamente à Montanha da Aparição.

A 4 de novembro de 1847, em nova carta, Pe. Mélin afirmava que a Aparição assumia cada vez maior consistência, que ele mesmo recebia abundante correspondência e que numerosos visitantes, provenientes de muitos lugares, chegavam à casa paroquial em Corps. Segundo ele, cerca de quatrocentas pessoas haviam interrogado as duas crianças e mais de duas mil, visitado a Montanha. Concluía a carta declarando: "Desejo ardentemente que esse fato seja confirmado! Ele me é pesado, me atormenta. Já não posso mais duvidar!".[6]

A atitude do bispo ante o evento da Salette, no entanto, não era nem de incredulidade nem de hostilidade, mas de prudência e sabedoria. O bispo queria refletir, informar-se, rezar e aguardar os fatos antes de se pronunciar.

---

[6] HOSTACHY, Victor MS, *La galerie des portraits...*, vol. I, op. cit., p. 101.

Capítulo VIII

À PROCURA DO SENTIDO

Era chegado o momento de fazer a investigação canônica necessária para averiguar a verdade do evento da Salette e seu sentido para a Igreja.

1. A investigação inicial

Dom Philibert recebia informações de todos os lados e de todo tipo. O Pe. Auvergne, cônego e secretário da diocese, era o guardião do *Dossier de La Salette* formado no final de 1846 e devidamente conservado no bispado de Grenoble.

Tendo em vista as repercussões do Fato da Salette, a profunda devoção popular e mariana ali surgida, a expansão da Confraria de Nossa Senhora Reconciliadora da Salette, os muitos milagres e conversões, a convicção favorável ao Fato por parte de numerosos sacerdotes e leigos, e as peregrinações imensas e frequentes até a Montanha da Salette, o bispo se tornara particularmente devoto de Nossa Senhora da Salette e se alegrava com a expansão dessa devoção. Não impedia que os padres visitassem o local da Aparição nem que dela falassem, mas somente em caráter particular. Conhecedor, porém, das normas eclesiásticas em vigor, e reservando-se o direito que elas lhe atribuíam, assumiu a responsabilidade de analisar canonicamente o caso e de se pronunciar a respeito em momento oportuno.

Dom Philibert convocou, então, uma primeira Comissão Oficial, formada por dois grupos de eclesiásticos diocesanos, o dos cônegos da catedral de Grenoble e o dos professores do Seminário Maior da diocese. Foram encarregados de analisar o *Dossier de La Salette* existente. A 15 de dezembro de 1846, a Comissão apresentou a Dom Philibert o seu parecer. A partir dos documentos existentes, constatou-se não só a realidade de um fato grandioso em La Salette, mas também seus resultados extraordinários no meio do povo. A Comissão, porém, manteve toda a circunspeção necessária.

Nos meses de fevereiro e maio de 1847, os dois sacerdotes Lagier e Lambert, conhecedores do dialeto *patois* da região de Corps, interrogaram sistematicamente, mas a título privado, Melânia e Maximino. A seguir, em junho, o Pe. Nicolas Bez publicou uma obra, feita com seriedade e a partir de investigações no local, intitulada *Pèlerinage à La Salette, ou Examen critique de l'apparition de la Sainte Vierge à deux bergers Mélanie Mathieu et Maximin Giraud*. Dom Philibert recebeu o livro. Tinha assim, em mãos, o texto integral da Mensagem da Bela Senhora.

Em carta enviada a Pe. Mélin a 28 de agosto de 1847, Dom Philibert autorizou a celebração de missas na Montanha, por ocasião do primeiro aniversário da Aparição. Na carta, o bispo observava que a autorização não significava "uma decisão doutrinal". Igualmente não via inconvenientes em publicar a obra de Dom Villecourt, bispo de La Rochelle, sobre sua peregrinação à Salette. Dom Philibert viu nesse texto um preliminar favorável ao julgamento doutrinal sobre o evento. O clima eclesial favorecia a investigação canônica.

Antes, sem desmerecer o trabalho da Primeira Comissão, no final de 1846, o bispo decidiu solicitar a algumas pessoas que, em seu nome, visitassem a Montanha da Salette, interrogassem Maximino e Melânia e investigassem os fatos relativos à Aparição, de maneira a se obter uma informação segura, segundo as normas da Igreja. Assim, a 19 de julho de 1847 nomeou como "Comissários Delegados", oficialmente e com plenos poderes, sr. Rousselot e sr. Orcel.

a) *Pierre-Joseph Rousselot* nasceu a 12 de abril de 1785, em Doubs, onde fez seus primeiros estudos. Entre 1803 e 1805, estudou Filosofia e Teologia em Fribourg, na Suíça. Foi ordenado sacerdote a 19 de setembro de 1813 e logo nomeado professor de Teologia e, mais tarde, vigário-geral honorário e cônego da Catedral de Grenoble. Era notável por sua sabedoria. Sua vida foi iluminada pelo Fato da Salette. A Bela Senhora o havia escolhido como um de seus grandes defensores. Em 1848, publicou o livro *La vérité sur l'événement de La Salette*, e, em 1850, o *Nouveaux documents sur l'événement de La Salette*. Morreu em 12 de agosto de 1865.

b) *Jacques-Philippe Orcel* nasceu a 1º de maio de 1805. Foi ordenado sacerdote a 18 de julho de 1830. Em 1837 foi nomeado superior do Seminário Maior de Grenoble e, mais tarde, vigário-geral da diocese. Quando de sua nomeação como comissário delegado, ainda não acreditava na realidade da Aparição.

2. A análise conclusiva

Rousselot e Orcel partiram de Grenoble a 27 de julho de 1847. Percorreram nove dioceses da França para colher informações sobre o Fato da Salette.

A 25 de agosto chegaram a Corps, onde interrogaram as duas crianças. Com elas visitaram o local da Aparição, acompanhados por Pe. Mélin, Pe. Perrin e Pe. Paquet, por mais alguns padres da diocese de Fréjus e de Gap e por trinta e quatro outros peregrinos.

De volta a Grenoble, Rousselot elaborou um relatório sobre o trabalho feito com o Pe. Orcel, o qual estava concluído em 15 de outubro.

Nele Rousselot expunha as próprias impressões favoráveis à Aparição e as impressões de eclesiásticos e leigos que pediam o julgamento doutrinal. Rousselot havia sido conquistado pelo evento maravilhoso. Queria agora conquistar o bispo a favor da veracidade do Fato da Salette. Rousselot se tornou o melhor artífice do célebre *Mandamento Doutrinal* de 19 de setembro de 1851.

O bispo leu o texto do relatório de Rousselot, fez algumas observações e achou que era chegado o momento de convocar uma nova comissão para examinar o caso. A Segunda Comissão era formada por dezesseis membros: dois vigários-gerais, o superior do seminário maior, oito cônegos da catedral e mais cinco párocos na cidade de Grenoble. Entre eles estavam Rousselot, Orcel, Bouvier, Desmoulins, Bois, Michon, Henry, Petit, Revol, Gay, Rivaux, Michallet, Albertin e Cartellier.

A Comissão, sob a presidência de Dom Philibert, começou seus trabalhos a 8 de novembro de 1847. A 15 de novembro, na segunda sessão, estavam presentes também o Pe. Mélin, Maximino e Melânia. A terceira sessão aconteceu, no dia seguinte, 16 de novembro. Na quarta, no dia 17, se fez presente o Pe. Perrin, pároco de La Salette. Na quinta sessão, a 22 de novembro, o bispo chamou a atenção da Comissão para que não perdesse tempo com a discussão de elementos estranhos à Aparição. A sexta reunião aconteceu a 6 de dezembro. Faltava discutir as objeções ao Fato da Salette. Eram doze as objeções levantadas, analisadas pela Comissão em suas duas últimas sessões, a 13 de dezembro de 1847.

Ao final, Dom Philibert pediu a cada um que respondesse à pergunta: "O fato é real ou as crianças teriam enganado ou teriam sido enganadas?".[1] A grande maioria, isto é, doze dos dezesseis membros da Comissão, se pronunciou favoravelmente a respeito da veracidade do evento e sobre a credibilidade das crianças. Três membros acharam que

---

[1] STERNS, Jean MS, *L'Évêque de Grenoble...*, op. cit., p. 41.

as provas a respeito do evento eram insuficientes. O Pe. Cartellier se pronunciou contra o fato.

Em agosto de 1848 foi publicado o livro de Rousselot, *La vérité sur l'événement de La Salette du 19 septembre 1846*. Nele reproduziu o relatório apresentado à Comissão Episcopal no final de 1847. Dom Philibert havia autorizado a publicação da obra e, no prefácio, revelou como seu o parecer emitido pela Comissão. A consequência imediata foi que o clero da diocese se sentiu liberado para visitar a Montanha da Aparição e acompanhar os peregrinos que se dirigiam ao local.

Rousselot enviou o livro ao Papa Pio IX. A 20 de setembro de 1848, em carta enviada a Rousselot, Pio IX agradeceu o envio da obra e se disse feliz em saber que muitos peregrinos iam à Salette para venerar a Virgem Maria. A obra de Rousselot causou grande impressão no público cristão.

Muitos bispos passaram a pedir a Dom Philibert que se pronunciasse a respeito da Aparição. Entre eles, Dom Guibert, bispo de Viviers, recomendou a Dom Philibert que confiasse o cuidado do futuro santuário a uma comunidade. Mais tarde, Dom Guibert foi eleito cardeal de Paris e, em agosto de 1879, foi enviado a La Salette como delegado do Papa Leão XIII para a coroação da estátua de Nossa Senhora, no Santuário da Montanha, e a elevação do mesmo Santuário à honraria de Basílica Menor.

Contudo, não era chegado, ainda, o momento de o bispo de Grenoble se pronunciar. Importava esperar por informações mais completas e decisivas. O parecer da Comissão teria, no entanto, peso no *Mandamento Doutrinal* publicado anos mais tarde. Antes do final dos trabalhos da Segunda Comissão, porém, Dom Philibert enviou à diocese uma Carta Pastoral sobre a profanação do Dia do Senhor e sobre a blasfêmia, assuntos presentes na Mensagem da Bela Senhora, mas sem referências à Aparição.

Findos os trabalhos da Comissão, Rousselot, no início de 1848, elaborou um projeto de *Julgamento Doutrinal* sobre o evento. O bispo o analisou e acrescentou algumas observações. O texto, porém, não foi publicado porque, durante os trabalhos da Comissão, o cardeal De Bonald, arcebispo de Lyon, havia remetido a Dom Philibert três cartas em novembro de 1847 e uma em janeiro de 1848. O cardeal pedia que não fosse reconhecida a autenticidade da Aparição. De Bonald levava em consideração a oposição de Pe. Cartellier ao Fato da Salette e as polêmicas divulgadas por jornais da época a respeito de aparições. O cardeal De Bonald manifestou-se contra a Salette em outras ocasiões, como no Concílio Provincial de Lyon, a 30 de junho de 1850. Pe. Cartellier, aguerrido opositor da Salette, autor de um manuscrito contra a Aparição, pensava que nesse Concílio o Fato da Salette seria definitivamente eliminado.

Dom Philibert queria que o assunto fosse tratado no Concílio. O cardeal, porém, impediu a análise do evento da Salette por esse conclave. Quais as razões? O bispo de Grenoble, diocese canonicamente ligada à arquidiocese de Lyon, tinha, porém, a certeza de que a intervenção do cardeal não era razão suficiente para impedir que ele mesmo, Dom Philibert, se pronunciasse a respeito da Aparição. A legislação eclesiástica lhe garantia como unicamente seu o direito de se pronunciar a propósito. Na verdade, o bispo acreditava na realidade da Aparição e achava como dever seu proteger e favorecer a devoção a Nossa Senhora da Salette. Em carta de 11 de janeiro de 1848, Dom Philibert tinha deixado claro esse assunto. O bispo, por ocasião do Concílio de Lyon, se absteve de fazer um pronunciamento sobre o Fato da Salette, provavelmente devido à situação política provocada pela derrubada da Monarquia e à instalação da Segunda República na França. O pronunciamento poderia suscitar imaginações exaltadas em relação à Aparição.

Capítulo IX

O DESPONTAR DA DECISÃO EPISCOPAL

Em fevereiro de 1848 foi desencadeada a Revolução de Paris. O povo amedrontado viveu uma grande onda de religiosidade. O Fato da Salette se tornou alvo de atenção. À Montanha da Aparição os peregrinos chegavam de todos os recantos da França e da Europa.

A 8 de setembro desse mesmo ano, com a permissão de Dom Philibert, os párocos da região de Corps conduziram muitos paroquianos à Santa Montanha. O aniversário da Aparição, a 19 de setembro, foi solenemente celebrado. O bispo se fizera representar pelo Pe. Rousselot, vigário-geral da diocese. Maximino e Melânia estavam presentes em meio à multidão. Dom Philibert, por sua vez, pensava que era chegado o momento de adquirir o terreno para o futuro Santuário na Montanha da Salette. A capela do local era rústica e provisória.

Nesse mesmo tempo, por causa do contexto político-social exacerbado vivido pela população francesa, certas pessoas sonhavam com o retorno da Monarquia para restabelecer a ordem na França. Outras acreditavam que os "segredos" confiados às duas crianças durante a Aparição poderiam revelar um futuro novo para o país. Especulações esotéricas entraram no jogo político. Essa mentalidade se manifestou de modo exaltado em 1850.

Efetivamente, desde abril de 1847, um senhor chamado Houzelot, comerciante de objetos religiosos e caçador de relíquias, residente em Paris, esteve mais vezes em Corps para entrevistar Melânia e Maximino. Fanático por fenômenos religiosos extraordinários, os "segredos" da Salette excitavam sua curiosidade doentia. A seu ver, ali estariam informações importantes a respeito do futuro político do país. Seu intento era, pois, descobrir o herdeiro do trono da França desconhecido pelo povo. Sua mente exaltada e esotérica o levava a fazer prenúncios de acontecimentos sinistros: "Paris seria incendiada, Marselha seria submersa pelo mar, o anticristo viria, o apocalipse aconteceria em breve...".

Houzelot também era ligado a um falsário autodenominado Barão de Richemont, um aventureiro impostor que se fazia passar por filho de Luís XVI. Dizia-se herdeiro do trono da França com o nome de Luís XVII e, como tal, havia conquistado a simpatia de muitas pessoas crédulas, inclusive de alguns eclesiásticos. Como admirador seu, Houzelot tinha interesse em fazer de Maximino e Melânia novos partidários de Richemont. A manipulação político-ideológica do Fato da Salette estava, pois, em pauta.

Outro partidário do falso Barão de Richemont, de nome Bonnefous, ex-religioso iluminado e frequentador da Montanha da Aparição, buscava influenciar Maximino quanto à escolha de sua vocação. O menino, órfão de pai e mãe e sem adequado acompanhamento pessoal, não tinha clareza quanto a seu futuro. O tio Templier era seu tutor. Maximino, porém, detestava o tio, que pretendia ganhar dinheiro explorando sua celebridade em espetáculos públicos. A isso, o Pe. Mélin, pároco de Corps, se opunha firmemente. Bonnefous, por sua vez, queria obter recursos para a sonhada formação do menino em Lyon. Procurou Houzelot e mais dois companheiros de política, Verrier e Brayer, para ajudá-lo nesse projeto. Todos frequentavam o local da Aparição.

Bonnefous, além da busca de ajuda financeira para a formação de Maximino, recorreu a visionários para saber qual era a vocação do menino. Para tanto, valeu-se de um perturbado mental, Antoine Gay, tido como possesso de "Isacaron", um demônio que tinha a fama de ler o secreto dos corações. Bonnefous o convidou para visitar a Montanha da Salette. No encontro com Maximino e Melânia, o endemoninhado nada revelou a respeito do "segredo" deles nem da vocação do menino. Bonnefous e seus comparsas, desconfiados quanto ao propalado poder de "Isacaron", propuseram, então, a Maximino uma viagem a Ars. O objetivo da viagem era consultar o Cura d'Ars, pois corria a fama de que ele tinha o dom de ler as consciências.

Desse contexto também fez parte o engenheiro Dausse, de Grenoble. Era homem piedoso, mas ingênuo e curioso do ocultismo, interessado por profecias populares. Encontrou-se diversas vezes com Maximino e Melânia, entre 1849 e 1851. Abandonado pela esposa, tinha problemas de família e procurava consolo na religião. Além dele, o advogado Girard, também de Grenoble, era propagandista de uma visão apocalíptica da história e do mundo.

Nesse ambiente confuso, entrou em cena também o Pe. Joseph Faure, que, desde agosto de 1850, frequentava a Montanha da Salette. Pe. Faure havia sido afastado de sua paróquia porque era seguidor de Victorine Sauvet, uma pseudomiraculada que se dizia possuída pelo demônio. Faure se interessava por fenômenos extraordinários, profecias e forças ocultas. Tinha, portanto, muito interesse em conhecer os "segredos" da Salette.

Eram tempos difíceis para o povo machucado pelas crises profundas em que a França vivia. As profecias de caráter popular encontravam fácil abrigo no meio do povo, impregnavam a mentalidade de espíritos inquietos e perturbados e se diziam reveladoras dos mistérios do futuro, na espera da reconstrução da ordem social e religiosa do país.

As pretensas profecias, assunto de conversa diária no meio do povo, eram certamente conhecidas por Melânia e Maximino. Desde os tempos de Corps, em 1847, eles ouviam essas narrativas estranhas sobre acontecimentos imaginários relativos ao fim do mundo, à chegada do anticristo e de seus prodígios para seduzir os eleitos, à destruição de Paris e de Marselha e a outros eventos mirabolantes e assustadores. São elucubrações nascidas na obscuridade dos tempos, que renascem periodicamente, especialmente em épocas de grande crise. Imbuídos dessa visão apocalíptico-escatológica deturpada, seus propagadores, sem levar em conta a Mensagem da Bela Senhora, interessavam-se apenas pelos "segredos" de Maximino e Melânia, com a ideia fixa de que neles estava a chave de interpretação do futuro.

Esse pernicioso envolvimento das duas crianças logo causou confusões. Em outubro de 1849 ainda, Melânia, por ocasião de sua viagem à "Grande Chartreuse", aconselhou o engenheiro Dausse, na presença de Maximino, a que não fizesse a projetada viagem a Paris para não se tornar vítima da possível destruição da capital, prevista pelos visionários. Dausse ingenuamente concluiu que Melânia estava se valendo do próprio "segredo"...

Entre o final de 1846 e o de 1850, Maximino e Melânia viviam em Corps, cidade que estava em processo de conversão a Deus. Se Corps era depositária dos benefícios deixados pela multidão de visitantes, também era foco dessas influências malsãs, derramadas por pessoas malévolas e por desequilibrados que perambulavam na região.

As duas crianças frequentavam o colégio, onde recebiam atenção especial por parte das Irmãs. O pároco Pe. Mélin também os acompanhava de perto. Desfrutavam, pois, de certa proteção contra pessoas com segundas intenções. Dado, porém, o grande afluxo de peregrinos que os procuravam e pediam sua presença na visita ao local da Aparição, um cuidado estrito, permanente e adequado junto a eles se tornava impossível.

Em sua fragilidade humana, ambos respiravam, portanto, essa atmosfera humanamente poluída e sofriam as influências desse contexto milenarista. As pressões exercidas sobre eles acabaram transparecendo em certas atitudes pueris de Maximino, que se pôs a brincar de "profeta" em seu tempo de seminário, para alegria dos colegas. Melânia, por sua vez, deu vazão a essa corrente de pensamento em textos por ela escritos a partir de 1853, a respeito do próprio "segredo", conforme dizia.

Depois que partiram de Corps, no final de 1850, as consequências desse passado ingrato se fizeram notar. Uma orientação constante, sábia e segura, faltou na nova fase da vida de Maximino e Melânia.

1. O "Incidente de Ars"

O episódio conhecido como "Incidente de Ars" tem sido fonte de mal-entendidos que prejudicaram ocasionalmente o Fato da Salette. Diferentes fatores se uniram para o surgimento desse caso.

Em 1850, Maximino, aos 15 anos de idade, vivia a seu modo os conflitos típicos da adolescência. Em Corps, apesar de certas atitudes pueris, sempre se dispunha a fazer a narrativa do Fato da Salette aos interessados e acompanhar os peregrinos ao alto da Montanha da Aparição. Pessoas bem-intencionadas queriam vê-lo e ouvi-lo. Outras, com curiosidade mórbida, o envolviam, criando-lhe situações difíceis. No caso do "Incidente de Ars", em que Maximino esteve diretamente implicado, algumas pessoas de mentalidade ocultista, já conhecidas, marcaram forte presença negativa no episódio.

Maximino não tinha interesse em se encontrar com o Cura d'Ars para saber da própria vocação. No entanto, concordou com a ideia da viagem porque queria fazer um passeio, conhecer lugares novos e fugir das pressões que era obrigado a sofrer em Corps. A 22 de setembro de 1850, partiu, então, para Ars, via Grenoble e Lyon, em companhia do tio Templier, de Brayer e Verrier. Em Grenoble, sua irmã Angélica se juntou ao grupo.

Dom Philibert soube do que estava acontecendo e proibiu a continuação da viagem. Com certeza intuía os problemas que dela poderiam surgir para Maximino e para a causa da Salette. Ordenou que o menino se hospedasse provisoriamente na Escola dos Irmãos das Escolas Cristãs, em Grenoble, para mais tarde entrar no Seminário Menor da diocese. Contudo, o adolescente e seus acompanhantes recusaram a ordem do bispo.

Na tarde de 23 de setembro, o grupo chegou a Lyon. Lá, o Pe. Nicod, que estava em conflito com o cardeal De Bonald por ser partidário de Richemont, foi visitado pelo grupo e preparou uma carta de recomendação que Maximino levaria a Ars.

Ao chegar a Ars, na tarde de 24 de setembro, procuraram o cura que se encontrava no confessionário. O vigário paroquial, Pe. Raymond, acolheu o grupo. Ao ler a carta de recomendação enviada por Pe. Nicod, Raymond percebeu a ligação entre o grupo e Richemont e sua obsessão por mistérios. Vendo Maximino, logo supôs que o evento da Salette estivesse servindo de montagem para justificar as pretensões de Richemont. Ora, tanto o Pe. Raymond quanto o cardeal de Lyon detestavam toda e qualquer mistificação em torno do falso barão e rejeitavam o Fato da Salette.

Raymond recusava-se a aceitar a Aparição desde que tinha visitado a Salette em junho de 1849. De lá voltou mal impressionado com o comportamento do povo de Corps que já vivia no processo de conversão, como pedia a Bela Senhora. O motivo maior de sua rejeição, porém, foi a proibição de celebrar a missa em La Salette naquela ocasião. Como o Pe. Raymond não tinha consigo o documento de identidade clerical, o pároco, Pe. Perrin, não lhe permitiu celebrar a Eucaristia. A partir disso se tornou um inimigo declarado da Salette. Pe. Raymond também devia ter problemas de fundo psicológico. Na adolescência vivera dias difíceis por causa de conflitos de religião entre católicos e fanáticos, sectários e ocultistas. Seu caráter era dado à violência.

Levado pela rejeição à Aparição e pela ira contra o grupo de pessoas politicamente adversárias presentes na casa paroquial de Ars, Pe. Raymond tratou Maximino com aspereza e desdém, como se fosse um impostor e mentiroso, não lhe permitindo nenhuma palavra em defesa própria. Ora, dizia-se que o cura tinha o dom de ler as consciências. O vigário paroquial desafiou, então, Maximino a enganar o cura com histórias sobre a Salette. Era, pois, de esperar que o adolescente, indignado por causa das agressões verbais gratuitas de Pe. Raymond e irritado com as pressões desumanas que sofria desde Corps, ruminasse em seu coração uma atitude de revolta com consequências inesperadas, em resposta ao ríspido tratamento recebido.

Ao final de meia hora de agressividade, e sem possibilidade de dizer ao Pe. Raymond uma palavra em defesa própria, Maximino gritou irado:

– Espere um pouco, deixe que eu fale!...

Ao que o padre retrucou:

– Conheço a Salette mais que você. Conheço todos os seus falsos milagres.

Maximino, por fim, sem outra opção, exclamou com ironia:

– Ah! Já que não me deixa falar, está bem, nada vi, não creia nisso!... Nunca disse que tinha visto a Santa Virgem. Sempre disse que tinha visto uma Bela Senhora. Admitamos, se quiser, que eu tenha mentido. Que é que isso pode me causar?[1]

---

[1] JAOUEN, Jean MS, *La Grâce de La Salette*..., op. cit., p. 184-185.

Na verdade, em suas narrativas a respeito da Aparição, Maximino e Melânia não falavam em "Nossa Senhora", e sim em "Bela Senhora", a singela denominação que brotou de sua imaginação infantil.

Raymond, o inimigo da Salette, em sua má vontade, se fixou nessa meia palavra de Maximino, tomando-a para seu próprio interesse como um desmentido da Aparição. Para ele, a resposta de Maximino significava consequentemente o total esvaziamento das pretensões de Richemont e de seus sequazes. Finalmente, o Pe. Raymond despediu os visitantes e logo se pôs a dizer aos paroquianos: "É preciso demolir a Salette. O menino se desmentiu!".

O Cura d'Ars acreditava no Fato da Salette. Alimentava grande devoção pela Bela Senhora. Abençoava imagens da Salette e as distribuía entre os fiéis. Confiando, porém, na palavra de Pe. Raymond, o pároco ficou desorientado. Grande foi o choque ao saber da suposta retratação de Maximino.

Maximino, ao saber disso, irritou-se mais ainda. Pensou logo que o Cura se voltaria contra a Salette. Na manhã de 25 de setembro, o menino o procurou. Encontraram-se na sacristia da igreja paroquial. Maximino ajoelhou-se diante dele. Conversaram durante alguns minutos. Segundo sua palavra, Maximino não fez propriamente uma confissão. Só afirmou ao Cura que havia desobedecido à proibição de Dom Philibert de se dirigir a Ars. O Cura, então, mandou-o confessar-se em Grenoble e pôr-se à disposição do bispo. O jovem, no final do encontro, saiu contente.

Pelas onze horas daquela manhã, Maximino teve um segundo encontro com o Cura d'Ars, no confessionário da igreja, atrás do altar. Depois de alguns minutos, Maximino disse que devia partir para Grenoble.

Nessa ocasião, a fé do Cura a respeito da Aparição da Salette caiu por terra. Além da malévola influência de Raymond, o que teria acontecido? O que é que Maximino teria dito? E o Cura, em sua surdez, o que teria entendido da parte do menino?

Na viagem de volta de Ars, o grupo chegou a Lyon. Maximino não queria voltar a Grenoble. A 27 de setembro, encontrou-se com seu grande amigo, o Pe. Bez, que o alojou num pensionato em Lyon, onde passou três semanas no anonimato, receoso de ser importunado por pessoas indesejadas.

No dia 20 de outubro, Maximino recebeu a ordem do bispo Dom Philibert de voltar a Grenoble e entrar no seminário da diocese. Em Grenoble, corriam os rumores do desencontro em Ars. Maximino foi intimado a comparecer diante de uma comissão de padres e leigos presidida pelo próprio bispo. Diante da comissão, o menino afirmou que não havia desmentido a Aparição nem entendido bem o que o Cura d'Ars lhe dizia. Por isso respondia a ele apenas com um "sim" e um "não" ao acaso.

Alguns dias depois, a 2 de novembro de 1850, ao final de novo interrogatório, agora feito a Maximino por Rousselot, vigário-geral da diocese, o garoto assinou a seguinte declaração:

> Eu, abaixo assinado, Maximino Giraud, para prestar homenagem à verdade e para a maior glória de Deus, em honra da Santa Virgem, atesto os seguintes fatos:
> 1º – Que não me confessei com o Cura d'Ars.
> 2º – Que, nem na sacristia nem atrás do altar da igreja de Ars, o Cura nada perguntou a respeito da Aparição nem a respeito de meu segredo; que ele me disse apenas duas coisas: que devia retornar à minha diocese e que, depois de tão grande dom, devia ser muito ajuizado.
> 3º – Que, em nenhuma resposta ao Cura nem ao Pe. Raymond, seu vigário, nada disse em contrário ao que disse a

milhares de outras pessoas desde o dia 19 de setembro de 1846.

4º – Que jamais afirmei que meu segredo concerne a Luís XVII.

5º – Que mantenho sempre tudo que disse no Bispado de Grenoble, a Dom De La Rochelle, ao Pe. Bez, ao Pe. Mélin, pároco de Corps, e a muitos outros a respeito do Fato da Salette. Nessa fé assino a presente, disposto a atestar na fé do juramento. Seminário Menor de Grenoble, aos 2 de novembro de 1850. Maximino Giraud.[2]

Dom Philibert não se contentou com isso. Delegou aos padres Rousselot e Mélin levarem a declaração a Ars. No encontro com eles, o Cura d'Ars repetiu o que havia afirmado a outras pessoas. Na volta deles, ao saber da posição do Cura, Maximino lhe enviou uma carta na qual declara, entre outras coisas:

> Senhor Cura, vós acabais de dizer ao cônego Rousselot e ao pároco de Corps que eu vos afirmei que nada vi e que menti ao fazer minha conhecida narrativa, tendo persistido durante três anos nessa mentira vendo os bons efeitos. (...) Permiti-me dizer-vos com toda sinceridade que houve um completo mal-entendido de vossa parte. (...) Eu vos disse somente, Senhor Cura, ao sair da sacristia, e junto à porta, que eu vi alguma coisa e que não sabia se era a Santa Virgem ou outra Senhora. Nesse momento fostes para o meio da multidão e nossa conversa terminou. (...) Faço e escrevo esta declaração com minha alma e consciência, e me disponho a ser afastado do Seminário Menor onde me

---

[2] Ibid., p. 189.

sinto muito feliz, e mesmo a tudo sofrer, se esta declaração for em algum ponto contrária à verdade. Grenoble, 21 de novembro de 1850. Maximino Giraud.[3]

Dom Philibert anexou a essa carta de Maximino outra carta pessoal, na qual dizia que o menino estava sendo sincero, e acenou para o fato de que tinha acontecido um mal-entendido nesse episódio. O Cura d'Ars respondeu ao bispo dizendo, entre outras coisas:

> Excelência, tinha grande confiança em Nossa Senhora da Salette. (...) Creio, Excelência, que poucos padres em vossa diocese fizeram tanto quanto eu pela Salette. Não é preciso repetir a V. Excelência o que disse aos senhores. Quando o menino me disse que não tinha visto a Santa Virgem, fiquei triste durante alguns dias. Depois de tudo, Excelência, a ferida não é tão grande, e se esse fato é obra de Deus, o homem não o destruirá. Jean-Marie Vianney, Cura d'Ars.[4]

A versão de que houvera um mal-entendido teve cada vez maior aceitação. Na origem desse lamentável episódio houve, além de outros fatores, a dificuldade de audição por parte do Cura d'Ars na conversa apressada com um adolescente psicologicamente machucado. Além disso, não se pode descartar uma atitude imprudente de Maximino, um gesto de "vingança" de um garoto que acabara de ser maltratado pelo Pe. Raymond. Pode-se admitir, portanto, que o aparente desmentido de Maximino não foi nada mais do que uma simples artimanha de adolescente acuado pelas dificuldades do momento. O grande vilão nesse episódio infeliz foi, na verdade, o Pe. Raymond.

---

[3] Ibid., p. 191.
[4] Ibid., p. 192.

Dom Philibert, intrigado com o caso, se perguntava por que o Cura d'Ars não tinha sido mais perspicaz nessa história confusa. O bispo, então, se deu conta de que chegava a hora de exercer seu dever de proclamar a própria convicção a respeito do Fato da Salette. Tinha plena consciência de que cabia a ele, como bispo de Grenoble, responsável pela região de La Salette, e a mais ninguém, nem mesmo ao Cura D'Ars, definir a veracidade do evento miraculoso. A confusão criada em Ars podia prejudicar mais ainda a causa da Salette, se não houvesse uma intervenção da autoridade eclesiástica. Por mais respeitável que fosse o Cura d'Ars, sua compreensão perturbada em relação à Aparição não podia sobrepor-se à decisão do bispo diocesano para o bem da Igreja.

2. Superado o equívoco

A carta do Cura d'Ars a Dom Philibert indica uma inflexão em seu modo de pensar sobre a Salette, depois do triste episódio. Dá a entender que ele se abstinha, provisoriamente, de qualquer posição definitiva. Havia um discernimento a ser feito. O caminho estava aberto. O problema certamente estava na interpretação do ocorrido entre o Cura d'Ars e Maximino, e não na definição da realidade ou falsidade do evento de La Salette.

O Cura d'Ars passou ainda alguns anos de sofrimento por causa desse incidente. No entanto, depois que Dom Philibert declarou a veracidade da Aparição, ele passou a afirmar que se podia crer no Fato da Salette. Persuadira-se de que não tinha compreendido Maximino no encontro em Ars. Por fim, reencontrou a plena fé na Aparição em 1858, após ter obtido três sinais que pedira a Deus: a paz interior perturbada por um fato de seu conhecimento pessoal; a visita de um padre da diocese de Grenoble; e, por fim, uma graça recebida.

A 12 de outubro de 1858, menos de um ano antes de sua morte, ocorrida a 4 de agosto de 1859, o Cura d'Ars disse ao Pe. Gérin:

> Sofri mais do que se possa imaginar: para lhe dar uma ideia, imagine um homem no deserto, em meio a um terrível turbilhão de areia e pó, não sabendo para que lado se voltar. Por fim, em meio a tanta agitação e sofrimento, disse-me a mim mesmo fortemente "Credo", e no mesmo instante reencontrei a paz, o descanso que havia perdido inteiramente... Agora me seria impossível não crer na Salette. Pedi sinais para crer na Salette e os obtive. Pode-se e deve-se crer na Salette.[5]

Anos mais tarde, a 21 de julho de 1861, Dom Langalerie, bispo de Belley, a qual pertence a paróquia de Ars, na homilia feita no Santuário da Salette, afirmou:

> Estimados peregrinos, aqui vim para trazer, a favor da Aparição da Santa Virgem sobre essa montanha, o testemunho daquele a quem chamamos, esperando o julgamento da Igreja, de santo Cura d'Ars. Fui seu bispo e seu amigo. Ele morreu nos meus braços e me disse que acreditava na Aparição da Salette. Ele me ouve dos altos céus e não me desmentirá.[6]

Em conclusão, pode-se dizer que a trama do chamado "Incidente de Ars" foi tecida com diferentes fios:

- a imprudência infantil de Maximino no uso de eventual jogo de palavras;

---

[5] CARLIER, Louis MS, *Histoire de l'Apparition...*, op. cit., p. 129-130.
[6] JAOUEN, Jean MS, *La Grâce de La Salette...*, op. cit., p. 207.

- a pressão psicológica por ele sofrida por causa das "profecias apocalípticas" que manipulavam o evento da Salette;
- o jogo pernicioso de Richemont e seus partidários em torno de Maximino;
- a manipulação interesseira do tio e tutor Templier, que pretendia explorar a celebridade do adolescente e de seu "segredo" para ganhar dinheiro;
- a rispidez do Pe. Raymond contra Maximino, na casa paroquial em Ars;
- a possível tentativa do adolescente irritado de testar o propalado dom do Cura d'Ars de ler as consciências;
- a confusão surgida no diálogo entre Maximino e o Cura d'Ars por problemas de audição.

O episódio não teria acontecido se Maximino e seus acompanhantes tivessem obedecido à ordem de Dom Philibert, que proibia a viagem a Ars. Apesar de todos os percalços, o "Incidente de Ars" teve, contudo, um final favorável à causa da Salette.

Capítulo X

OS "SEGREDOS" EM ROMA

No início de 1851, a imprensa mantinha acesa a polêmica em torno do Fato da Salette. Dom Philibert sentia cada vez mais a responsabilidade de se pronunciar a respeito. O episcopado francês esperava essa decisão. Dois bispos, porém, se opunham à Salette: Dom Depéry, bispo de Gap, e Dom De Bonald, o cardeal arcebispo de Lyon.

Dom Depéry se viu numa posição dúbia e até contrária à La Salette porque fora envolvido por alguns escritos do Pe. Nicod, de Lyon, favoráveis ao pseudobarão de Richemont. Dom Depéry acabou fazendo afirmações contraditórias acerca da Aparição. Em carta a Dom Garibaldi, núncio apostólico em Paris, no começo de fevereiro de 1851, dizia que não havia provas a favor da Aparição, que os milagres propalados eram falsos, que Maximino havia desmentido o fato perante o Cura d'Ars, que havia sido divulgado um "Ofício Litúrgico de La Salette" jamais aprovado por Dom Philibert e que o mesmo Dom Philibert, aos 86 anos de idade, não tinha mais condições para emitir um juízo de valor a respeito da Aparição. Dom Depéry, então, sugeria ao núncio que Roma tivesse prudência no caso.

Por sua vez, também no início de 1851, o cardeal De Bonald expressava posições rígidas contra a Salette por seu suposto envolvimento com os partidários do falso barão Richemont, muito numerosos em Lyon. Entre eles estava o Pe. Nicod, que acabara de publicar um livro segundo o qual Richemont seria o salvador da pátria arruinada pela revolução de 1789. O cardeal condenou o livro. Além disso, as informações distorcidas enviadas pelo Pe. Raymond a De Bonald a respeito do incidente entre Maximino e o Cura d'Ars acirraram a posição do cardeal contra a Salette. Somava-se a tudo isso a má vontade dos vendedores de objetos religiosos junto ao Santuário de Fourvière, em Lyon, que imaginavam uma eventual concorrência da parte do Santuário da Salette. Além disso, o cardeal alegava como razão para sua intervenção no caso da Salette a idade avançada de Dom Philibert. Decidiu, então, como arcebispo, intervir no assunto.

O que ele, De Bonald, poderia fazer? Como cardeal, na condição de "Conselheiro do Papa", enviou, a 21 de março de 1851, uma carta confidencial a Rousselot, em Grenoble, perguntando-lhe: "Se *Marcelino* e sua *irmã* estariam dispostos a lhe confiar seu famoso segredo para transmiti-lo a Sua Santidade".[1]

Nessa carta, o cardeal demonstrava que não sabia nem o nome certo de Maximino, a quem chamava de "Marcelino", nem que Melânia não era sua "irmã", pois nenhum parentesco entre ambos havia...

O assunto chegou aos ouvidos de Dom Philibert. Apressou-se em tomar em mãos o assunto, porque receava que os dois jovens sofressem maiores pressões por parte do cardeal, uma vez que ele pretendia entrevistá-los em Grenoble. Sem perda de tempo, a 23 de março de 1851, por ordem do bispo, Maximino e Melânia foram consultados por Rousselot e Auvergne, secretário do bispado de Grenoble, sobre se estavam ou não dispostos a revelar os respectivos "segredos" ao cardeal para que ele os enviasse ao Papa. Rousselot e Auvergne supunham que De Bonald havia realmente recebido essa incumbência da parte do Papa Pio IX.

---

[1] STERN, Jean MS, *L'Evêque de Grenoble...*, op. cit., p. 54.

Interrogado, Maximino disse a Auvergne que aceitaria fazê-lo, se o Papa o exigisse. Desconfiado, porém, acrescentou: "Vou ver o que ele (o Papa) vai me dizer...".[2]

Melânia, consultada no convento de Corenc, ficou muito perturbada e afirmou: "A Santa Virgem me proibiu de dizê-lo (o segredo)!". E durante aquela noite repetia em sonhos: "Pedem meu segredo... É preciso dizê-lo ao Papa ou ser separada da Igreja!".[3] E recusou-se a revelar seu "segredo".

Três dias mais tarde, Rousselot foi a Corenc para entrevistar mais uma vez Melânia. Finalmente ela aceitou revelar o "segredo", mas "somente ao Papa, e somente quando ele o ordenar".[4]

Afirmou que ela o faria de viva voz ou em carta fechada, confiada a Dom Philibert, para que ele a enviasse a Roma sem passar por Lyon.[5] A pastora desconfiava que o alegado pedido pontifício, mencionado pelo cardeal De Bonald, fosse apenas um pretexto inventado por ele, uma vez que ambicionava saber se os "segredos" tinham relação com as pretensões de Richemont. Melânia estava certa ao desconfiar das intenções do cardeal.[6]

O bispo de Grenoble enviou, então e sem demora, ao cardeal De Bonald cópia das entrevistas com Melânia e Maximino. Nelas não se tratava propriamente da revelação dos "segredos", mas apenas da consulta aos dois jovens sobre se estavam dispostos a revelá-los ou não.

Sem resposta alguma da parte do cardeal, o bispo de Grenoble, dois meses depois, a 4 de junho de 1851, escreveu ao Papa Pio IX para

---

[2] Ibid., p. 55.
[3] Ibid., p. 55.
[4] STERN, Jean MS, *La Salette – Documents authentiques...*, op. cit., vol. III, p. 34.
[5] CARLIER, Louis MS, *Histoire de l'Apparition...*, op. cit., 133-136.
[6] Cf. STERN, Jean MS, *La Salette – Documents authentiques...*, op. cit., vol. III, p. 35.

lhe explicar como havia procedido nessa questão. Na carta, também dizia ao Papa que estava esperando uma resposta do cardeal e acenava para a questão do "segredo", sempre na suposição de que o Papa tivesse realmente pedido para conhecê-lo. Por isso, anexa à carta, enviou a Roma a cópia das entrevistas feitas com Melânia e Maximino. Nessa carta Dom Philibert afirmou:

> Este segredo que (*Melânia e Maximino*) sustentaram com tanta firmeza durante quatro anos, de forma tal que nem as promessas nem as ameaças puderam arrancá-lo deles, tem a ver com coisas tão importantes que eles o confiarão somente ao Soberano Pontífice e a pedido expresso de Sua Santidade.[7]

Por fim, o bispo se pôs à disposição do Papa para eventuais explicações.

Nesse meio tempo, De Bonald, tendo recebido o texto das entrevistas enviado por Dom Philibert, enviou, a 8 de abril, uma carta a Dom Gousset, arcebispo de Reims, que se dirigia a Roma para receber o chapéu cardinalício, a fim de suplicar-lhe que interviesse junto ao Papa a respeito da revelação dos "segredos". Nessa carta, o cardeal se referiu, a seu modo, às declarações de Maximino e Melânia transcritas na cópia das entrevistas que Dom Philibert lhe havia enviado. O cardeal as retomou de modo incompleto e substancialmente falso em relação à entrevista de Melânia. Dizia na carta:

> Como quero que tudo isso tenha um fim, porque receio que surjam ilusões ou crendices, e que a religião venha a sofrer com isso, queira, Excelência, solicitar em meu nome a Sua

---

[7] Id., *L'Evêque de Grenoble...*, op. cit., p. 55.

Santidade que me autorize a lhe transmitir esses segredos, se é que vale a pena.[8]

Por que solicitar a autorização pontifícia, se o cardeal havia afirmado, na carta de 21 de março, que já tinha recebido essa incumbência da parte de Pio IX?

Na mesma carta a Dom Gousset, De Bonald não mencionou a recusa formal de Melânia à ideia de fazer passar o "segredo" pelas mãos do cardeal antes de enviá-lo a Roma. Ia mais longe ao reservar-se o direito de avaliar os "segredos" e só depois transmiti-los ao Papa, "se é que vale a pena", como afirmou na carta.

Em meados de junho, o cardeal recebeu, através da Nunciatura em Paris, uma carta datada de 22 de maio de 1851, escrita por Dom Fioramonti, secretário do Papa para os Documentos Latinos. Era a resposta de Roma ao pedido do cardeal. Nela não se mencionava nenhum desejo do Papa em conhecer os segredos.

Finalmente, a 20 de junho, depois de instruções recebidas da parte do Vaticano através da Nunciatura em Paris, o cardeal De Bonald escreveu a Dom Philibert para dizer-lhe que os documentos recebidos de Grenoble, em março, não tinham sido enviados por ele a Roma simplesmente porque não continham os "segredos". Esquecia, porém, de dizer que em sua carta de 21 de março não pedia que os "segredos" como tais lhe fossem transmitidos. Perguntava, apenas, se Melânia e Maximino estariam dispostos a revelá-los. Na mesma correspondência de 20 de junho, o cardeal afirmava ainda: "Fui encarregado por Sua Santidade para lhe enviar o segredo e não outra coisa, o segredo puramente e simplesmente...". Pedia, então, que os "segredos" lhe fossem enviados

---

[8] Id., *La Salette – Documents authetiques...*, vol. III, op. cit., p. 34.

em carta aberta, sem carimbo. "Eu mesmo colocarei meu carimbo e os enviarei ao Papa."⁹

Era tarde demais. Dom Philibert, na carta de 4 de junho, já havia comunicado ao Papa a disposição de Maximino e Melânia. Nessa história atravessada havia, apenas, a pretensão de demolir o Fato da Salette. A pressão exercida pelo cardeal, em nome de uma incumbência pontifícia inexistente, foi como que o "pecado original" dessa infeliz questão dos "segredos" dos dois jovens e da autobiografia de Melânia.¹⁰ A atitude de De Bonald, marcada pela rejeição preconceituosa do Fato da Salette, e sem levar em consideração a fragilidade pessoal de Melânia e Maximino, constituiu uma violação da intimidade de ambos e desestabilizou seu precário equilíbrio emocional e espiritual. Disso é testemunha o percurso de vida deles após esse episódio. Vida de grandes sofrimentos, marcada por dolorosa instabilidade humana, embora sempre numa extraordinária fidelidade ao amor a Bela Senhora e à missão de transmitir a todo o povo sua Mensagem de Reconciliação.

Maximino e Melânia, além de terem sido confidentes da Bela Senhora, se tornaram participantes de suas lágrimas. Os "segredos" recebidos da Bela Senhora foram dados somente a eles, com a advertência de que não o dissessem a ninguém. A isso foram tenazmente fiéis não só antes desse episódio, mas ao longo de toda sua vida. O episódio foi, na verdade, uma infeliz tentativa de extorquir do mais íntimo deles o que era exclusivamente pessoal, para lançá-lo ao público contra a Aparição, por escusos interesses políticos. Esse "pecado original" deixou tristes consequências para a vida de Melânia e Maximino e para a transmissão e recepção do Fato da Salette.

Com o objetivo de recolher os "segredos" para enviá-los a Pio IX, Dom Philibert, a 2 de julho de 1851, solicitou ao engenheiro Dausse,

---

[9] Id., *L'Evêque de Grenoble...*, op. cit., p. 56.

[10] Id., *Note sur les "secrets" de 1851*, polígrafo, 27/012001, p. 20.

pessoa de sua confiança, que se dirigisse ao Seminário Menor em Rondeau para buscar Maximino e conduzi-lo ao bispado. Pedia que Maximino pensasse bem no que ia fazer.

Chegando ao Palácio Episcopal, Maximino se acomodou junto a uma escrivaninha. O bispo introduziu na sala o cônego Taxis e o engenheiro Dausse para observarem o menino. Depois se retirou. Maximino pôs a mão na cabeça. Refletiu por alguns instantes, mergulhou a pena no tinteiro e sem mais a sacudiu, sujando o assoalho. Depois da repreensão, tomou novamente a caneta e começou a escrever com rapidez. Inicialmente redigiu uma espécie de preâmbulo ao texto. Mostrou-o ao engenheiro Dausse que o aprovou. Voltando à mesinha, pôs-se a escrever novamente, com rapidez e sem se deter. Ao final se levantou e jogou no ar a folha escrita, dizendo que, a partir daquele momento, se sentia livre do "segredo"... As duas testemunhas juntaram o papel e viram que estava mal escrito, com muitos borrões. A folha foi queimada e Maximino foi obrigado a reescrever o texto de forma conveniente. Dom Philibert compareceu na sala e pediu a Maximino que pusesse o novo escrito dentro de um envelope. O engenheiro Dausse, porém, insistiu junto ao bispo para que, antes de fechar o envelope, lesse o escrito para evitar que fosse enviado ao Papa algo inconveniente. O bispo relutou, mas acabou lendo o texto. Maximino assinou a carta e a fechou num envelope sobre o qual foi posto o carimbo episcopal com as assinaturas das duas testemunhas.

No mesmo dia, o engenheiro Dausse, a pedido do bispo, procurou Melânia no convento em Corenc, com o objetivo de conduzi-la ao bispado. Ela se negou a acompanhá-lo e se pôs a chorar. Novas tentativas foram feitas, mas sem resultado. Melânia passou aquela noite agitada. Em sonho, falava do "anticristo" e do "fim do mundo". No dia seguinte, 3 de julho, na presença do engenheiro Dausse e do capelão Gérente,

Melânia decidiu atender ao pedido do bispo. Escreveu o texto na sala da capelania do convento. Ao final, as duas testemunhas puseram sua assinatura sobre o envelope e depois o entregaram a Dom Philibert.

No entanto, algumas horas depois, Melânia, tomada de tristeza, pediu para falar com Rousselot, a quem disse que faltava incluir mais uma coisa no texto. A conselho de Rousselot, Melânia escreveu novo texto, a 6 de julho, na Casa das Irmãs da Providência, em presença do Pe. Auvergne e da Irmã Saint-Louis, superiora da Casa. Só interrompeu a escrita para perguntar qual era o sentido da palavra "infalivelmente" e qual a ortografia das palavras "anticristo" e "cidade depravada". Ao final, assinou o texto e o encerrou no envelope. As duas testemunhas puseram sobre ele sua assinatura. O envelope foi confiado a Rousselot que o entregou ao bispo. Acredita-se que a primeira redação feita por Melânia tenha ficado em posse de Dom Philibert.

Dom Philibert redigiu uma carta pessoal, enviada ao Papa juntamente com as cartas dos jovens. Nela o bispo perguntou ao Papa: "Se a resposta for favorável, o Santo Padre estaria de acordo em consentir que o bispo de Grenoble declare, num Mandamento, que ele julga que essa Aparição traz todos os caracteres da verdade e que os fiéis têm razão em nela crer como verdadeira?".[11]

Rousselot e Gérin, dois sacerdotes da inteira confiança de Dom Philibert, foram escolhidos para levar a correspondência ao Papa.

Rousselot já foi apresentado acima. Jéan-Baptiste Gérin merece apresentação, pois deu grande contribuição à causa da Salette, e dava em tudo testemunho de santidade de vida. Nasceu a 23 de dezembro de 1797, em Roches-de-Condrieu, no Isère. Era filho de agricultores e bons cristãos. Estudou no Seminário Maior de Grenoble. Foi ordenado sacerdote a 16 de julho de 1831 e, a seguir, nomeado vigário em diver-

---

[11] CARLIER, Louis MS, *Histoire de l'Apparition...*, op. cit., p. 140-141.

sas paróquias. Em 1835 foi nomeado pároco da catedral. Levantava-se muito cedo e passava longas horas em oração e no confessionário. Era admirável seu zelo pastoral, particularmente em relação aos doentes e pobres. Juntamente com Pe. Mélin, de Corps, foi um dos primeiros a crer na Aparição da Salette. Anualmente fazia sua peregrinação à Montanha bendita. Participou das solenidades do primeiro aniversário do maravilhoso evento, conforme ele mesmo narrou.[12] Viveu seus últimos cinco anos acamado, com resignação, lucidez e paciência. Tendo recebido os Santos Sacramentos, morreu na manhã de 13 de fevereiro de 1863. Seu funeral foi grandioso.

A 6 de julho de 1851, os emissários de Dom Philibert, Rousselot e Gérin, partiram para Roma. Lá chegaram cinco dias depois, a 11 de julho.

Por sua vez, a 14 de julho, o cardeal De Bonald chegou a Grenoble para entrevistar Melânia e Maximino. Eles relutaram em vê-lo. Recusaram-se a revelar-lhe os "segredos", uma vez que os mesmos já tinham sido enviados ao Papa, o que, segundo eles, dispensava nova revelação. O cardeal alegou que tinha a missão de tomar conhecimento dos "segredos" e de enviá-los ao Papa. Os jovens, então, pediram que lhes mostrasse o documento que comprovava a pretendida missão. De Bonald nada pôde fazer, porque não tinha recebido nenhum mandato oficial por escrito da parte do Papa. Surpreso, retirou-se. A partir disso se tornou mais arredio ainda em relação à Salette.[13]

Em Roma, a 18 de julho, Rousselot e Gérin foram recebidos com muita benevolência pelo Papa Pio IX, a quem entregaram as cartas levadas de Grenoble. Enquanto o Papa as lia, os dois sacerdotes ansiosos

---

[12] Ibid., p. 238-241.
[13] Cf. HOSTACHY, Victor MS, *La galeie des portraits...*, vol. I, op. cit., p. 83.

observavam sua reação. Esperavam que o Papa, a partir da leitura dos "segredos", definisse a veracidade da Aparição.

Ao ler a carta de Maximino, Pio IX disse que nela estavam presentes "a candura e a simplicidade de uma criança".[14] Depois de ler a carta de Melânia, comentou:

> Trata-se de flagelos que ameaçam a França. Ela não é a única culpada; a Alemanha, a Itália, toda a Europa é culpada e merecem castigos. Tenho menos receio de Proudhon do que da indiferença religiosa e do desrespeito humano. Vossos soldados se põem de joelhos quando me veem, mas só depois de olharem à direita e à esquerda para ver se não estão sendo observados por alguém. Não é sem razão que a Igreja é chamada militante e vós vedes aqui seu capitão.[15]

O Papa acrescentou que devia reler as duas cartas com serenidade, sem dizer palavra nenhuma a respeito da Aparição.

Anos mais tarde, em maio de 1854, Dom Depéry, bispo de Gap, relatou um comentário que Pio IX lhe havia feito a respeito dos "segredos": "As cartas de Maximino e Melânia nada continham de extraordinário, nada que se pudesse qualificar de 'segredo'".[16]

Durante sua estadia em Roma, Rousselot teve contato com Dom Fioramonti. O bispo lhe revelou que o Papa não tinha confiado nenhuma missão a De Bonald para obter os "segredos". Confirmava-se, pois, a indevida ingerência do cardeal no assunto.

---

[14] STERN, Jean MS, *La Salette – Documents authentiques...*, op. cit., vol. III, p. 43.
[15] Ibid., p. 44.
[16] *Maximin et Mélanie: les secrets*, polígrafo, p. 3.

Por sua vez, o cardeal Lambruschini, a quem Pio IX repassou as cartas de Melânia e Maximino, confessou que conhecia a Salette, nela acreditava e a seu respeito havia pregado com bons frutos em sua diocese.[17]

Finalmente, cumpridos os objetivos da viagem a Roma, o padre Gérin voltou a Grenoble no dia seguinte à audiência pontifícia, mas Rousselot se deteve em Roma durante mais cinco semanas.

No dia seguinte à audiência papal, Rousselot enviou cartas a Dom Philibert, a Auvergne e a Mélin para relatar-lhes os fatos ocorridos na Cidade Eterna.[18] Na carta enviada a Dom Philibert, Rousselot afirmou que o Papa "por duas vezes nos disse que a Salette lhe parecia apresentar os caracteres da verdade".[19] Mais tarde revelou que tinha uma séria preocupação: "O segredo que levávamos devia ser a vida ou a morte de La Salette. Sua vida, se o segredo não fosse indigno Daquela que o confiou. Sua morte, se o segredo fosse nulo ou ridículo, ou contrário aos ensinamentos da fé".[20]

A preocupação de Rousselot, porém, não tinha sentido, uma vez que Pio IX não interferiu na questão da veracidade ou não da Aparição. O assunto não era da alçada do Papa, e sim do bispo de Grenoble.

Quanto a essa questão, o Pe. Stern pondera: "A relação entre a Aparição de 1846 e os 'segredos' levados a Roma em 1851, *a priori*, não era tal que a insignificância ou o caráter duvidoso, e até mesmo apócrifo, dos 'segredos' pudesse necessariamente implicar a rejeição da Aparição".[21]

É perfeitamente admissível a hipótese de que Maximino, em sua imaginação pueril, tenha lançado mão de alguma escapatória, em sua

---

[17] BASSETTE, Louis, *Le Fait de La Salette*..., op. cit., p. 228.

[18] Ibid., p. 215-223.

[19] STERN, Jean MS, *La Salette – Documents authentiques*..., op. cit., vol. III, p. 44.

[20] Ibid., p. 43.

[21] Ibid., p. 50.

carta, para não revelar o "segredo". Melânia, por sua vez e pela mesma razão, teria simplesmente retomado conversas carregadas de "profetismo apocalíptico", ouvidas no meio do povo. Fugia assim, também ela, da revelação do "segredo" recebido da Bela Senhora.

Tudo considerado, deve-se dizer que:

> Há boas razões para se pensar que os segredos ouvidos por Maximino e Melânia a 19 de setembro de 1846 dizem respeito a eles próprios. É, ao menos, a conclusão tirada a partir do mês seguinte (à Aparição) pelo Pe. Louis Perrin, pároco de La Salette, e retomada por outros pesquisadores antigos.[22]

Depois de entregues a Pio IX, as cartas de Maximino e Melânia foram guardadas nos Arquivos do Vaticano. Por longo tempo permaneceram fora do alcance do público. Pensava-se que estivessem perdidas.

Anos mais tarde, a 3 de novembro de 1874, o Pe. Silvano Maria Giraud, superior-geral dos Missionários de Nossa Senhora da Salette, ao ser recebido em audiência por Pio IX, mostrou interesse em saber algo dos "segredos". O Papa lhe respondeu: "O segredo de La Salette!... Meu filho, o que se deve pensar a respeito? Se não fizerdes penitência, perecerão todos! Eis o que se deve pensar a esse respeito!". E acrescentou que os "segredos": "Nada significavam... Eram coisas vagas que sempre se pode dizer. (...) Neles nada existe que possa dar provas da Aparição".[23]

Quando Rousselot voltou para Grenoble, a 24 de agosto de 1851, partiu com a certeza de que Pio IX e o cardeal Lambruschini, prefeito da Congregação dos Ritos e Secretário de Estado, não se opunham a que o bispo de Grenoble desse seu julgamento a respeito do Fato da

---

[22] Ibid., p. 51.

[23] Ibid., p. 48.

Salette, apesar da oposição do cardeal de Lyon. Voltou igualmente certo de que os "segredos" não constituíam um empecilho à proclamação da veracidade da Aparição.

Dom Philibert, a seguir, efetivamente proclamou a autenticidade da Aparição, não por causa dos "segredos", mas apesar deles. O bispo tinha razões apropriadas para fazê-lo.

Capítulo XI

E A LUZ SE FEZ

Dom Philibert, antes ainda que Rousselot retornasse de Roma, se pôs a preparar o texto da declaração oficial a respeito da autenticidade da Aparição. Muito meditou e orou diante do Senhor. Conscienciosamente considerou os inúmeros e extraordinários frutos do evento, e a firme devoção a Nossa Senhora Reconciliadora. Estava fortemente impressionado com o fluxo das multidões de peregrinos ao local da Aparição, sobretudo por ocasião de seu primeiro aniversário. Os milagres e as inúmeras conversões firmavam sua convicção pessoal. Tinha, porém, como dever manter a maior prudência na decisão a ser tomada. Na plena consciência da legislação canônica, sabia de seu direito e dever de se pronunciar a respeito da graça da Aparição concedida a sua diocese. Sabia igualmente que a Santa Sé, em assuntos dessa natureza, tem como princípio não se imiscuir diretamente, mas confia ao bispo da diocese onde o fenômeno religioso acontece a responsabilidade de avaliar a veracidade do evento e de anunciar sua decisão ao povo de Deus.

A Igreja, em sua experiência pastoral histórica, havia sentido a necessidade de estabelecer orientações para a avaliação de fenômenos extraordinários. O Concílio de Trento tratou da questão, mas não concluiu o trabalho. O Papa Bento XIV, no séc. XVIII, em consonância com esse mesmo Concílio, determinou, então, um conjunto de normas canônicas para esse fim, na obra intitulada *Da Beatificação e da Canonização dos Santos*. Dom Philibert bem conhecia tais orientações.

Costuma-se, nessa área, distinguir três tipos de fenômenos: visões, audições e aparições.

"Visões" são percepções interiores de "figuras" imateriais para além do âmbito dos sentidos. As "audições" ou "locuções" traduzem a percepção interna de "palavras" não pronunciadas por lábios corpóreos nem captadas pelo ouvido humano. Esses dois fenômenos encontram seu reduto na esfera do mero "subjetivo", pois acontecem no mais íntimo da pessoa. Passam a fazer parte do mistério mais profundo do ser pessoal. Sua verdade não é objetivável. Sua aceitação se funda, apenas, no testemunho de quem viveu tal experiência.

As "aparições" autênticas são de ordem "objetiva" em relação a quem as experimenta. Este faz a "experiência mística" de ver diante de si "alguém" que lhe é distinto, com quem se relaciona de alguma forma e de quem pode receber "mensagens" de caráter "particular". No entanto, pode suscitar indicativos reais, objetiváveis, e neles sustentar-se para comprovação indireta de sua facticidade.

"Visões", "audições" e "aparições" jamais são consideradas "dogmas de fé" pela Igreja. Mesmo quando, de alguma forma, tocam no conteúdo essencial da doutrina da Igreja, nada acrescentam ao dado revelado. A revelação divina contida nas Escrituras está encerrada, e a fé pública da Igreja tem na Bíblia seu inteiro fundamento. Ainda que tais fenômenos místicos suscitem grandes benefícios para a vida cristã, ou relembrem elementos presentes na Palavra de Deus, não acrescentam algo de novo à doutrina da Igreja. Restringem-se ao limite da "revelação particular". Podem ter validade para a "pedagogia da fé", mas nada trazem de novo à "revelação pública" da Escritura Sagrada, recebida e professada pela Igreja. Por isso, podem ser livremente aceitos pelos fiéis quando neles perceberem razões bem fundadas, sobretudo se o fenômeno tiver obtido o parecer favorável da autoridade eclesiástica. Se não forem aceitos pelos fiéis, nenhuma sanção eclesiástica lhes será aplicada.

São basicamente três as razões que podem expressar a autenticidade desses fenômenos:

a) *A credibilidade de quem presenciou os eventos.* Investiga-se a sua honestidade e coerência de vida, sua inocência pessoal ou eventual ignorância em matéria religiosa, sua incapacidade moral ou intelectual para construir uma história fictícia, sua tenaz fidelidade em narrar ou transmitir coerentemente e sempre o fenômeno místico por ele vivido.

b) *A coerência entre o conteúdo da "mensagem" recebida e a Palavra de Deus.* Todo resquício de contradição entre ambas indicaria, com certeza, a origem não divina da experiência mística alegada. O fenômeno será, então, ou fruto de má intenção ou de perturbações psíquicas de quem o revelou.

c) *Os bons frutos suscitados pelo evento.* Toda árvore boa dá bons frutos, diz o Evangelho. Se o fenômeno místico vivido é realmente coisa do céu, dele brotarão maravilhas para a vida do povo de Deus. Elas serão um indicativo mais seguro para atestar positivamente o fenômeno.

Dom Philibert, ao investigar com rigor o Fato da Salette, percebeu com clareza a existência dessas caraterísticas tanto na vida e pessoa de Maximino e Melânia quanto no conteúdo teológico-bíblico da Mensagem da Aparição. Podia fundar-se com serenidade nos extraordinários frutos surgidos do evento: as inúmeras conversões, a reconciliação, a renovação da vida de fé, o concurso de imensas e devotas multidões em peregrinação ao local bendito, a vida eclesial reavivada nas comunidades cristãs dentro e fora da diocese de Grenoble, as muitas e grandes curas, a fonte milagrosa... Em tudo isso, Dom Philibert percebeu os indicativos claros e suficientes para reconhecer a verdade do Fato da Salette. Para o bispo de Grenoble, esse evento extraordinário superava a dimensão puramente pessoal ou subjetiva dos dois jovens e se firmava objetivamente, embora indiretamente, nesses inúmeros comprovantes que caracterizaram a Aparição. Dom Philibert podia, pois, e devia se pronunciar.

O texto da declaração episcopal estava maduro. O *Mandamento Doutrinal* podia ser publicado. O bispo, no entanto, quis esperar que os espíritos se acalmassem, embora seus auxiliares pedissem pressa. Fez bom uso desse meio tempo para concluir a aquisição do terreno de cinco hectares no local da Aparição, para a construção do Santuário.

No retiro do Clero, em Grenoble, a 24 de setembro de 1851, para conclusão do Sínodo Diocesano, todos esperavam o pronunciamento episcopal. O texto do pronunciamento já estava pronto e assinado com a data de 19 de setembro de 1851. No entanto, só foi publicado a 10 de novembro.

A 25 de setembro, os padres presentes ao retiro, convictos de sua crença na Aparição e encorajados pelos resultados da viagem dos delegados do bispo a Roma para entregar as cartas de Melânia e Maximino ao Papa, no mês de julho anterior, pediram formalmente ao bispo que anunciasse de público a autenticidade do evento, que construísse um Santuário no local da Aparição e convidasse os fiéis a colaborarem na obra.[1] O pedido favorável trazia duzentas e quarenta assinaturas. Os contrários eram, apenas, dezessete. A larga maioria do Clero de Grenoble era, pois, favorável à Aparição. Uma ínfima minoria se atrelava aos dois renitentes opositores, Déléon e Cartellier.

Mal terminado o retiro, circularam entre os participantes alguns textos emanados da oposição à Aparição. Um escrito de Pe. Cartellier citava o incidente de Ars como argumento contra a Aparição e ironizava a viagem de Rousselot e Gérin a Roma. Outro, francamente injurioso,

---

[1] Cf. CARLIER, Louis MS, *Histoire de l'Apparition...* op. cit., p. 144.

foi publicado por J. Robert, pseudônimo usado pelo Pe. Déléon. Era previsível que a aprovação da Aparição, por Dom Philibert, não pusesse fim à oposição. Na verdade, poucas semanas depois do lançamento da pedra fundamental do Santuário, em maio de 1852, ainda apareceram folhetos ofensivos contra a Salette e o bispo. Logo depois, em circular de 16 de junho de 1852, o bispo declarou suspensos os padres autores e difusores de semelhantes escritos.

No final do verão de 1852, a situação se agravou com a publicação do livro: *La Salette Fallavaux ("Fallax-vallis")* ou *"La vallée du Mensonge* ("O vale da mentira")", de Donnadieu, outro pseudônimo do Pe. Claude-Joseph Déléon. Ex-pároco de Villeurbanne, Déléon não havia aceitado a transferência de sua paróquia, algum tempo antes. Os paroquianos queixavam-se dele. Por causa disso, Rousselot, em 1848, lhe ofereceu a direção do jornal *L'Union Dauphinoise*, da diocese de Grenoble. Atrelado ao partido bonapartista, Déléon logo fez do jornal um órgão político e lhe deu outro nome, *Voeu National*, a partir de 20 de fevereiro de 1851. O fato desgostou a administração diocesana, que criou outro jornal da diocese, sob o título de *L'ami de l'ordre*.

Déléon ameaçava processar tanto o bispo quanto Rousselot por ter sido transferido da paróquia de Villeurbanne. Apesar de advertido, circulava publicamente em trajes civis e mantinha junto a si uma mulher, causando escândalo. Para pôr fim a essa situação, Dom Philibert, a 30 de janeiro de 1852, suspendeu-o do exercício do ministério sacerdotal na diocese. Déléon, então, passou a atacar a Aparição da Salette. No entanto, em seu jornal, alguns meses antes, havia demonstrado simpatia pelo evento. Tratava-se de pessoa inteligente, mas apaixonada, polêmica. Sem se intimidar com a ameaça de excomunhão, em abril de 1853, depois que Dom Philibert deixou o cargo, aproveitou a ocasião para criar problemas para o novo bispo de Grenoble, Dom Ginoulhiac, entronizado na diocese a 7 de maio seguinte.

Déléon publicou, então, a segunda parte de sua obra. Nela denunciou a Aparição como fantasiosa. Segundo ele, a pessoa que aparecera a Melânia e Maximino não era a Virgem Maria, e sim uma ex-religiosa da Providência, a Srta. De Lamerlière, neta de um Conselheiro do Parlamento de Grenoble. A Srta. De Lamerlière estaria perambulando pelas montanhas de La Salette no dia da Aparição e teria se manifestado a Maximino e Melânia no cenário do evento. Essa fábula, inventada por Déléon e carregada de maldade, não demonstrava compaixão alguma para com a srta. De Lamerlière, mulher de mais de 50 anos de idade, doentia e excêntrica. A lenda veiculava uma série de inverossimilhanças e impossibilidades, pois, na data da Aparição, De Lamerlière nem se encontrava na região de Corps. Tinha, pois, um *álibi* configurado. Mais tarde o próprio Déléon cinicamente afirmou que nem ele mesmo acreditava nessa fábula. Segundo ele, tratava-se de uma brincadeira que havia recolhido de um encontro de amigos e publicara em seu jornal. Como consequência, a família de De Lamerlière processou Déléon.[2]

Déléon, na verdade, pouco ou nada conhecia do evento da Salette. Ele mesmo o confessou em 1851. Ao saber que Pe. Cartellier conhecia e combatia fortemente a Aparição, tornou-se amigo dele. Déléon morreu muito idoso, reabilitado por Dom Fava, novo bispo de Grenoble. Antes, confessou que "em seu coração sempre acreditou na Salette", mas que a combatera para se vingar da autoridade episcopal.

Cartellier era pároco de Saint-Joseph, em Grenoble. Agia contra a Salette de maneira oculta. Em 1848 ainda, redigiu alguns folhetos contra as investigações de Rousselot e Orcel a respeito da Aparição. No começo, segundo ele dizia, acreditava no evento. Em 1847 visitou

---

[2] Cf. STERN, Jean MS, *La Salette – Documents authentiques...*, op. cit., vol. I, p. 79-85; CARLIER, Louis MS, *Histoire de l'Apparition...*, op. cit., p. 150-154; p. 163-173.

a Montanha da Salette, mas a visita surtiu nele efeitos negativos. As conferências da Comissão Episcopal que analisou o *Relatório Rousselot--Orcel* sobre o evento, em novembro/dezembro de 1848, deram-lhe ocasião de se tornar o chefe da oposição. Criticou severamente o processo seguido por Rousselot, atribuindo-lhe coisas que ele jamais disse ou fez. Cartellier se tornara uma caricatura a respeito do Fato da Salette. No fundo, porém, não queria atacar a Salette, e sim Rousselot.

Rousselot, em 1848, publicou um livro em que desmascarava os opositores. Cartellier lançou, então, um folhetim chamado *Réponse*, o primeiro da série. Queria demolir as provas recolhidas por Rousselot. Depois que os "segredos" foram levados a Roma, Cartellier pensou que era chegado o momento de enviar ao Papa seu texto intitulado *Mémoire au Pape*. Nele afirmava que a Salette fora inventada e causava mal entre os fiéis e entre os não crentes. Insultava Rousselot e caluniava o bispo. A obra retomava a substância de seus escritos anteriores, e também dos livros de Déléon. Depois de censuras, Cartellier aparentemente se retratou, o que lhe permitiu continuar à testa da paróquia Saint-Joseph. Prosseguiu, porém, em seus ataques à Salette, mas não publicamente.[3] Quando morreu, a 13 de julho de 1865, em Vichy, Cartellier estava redigindo um novo livro contra a Aparição.

Diante das controvérsias publicadas pelos jornais a respeito da Salette, Dom Philibert, a 10 de outubro de 1851, por carta proibiu novamente os padres de fazerem qualquer publicação sobre a Aparição sem sua autorização, reservando-se o direito de se pronunciar a respeito do evento.[4] Ao mesmo tempo, o bispo mantinha relacionamento com

---

[3] Cf. STERN, Jean MS, *La Salette – Documents authentiques...*, op. cit., vol. III, p. 86-94; CARLIER, Louis MS, *Histoire de l'Apparition...*, op. cit., p. 154-156.

[4] Cf. HOSTACHY, Victor MS, *La galerie des portraits...*, vol. I, op. cit., p. 86-87; CARLIER, Louis MS, *Histoire de l'Apparition...*, op. cit., p. 145.

Roma, de onde recebia sempre apoio e simpatia. Sabia da opinião de Roma através de Rousselot, que tinha entrevistado o cardeal Lambruschini, prefeito da Sagrada Congregação dos Ritos.

Por sua vez, Dom Frattini, Promotor da Fé, a pedido do Papa havia examinado os livros de Rousselot sobre o evento da Salette: *La vérité sur l'événement de La Salette*, de 1848; *Nouveaux documents sur l'événement de La Salette*, de 1849; *Défense de l'événement de La Salette contre de nouvelles attaques*, de 1851. Em carta endereçada a Dom Philibert, Dom Frattini declarou que havia chegado à conclusão de que a Aparição realmente acontecera. Como Promotor da Fé observava, apenas, que era preciso uma prova legal para o fato, pois o testemunho dos dois jovens não era suficiente. A prova legal consistia em algum evento miraculoso, devidamente examinado segundo a legislação canônica e aduzido como comprovante da Aparição.

Dom Philibert também recebia de bispos da França, de padres e fiéis de toda parte, o pedido para se pronunciar oficialmente. Para se assegurar de que em nada contrariava as intenções da Santa Sé, enviou, por meio de Rousselot, o projeto do texto de seu *Mandamento Doutrinal* ao cardeal Lambruschini, em Roma. Antes o havia submetido à análise de uma comissão de cônegos da catedral e dos vigários-gerais de Grenoble.

A 7 de outubro de 1851, o texto voltou de Roma acompanhado de uma carta do cardeal Lambruschini. Nela, entre elogios, o cardeal pedia uma só coisa: que, por ocasião da publicação do *Mandamento Doutrinal*, não se cantasse o *Te Deum* nas igrejas como o projeto previa, para não se dar ao ato uma solenidade que implicaria o nome da Igreja de Roma numa decisão da competência do bispo diocesano de Grenoble.[5]

---

[5] Cf. texto da carta do cardeal, in BASSETTE, Louis, *Le Fait de La Salette*, op. cit., p. 233.

Dom Philibert, depois de retocar o texto em obediência às observações feitas, publicou a 10 de novembro de 1851 o esperado *Mandamento Doutrinal*. O documento, porém, vinha com a data de 19 de setembro imediatamente anterior, quinto aniversário da Aparição. O texto, apesar de longo, devia ser lido em todas as 600 igrejas ou capelas da diocese, no dia 16 de novembro.

Na primeira parte do texto, o bispo de Grenoble explana o longo processo seguido na análise do evento da Salette. Evoca o fato e suas consequências, o comportamento de Maximino e Melânia, a reflexão e oração do próprio bispo, a prudência com que ele mesmo devia agir apesar das pressões. Ao assinalar os trabalhos da Comissão, Dom Philibert declara sua convicção pessoal quanto à Aparição: "Embora nossa convicção já fosse plena e sem sombras de dúvida ao final das sessões da Comissão que findaram a 13 de dezembro de 1847, nós não quisemos anunciar um julgamento doutrinal sobre um fato de tamanha importância".[6]

Ao final do documento, depois de comentar diversos considerandos, apresenta oito artigos que compõem o coração do *Mandamento Doutrinal* e declaram formalmente a autenticidade da Aparição da Salette. Os três primeiros são os fundamentais:

> Tendo novamente invocado o Espírito Santo e a assistência da Virgem Imaculada, nós declaramos o que segue:
> Artigo 1º Nós julgamos que a Aparição da Santa Virgem a dois pastores, a 19 de setembro de 1846, sobre uma montanha da cadeia dos Alpes, situada na paróquia de La Salette, do Decanato de Corps, traz em si mesma todos os caracteres da verdade, e que os fiéis têm fundamento para acreditar que é indubitável e certa.

---

[6] BASSETTE, Louis, *Le Fait de La Salette*, op. cit., p. 238.

Artigo 2º Nós cremos que esse Fato adquire novo grau de certeza pelo imenso e espontâneo concurso dos fiéis ao local da Aparição, bem como pela multidão de prodígios que se seguiram ao citado evento, e que é impossível pôr em dúvida um tão grande número deles sem violar as regras do testemunho humano.

Artigo 3º É por isso que, para darmos testemunho de nosso vivo agradecimento a Deus e à gloriosa Virgem Maria, nós autorizamos o culto de Nossa Senhora da Salette. Nós permitimos que se façam pregações a seu respeito e se tirem as consequências práticas e morais que brotam desse grande evento.[7]

Do ponto de vista teológico e canônico, a autenticidade da Aparição estava, portanto, definida pela autoridade eclesiástica competente, Dom Philibert de Bruillard, bispo da diocese de Grenoble, a cuja jurisdição pertencia La Salette.

A Igreja local de Grenoble, e com ela o mundo cristão, acolheu com alegria a decisão episcopal. Dom Philibert recebeu a adesão multíplice de variadas procedências. Cartas de apoio de padres e bispos, a quem tinha enviado cópias do documento, provinham de inúmeras dioceses francesas e estrangeiras.[8]

O bispo também enviou cópia ao cardeal De Bonald, de Lyon. O cardeal, em carta-resposta de 28 de novembro de 1851, protestou afirmando que a ele cabia o direito de se pronunciar oficialmente sobre o assunto, depois de discutido no Concílio Provincial de Lyon, em 1850, o que não aconteceu. Em resposta, a 1º de dezembro, Dom Philibert

---

[7] Cf. íntegra do *Mandamento Doutrinal*, in BASSETTE, Louis, *Le Fait de La Salette*, op. cit., p. 234-244.

[8] Cf. BASSETTE, Louis, *Le Fait de La Salette...*, op. cit., p. 248-272.

lembrou-lhe de que a discussão a respeito da Salette, naquela ocasião, não fora efetuada por ordem do próprio cardeal.[9]

O *Mandamento Doutrinal* produziu bons e abundantes frutos em toda parte. Foi traduzido em diversas línguas. O próprio *Osservatore Romano*, em data de 1º de abril de 1852, publicou o texto em língua italiana.

Encerrava-se assim a controvérsia, longa e difícil, a respeito da veracidade do Fato da Salette, com o aval oficial da Igreja. Pela primeira vez uma Aparição obteve a declaração canônica de sua autenticidade, e a devoção a Nossa Senhora da Salette, como Reconciliadora, alcançou ampla difusão, com o apoio de bispos e a adesão dos fiéis.[10]

No ano seguinte, 1852, Dom Philibert tomou duas outras decisões de fundamental importância para a diocese de Grenoble e para toda a Igreja: a construção do Santuário e a fundação dos Missionários de Nossa Senhora da Salette.

---

[9] Ibid., p. 246-248.
[10] Ibid., p. 289-297.

Capítulo XII

"DEIXAI VOSSO SERVO PARTIR EM PAZ"

Tendo assegurado a fundação do Santuário e dos Missionários, Dom Philibert estava determinado a buscar o repouso merecido. Antes de se afastar da diocese de Grenoble, fez questão de indicar à Santa Sé um substituto que garantisse a continuidade de sua obra, sobretudo em relação à Salette. O Papa lhe havia dado essa permissão. O sucessor de Dom Philibert seria Dom Ginoulhiac.

O renome de Pe. Ginoulhiac havia ultrapassado os limites da diocese de Aix-en-Provence, onde era vigário-geral. Dom Philibert de Bruillard aprendera a estimá-lo. Sem conhecê-lo pessoalmente, achou que ele seria um grande auxílio para a causa da Salette. Sabendo de suas qualidades e disposições, enviou-lhe, a 3 de junho de 1852, uma carta confidencial para lhe propor que fosse o seu sucessor.[1] O Pe. Ginoulhiac respondeu com admirável sabedoria a Dom Philibert, manifestando-lhe mais a disposição para obedecer como auxiliar do que para dirigir, como bispo, a diocese de Grenoble.[2] Ginoulhiac acabara de publicar sua grande obra, *Histoire du dogme catholique*. Era um renomado teólogo. Tornar-se-ia intrépido defensor da causa da Aparição da Salette.

---

[1] Cf. CARLIER, Louis MS, *Histoire de l'Apparition...*, op. cit., p. 160.
[2] Cf. HOSTACHY, Victor MS, *La galerie des portraits...*, vol. I, op. cit., p. 148-149.

A 21 de setembro, o imperador Napoleão III passou por Grenoble. Dom Philibert, presente na recepção ao imperador, fez uso da oportunidade para confirmar o pedido de afastamento da diocese. Também deixou clara esta sua intenção numa correspondência a Dom Dupanloup, em dezembro de 1852: "Apresentando minha demissão e obtendo a nomeação de um sucessor que me convém *sob todos os aspectos*, e particularmente quanto à fé na Aparição, preveni maiores males".[3]

A 21 de dezembro de 1852, numa *Carta Pastoral* destinada ao Clero de Grenoble, o bispo anunciou publicamente sua decisão. Nela afirmou: "Depois de ter posto a pedra fundamental para o edifício destinado a comemorar um acontecimento divino, um orgulho para a diocese, e depois de ter criado um corpo de missionários diocesanos que serão os guardiões do mesmo, creio que minha longa administração tenha chegado ao fim.[4]

A consternação foi geral na diocese, particularmente entre os Missionários de Nossa Senhora da Salette, já presentes na Montanha. Pe. Denaz lhe expôs os sentimentos deles. Em resposta, o bispo escreveu: "Vós sempre fostes minha consolação. Sereis, um dia, a glória do vosso bispo. Perseverai em vossa vocação. Anunciai sempre pelo exemplo, e o Senhor abençoará vosso ministério".[5]

Disse-lhes também que Dom Ginoulhiac o sucederia e que seria muito devotado à obra da Salette.

A 29 de dezembro de 1852, alguns meses após o lançamento da pedra fundamental do Santuário, Dom Philibert solicitou a demissão oficial de seu cargo. A 6 de maio de 1853 se retirou para Montfleury, nas proximidades de Grenoble, junto a um convento das Irmãs de Sacré-

---

[3] STERN, Jean MS, *L'Evêque de Grenoble*..., op. cit., p. 84.

[4] Ibid., p. 81.

[5] HOSTACHY, Victor MS, *La galerie des portraits*..., vol. I, op. cit., p. 119.

-Coeur de Jésus, fundadas por Santa Madalena Sofia Barat, de quem Dom Philibert havia sido diretor espiritual nos tempos de Paris. O convento havia sido fundado no dia 19 de setembro de 1846, dia da Aparição da Salette. Ali, Dom Philibert permaneceu até o fim de seus dias. Diariamente celebrava a missa na capela do convento.

Após sua demissão, o bispo recebeu uma honraria eclesiástica: foi nomeado cônego de primeira ordem da Basílica de São Denis, em Paris.

Dom Philibert quis celebrar o 30º aniversário de sua ordenação episcopal na Montanha da Salette. Tinha 91 anos de idade. Chegou ao local da Aparição a 4 de agosto de 1856, carregado em maca por robustos montanheses, desde Corps até o Santuário. Sua visita anterior tinha acontecido quatro anos antes, por ocasião do lançamento da pedra fundamental do templo. A construção do Santuário estava em andamento. O bispo lá passou três dias. O tempo magnífico lhe permitiu contemplar o local. Rezou junto à fonte milagrosa e percorreu o caminho feito pela Bela Senhora.

A 6 de agosto, Festa da Transfiguração, o bispo celebrou a missa no Santuário inacabado, na presença de numerosos padres e peregrinos. Na homilia comentou as palavras do Evangelho da Transfiguração: "É bom estarmos aqui!".

À tarde chegou um grupo de cerca de 80 soldados peregrinos que lhe pediram a bênção e orações por suas famílias, pelo imperador e pelos camaradas mortos na Guerra da Crimeia. O bispo entoou cânticos populares e distribuiu medalhas aos soldados. Ao final da visita, deixou uma mensagem escrita no álbum dos peregrinos:

> Eu, abaixo assinado, bispo emérito de Grenoble, agradeço a Nosso Senhor e a Santa Mãe pela facilidade com que fiz esta viagem. Celebrei e preguei por três vezes em dois dias na igreja inacabada de Nossa Senhora da Salette. Tudo

que vi, ouvi e experimentei confirmou a convicção que tinha desde meu primeiro Mandamento, sobre a realidade da Aparição da Santíssima Virgem em 1846, a 19 de setembro. Aos 6 de agosto de 1856, dia do aniversário de minha consagração episcopal em 1826 e do 91º aniversário de minha idade. Philibert de Bruillard, cônego de primeira ordem do Capítulo de Saint-Denis...[6]

No dia 7 de agosto, pela manhã, desceu a montanha, novamente em cadeira especial.

Dom Philibert esteve em Grenoble pela última vez a 5 de setembro de 1860, para a recepção ao imperador Napoleão III e à imperatriz Eugênia.

A doença que o levou à morte se declarou a 15 de novembro de 1860. A 23 de novembro o bispo pediu o viático. O médico o assistiu durante a noite. No dia seguinte, o cônego Rousselot, seu amigo de coração, lhe administrou a Unção dos Enfermos. Rezou o terço em substituição ao Breviário, conforme autorização de Dom Ginoulhiac. No dia seguinte, sábado, recebeu a comunhão. No começo da tarde chegou um telegrama de Roma anunciando-lhe a concessão da Bênção Apostólica dada pelo Papa. Em ato de louvor, recitou o *Te Deum* e mandou depositar o telegrama aos pés da imagem da Santa Virgem. Naquela tarde recebeu a visita do Pe. Berlioz, um dos primeiros Missionários de Nossa Senhora da Salette. Abençoou todos os Missionários. O cônego Gérin também se fez presente. Seu estado de saúde piorou. A noite de 28 para 29 de novembro foi difícil. A 13 de dezembro recebeu o viático das mãos de Dom Ginoulhiac. Estavam presentes Rousselot, Orcel e Douillet, padre sacristão da catedral. A 15 de dezembro de 1860,

---

[6] STERN, Jean MS, *L'Evêque de Grenoble...*, op. cit., p. 90.

Dom Philibert pediu para rezar a oração de São Bernardo a Nossa Senhora, o *Memorare*. Ao meio-dia entregou sua alma a Deus, enquanto nas paróquias de Grenoble se rezava por ele. Tinha pouco mais de 95 anos de idade. No sábado, seu corpo foi transportado até a capela do Seminário Maior, em Grenoble, para a veneração dos fiéis. A 20 de dezembro foi celebrado o solene funeral na catedral. O bispo de Maurienne presidiu o ofício e Dom Ginoulhiac fez a homilia.

No dia seguinte, Dom Ginoulhiac declarou:

> Apesar de muito ocupado, Dom Philibert jamais se fechava em seus próprios pensamentos e sentimentos. Tendo um coração verdadeiramente episcopal, algo do coração de Paulo, a respeito de quem São Crisóstomo afirmava que era o próprio Coração de Jesus Cristo, abraçava toda a Igreja em sua afeição e preces. Acompanhava os caminhos dela com uma solicitude sempre desperta, sem jamais perder a esperança.[7]

Por diversas vezes, Dom Philibert tinha manifestado o desejo de ser enterrado no Santuário da Salette. As pressões da diocese o demoveram. Por fim, ele mesmo resolveu que seu corpo devia ser enterrado na catedral, mas seu coração, depois de embalsamado, seria deposto no Santuário. Pe. Berlioz e Pe. Dye o levaram a La Salette, no dia 24 de maio de 1861. No dia 25, os paroquianos de La Salette subiram em procissão para acompanhar a preciosa relíquia. Foi depositada em urna especial, de mármore preto, ao lado do altar, no interior do Santuário. Dom Philibert deu ao Santuário o que de mais precioso podia dar: "Tinha amado de tal forma essa Montanha durante a vida que era muito justo que seu coração ali repousasse após sua morte".[8]

---

[7] HOSTACHY, Victor MS, *La galerie des portraits*..., vol. I, op. cit., p. 123.
[8] Ibid., p. 134.

Acreditava-se que Dom Philibert teria um episcopado breve. Permaneceu, porém, vinte e seis anos à frente da diocese de Grenoble. Viveu mais oito anos em grande pobreza como bispo emérito. Deixou apenas uma pequena quantia para as despesas das próprias exéquias. De sua longa vida e intensa atividade episcopal, três atitudes sobressaem e constituem sua "tríplice coroa saletina": a proclamação da verdade da Aparição em Salette, a construção do Santuário da Salette e a fundação dos Missionários de Nossa Senhora da Salette.

Capítulo XIII

A FORTALEZA DO NOVO BISPO

Dom Ginoulhiac foi um verdadeiro continuador da obra de Dom Philibert. Defendeu valorosamente o evento da Salette. Quando de sua nomeação para a Sé Episcopal de Grenoble, sua convicção a respeito da verdade da Aparição não estava inteiramente firmada ainda. Sua convicção quanto à devoção a Nossa Senhora Reconciliadora, porém, devoção surgida do evento, era intensa. Estava igualmente muito convicto da necessidade de levar adiante a construção do Santuário, bem como a organização da Congregação dos Missionários de Nossa Senhora da Salette, fundados por Dom Philibert. Quanto à Aparição, queria estudar o caso pessoalmente, como teólogo.

1. O novo bispo de Grenoble

Jacques-Marie-Achille Ginoulhiac nasceu em Montpellier, a 3 de dezembro de 1806. Entrou no seminário da diocese onde fez brilhante carreira. Nutria grande amor às ciências e à filosofia.

Logo após a ordenação sacerdotal, a 27 de março de 1830, lecionou física e matemática no seminário. Entre 1832 e 1833, tornou-se um eminente professor de Teologia no Seminário Maior de Montpellier. Estudou os Santos Padres da Igreja. Seu autor preferido era Santo Agostinho. Os alunos o escutavam com alegria. Entre eles estava Dom Paulinier, que o sucedeu na Sé Episcopal de Grenoble. Em suas aulas apareciam os germes de sua obra teológica magistral: *Histoire du dogme catholique pendant les trois premiers siècles de l'Eglise et jusqu'au Concile de Nicée.*

Dez anos após a ordenação sacerdotal, Ginoulhiac foi nomeado cônego honorário. O arcebispo de Aix-en-Provence, Dom Bernet, em 1839, o escolheu como vigário-geral. Queria promover maior disciplina e melhores estudos para seu Clero. A par das atividades administrativas, Ginoulhiac prosseguiu em seus estudos, redigindo outras obras de grande valor teológico. Seus escritos deram início à chamada "Teologia Positiva", que produziu excelentes frutos. Estudava também a polêmica "Evolução dos Dogmas", nos devidos limites teológicos. Tornou-se eminente mestre de Vida Espiritual.

A 9 de dezembro de 1852, o Pe. Ginoulhiac foi nomeado bispo de Grenoble. Recebeu a unção episcopal das mãos do arcebispo Dom Darcimoles, em Aix-en-Provence. Dom Mazenod, bispo de Marselha, fundador e superior-geral da Congregação dos Oblatos, participou da cerimônia. No mesmo dia da ordenação episcopal, Dom Ginoulhiac assinou sua primeira *Carta Pastoral* para a diocese de Grenoble.[1] Nela se propunha dar continuidade ao que se referia ao evento da Salette e à construção do Santuário.

A 23 de abril de 1853, Dom Ginoulhiac tomou posse do cargo por procuração e, a 28 de abril, prestou o juramento episcopal entre as mãos do imperador. Na época vigoravam acordos entre a França e a Santa Sé. Para todos os efeitos, tomou posse da Sé Episcopal de Grenoble a 7 de maio de 1853.

O Pe. Victor Hostachy MS lhe teceu um comentário elogioso: "Dom Ginoulhiac era um sábio, e a esse título de sábio devia ser o homem providencial da Salette, precisamente por sua ciência teológica, pela firmeza de seu caráter e segurança em sua percepção".[2]

---

[1] Cf. HOSTACHY, Victor MS, *La galerie des portraits...*, vol. I, op. cit., p. 150-151.

[2] Ibid., p. 152.

2. O teólogo

Uma vez entronizado como bispo de Grenoble, Dom Ginoulhiac se defrontou com os opositores da Salette, sobretudo os padres Cartellier e Déléon, dois ferrenhos adversários da Aparição.

Antes de seu episcopado, Dom Ginoulhiac não havia ainda analisado pessoalmente o evento. Tinha, porém, predisposições favoráveis a seu respeito, a partir das informações obtidas. Lera o livro de Rousselot, *Un Nouveau Sanctuaire à Marie!*, e admitia a causa como encerrada. Como homem de vasta erudição, permaneceu, no entanto, por algum tempo sem se manifestar *como bispo* sobre o Fato da Salette. Contudo, a mordaz oposição à Aparição exigia uma pronta atitude da parte de Dom Ginoulhiac.

O bispo se dedicou, então, ao estudo do *Dossier* sobre a Salette, formado por Dom Philibert, enriquecendo-o com novos dados. Com sua competência científica de teólogo renomado, começou a preparar a "Instrução Pastoral e Mandamento", de 4 de novembro de 1854, a respeito da Salette.

Pe. Cartellier já havia escrito a obra intitulada *Mémoire au Pape*, em maio de 1854. Nela rejeitava o evento da Salette e esperava que o Papa fizesse o mesmo. Nela também injuriava Dom Philibert e insultava Rousselot. Cartellier dizia que a obra fora escrita por 54 padres e que ele mesmo era, apenas, o secretário. As assinaturas, porém, foram obtidas de forma fraudulenta. Se fosse verdadeiro o número de 54 assinaturas de padres nessa obra, assim mesmo o grupo representaria uma parcela mínima dos cerca de 800 padres da diocese de Grenoble.

Enquanto no Bispado de Grenoble se examinava o livro, o próprio Cartellier foi a Lyon com três padres para pedir ao cardeal De Bonald a intermediação para o envio da obra ao Papa. O cardeal De Bonald se dispôs a fazê-lo, desde que Dom Ginoulhiac o permitisse. De qualquer forma, a 8 de julho de 1854, o livro foi remetido diretamente ao Papa, sem que o cardeal o tivesse lido. Mais tarde De Bonald lamentou o ocorrido. O livro *Mémoire au Pape* também foi repassado aos bispos da França e a diversos jornais.

A reação de Roma foi muito severa, exigindo a aplicação da legislação eclesiástica. Dom Ginoulhiac analisou a obra e elaborou sua refutação depois de interrogar pessoalmente a Cartellier. A obra foi formalmente condenada por Dom Ginoulhiac, ao final de sua *Instrução Pastoral e Mandamento*.

Padre Geslin vivia em Roma nessa época. Fazia-se de importante no ambiente eclesiástico romano e defensor dos opositores da Salette. Recebeu o texto de Cartellier e, sabendo que Rousselot também estava em Roma na ocasião, denunciou-o junto à Santa Sé, pedindo ao Tribunal da Inquisição que examinasse sua doutrina e obras. Dom Fioramonte, sabendo dessas manobras, comunicou tudo a Rousselot, pedindo-lhe que elaborasse o mais breve possível uma "contramemória" a ser entregue ao Papa. Assim, a defesa da Salette chegou ao Vaticano ao mesmo tempo em que o ataque.

Nesse momento, o Pe. Déléon publicou nova obra polêmica com a inclusão do texto de Cartellier: *La Salette devant le Pape, ou Rationalisme et hérésie découlant du fait de La Salette, suivi du Mémoire au Pape*. Déléon era o autor manifesto do livro. A esse texto pessoal, no entanto, Déléon anexava a obra de Cartellier. A autoridade do Papa e bispos era desmoralizada por ambos. O caso se tornara mais grave. Nessa obra havia afirmações temerárias, escandalosas e subversivas contra a ordem e o governo eclesiásticos. Havia difamações odiosas a Dom Philibert e falta de respeito em relação a membros do Clero.

Déléon foi convocado diante de um tribunal eclesiástico especial, presidido pelo próprio bispo Dom Ginoulhiac, para um processo canônico. Quatro audiências foram realizadas. A defesa de Déléon foi extremamente fraca. A 28 de setembro de 1854, Claude Déléon foi suspenso das funções sacerdotais, com a possibilidade de recorrer da sentença no prazo de três meses. Dois dias depois, o bispo condenou o livro de Déléon.[3] A suspensão de Déléon só foi retirada por Dom Fava, em 1883.

Antes de tudo isso, em 1852, acontecera um primeiro caso com o mesmo Claude Déléon. Por causa da obra *La Salette Fallavaux (Fallax Vallis) ou La Vallée du mensonge, par Donnadieu*, pseudônimo de Déléon que já se manifestava como sério opositor da Salette, o autor recebeu um interdito episcopal. Em 1853, porém, Dom Ginoulhiac suspendeu a censura a Déléon, a pedido de um irmão dele, o Pe. Marie-Félix Déléon, que desejava ver a mãe de ambos morrer em paz, pois andava desgostosa por causa das atitudes do filho e sacerdote rebelde, Claude. O interdito foi suspenso na condição de que o padre assumisse novo comportamento, voltasse a usar o hábito eclesiástico, afastasse a mulher que o acompanhava, retirasse do comércio o seu livro e pedisse desculpas a Dom Philibert. Déléon, a contragosto, aceitou. Dom Ginoulhiac mais tarde afirmou:

> Era o mês de maio de 1853. Apenas instalado em nossa Sé, tivemos que nos ocupar da postura de Déléon. (...) Ele mesmo se apresentou em nosso bispado. Demos-lhe uma acolhida benévola para comprometer-se a entrar em si mesmo e merecer sua reabilitação. De início nos inspirou pouca confiança. (...) Nós nos ocupamos das condições às quais ele devia se submeter para que nos permitisse reabilitá-lo.[4]

---

[3] Cf. BASSETTE, Louis, *Le Fait de La Salette....*, op. cit., p. 334-337.

[4] HOSTACHY, Victor MS, *La galerie de portraits...*, vol. I, op. cit., p. 161.

Déléon, no entanto, recaiu no erro. Em 1855, publicou novo livro, *La conscience d'un prêtre et le pouvoir d'un évêque*, mais venenoso que o anterior, no qual atacava também o Papa. Foi novamente interditado em seu ministério sacerdotal, o que o revoltou mais ainda. Déléon morreu a 16 de novembro de 1895, aos 98 anos de idade.

Cartellier, vendo-se encurralado pelo desenrolar dos acontecimentos, solicitou condescendência a Dom Ginoulhiac, por ato de submissão escrito a 26 de fevereiro de 1854. Ao submeter-se, Cartellier se desligava de Déléon, que o tratou de traidor. A submissão, porém, era pouco sincera, mas foi suficiente para que Cartellier permanecesse à frente da paróquia de Saint-Joseph, sempre como crítico mordaz da Salette. Não escreveu mais nada, porém, a respeito do evento. Abandonou Déléon a sua triste sorte. Cartellier morreu a 13 de julho de 1865.

A polêmica agressiva de Déléon e Cartellier era explorada pela imprensa. Louis Veuillot, o grande escritor, saiu em defesa de Dom Ginoulhiac. O bispo, em meio a esse triste clima, solicitou a orientação de Roma. A resposta dava a Dom Ginoulhiac a liberdade de proceder a uma nova investigação quanto à Aparição, para assim dirimir de uma vez por todas as críticas ao *Mandamento Doutrinal* de Dom Philibert, de 1851, e silenciar a oposição exacerbada contra a Salette.

A 25 de agosto de 1854, Dom Ginoulhiac enviou, através de Pe. Orcel, mensagem a Rousselot que se encontrava em Roma, para que perguntasse ao Papa qual a melhor orientação que ele, Dom Ginoulhiac, devia seguir em circunstâncias tão difíceis. Num *Breve*, assinado por Pio IX, a 30 de agosto do mesmo ano, foi traçada a conduta a ser seguida. Nele o Papa distinguia duas coisas: o Fato da Aparição e a devoção a Maria Reconciliadora.

Quanto ao Fato da Aparição e à devoção a Maria Reconciliadora o Papa declarava, respectivamente:

No que se refere ao *fato*, que foi publicado de muitos modos, e que foi *reconhecido* pelo bispo, vosso predecessor, a partir de provas e documentos que tendes certamente em mãos, *nada se opõe, desde que achardes oportuno, a que possais examiná-lo de novo e demonstrá-lo publicamente.*
[...]
Empregai também todo o vosso zelo, Venerável Irmão, para que a *piedade e a devoção filial* para com a Rainha do Céu e Soberana do Mundo, que é felizmente florescente nesse local, sejam mantidas fielmente em vosso rebanho e cresçam sempre mais.[5]

Dom Ginoulhiac, a 14 de setembro, anunciou que, como encarregado do Papa para cuidar do assunto, daria a conhecer o resultado de sua análise quando estivesse pronta.

3. O pronunciamento

Finalmente, a 4 de novembro de 1854, o bispo Dom Ginoulhiac publicou o documento fundamental a respeito da Salette, "*Instruction Pastorale et Mandement*". Tão importante quanto o "Mandamento Doutrinal" de Dom Philibert, de 19 de setembro de 1851, confirmado, aliás, por Dom Ginoulhiac.

Elaborado com o esmero científico de um teólogo, e tendo em vista particularmente a obra *Memoire au Pape*, de Cartellier, Dom Ginoulhiac, na "Instrução Pastoral e Mandamento", texto longo e detalhado, analisou ponto por ponto os documentos a respeito da Aparição, reunidos de maneira sistemática a partir do *Dossier* de Dom Philibert.

Em seu documento, o bispo comentou as peregrinações, os milagres e a devoção a Nossa Senhora da Salette; analisou a vida de Ma-

---

[5] Cf. BASSETTE, Louis, *Le Fait de La Salette...*, op. cit., p. 330-332.

ximino e Melânia; examinou as diferentes objeções levantadas; diluiu as críticas de Cartellier; e confirmou inteiramente as decisões de Dom Philibert. As críticas à Aparição e à devoção a Nossa Senhora da Salette foram assim definitivamente sepultadas aos olhares da Igreja. Por fim, no n. 42 do texto, deu um categórico testemunho a respeito do sentido da Aparição: "La Salette, não se pode esquecer, não é uma nova doutrina, ela é uma nova graça".[6]

Pe. Jean Stern MS, ao comentar o documento de Dom Ginoulhiac, afirma:

> Sua argumentação a favor da autenticidade da Aparição, a respeito da qual finalmente ele mesmo também está convicto, é mais completa que a de seu predecessor. Por outro lado, deu a entender que as palavras que circulavam no meio do povo, vistas como se fossem tiradas dos segredos confiados, a 19 de setembro de 1846, pela Virgem Maria a Maximino e Melânia, provinham, na realidade, de fonte inteiramente diferente que a do céu.[7]

Em relação a Melânia e seu "segredo", Dom Ginoulhiac afirma que era preciso distinguir entre a Melânia de antes da Aparição e a Melânia depois do evento. O testemunho da primeira merece confiança porque, tanto ela quanto Maximino, eram pessoas simples, incultas, rigorosamente incapazes de inventar a história da Aparição. As afirmações de Melânia, após a Aparição, são diferentes porque sofreu influências malsãs.

---

[6] Cf. íntegra do "Instruction Pastorale et Mandement", in BASSETTE, Louis, *Le Fait de La Salette...*, op. cit., p. 342-386; e comentários in STERN, Jean MS, *La Salette – Documents authentiques...*, op. cit., vol. III, p. 104-108.

[7] STERN, Jean MS, *L'Evêque de Grenoble...*, op. cit., p. 85.

4. O devoto da Salette

A 9 de agosto de 1853, poucos meses após sua posse como bispo de Grenoble, Dom Ginoulhiac fez sua primeira peregrinação à Montanha da Aparição. Foi recebido pelos primeiros Missionários de Nossa Senhora da Salette, pelo Clero presente e por numerosos peregrinos. O novo bispo ficou muito satisfeito. Abençoou a pedra fundamental da capela construída no local da assunção da Bela Senhora.

Em maio de 1854 subiu novamente à Montanha. Dom Ginoulhiac nutria grande devoção a Maria. Pouco tempo após a publicação de sua *Instrução Pastoral e Mandamento*, teve a graça de participar das grandiosas solenidades celebradas em Roma, a 8 de dezembro do mesmo ano, por ocasião da proclamação do Dogma da Imaculada Conceição. A 29 de dezembro, foi nomeado Assistente do Trono Pontifício.

Em 1855, por ocasião da inauguração da Capela dos Missionários de Nossa Senhora da Salette, na cidade de Grenoble, Dom Ginoulhiac exaltou, diante de um público numeroso, o evento da Salette. A crença plena e madura de Dom Ginoulhiac no Fato da Salette foi declarada na carta de 29 de agosto de 1855, por ele dirigida ao vigário-geral de Orléans, Pe. Desnoyers, citando outra carta sua dirigida ao cardeal De Bonald:

> Quanto mais cuidadosamente estudo as circunstâncias do Fato da Salette, bem como os documentos que a ele dizem respeito, mais me convenço de que:
>
> 1º – todas as suposições até aqui imaginadas e as que eu mesmo pude imaginar para explicar a narrativa das crianças fora de uma intervenção sobrenatural, não têm fundamento e são inverossímeis;
>
> 2º – a prova para essa mesma intervenção possui todas as características e a necessária e suficiente probabilidade para

fundamentar uma devoção cujo objeto é santo, e cujo objetivo é louvável.[8]

No mesmo ano de 1855, no Santuário da Montanha, Dom Ginoulhiac presidiu a celebração do nono aniversário da Aparição, diante de uma multidão de sete a oito mil peregrinos, atestando de novo o evento maravilhoso e declarando sua fé, ao dizer-lhes:

> Voltai a vossos lares, em vossos países, testemunhai por toda parte a verdade da Aparição de nossa boa Mãe nesse local. Proclamai lá nossa fé, que todos saibam nossa íntima convicção. (...) *A missão dos pastores findou, a da Igreja começa.* Eles podem se distanciar, se dispersar no mundo, se tornar infiéis a uma grande graça recebida, nem por isso a Aparição de Maria será demolida, pois ela é certa e nada de posterior a ela poderá retroagir sobre ela.[9]

Dom Ginoulhiac, ao fazer essas afirmações, tinha em mente o *Mandamento Doutrinal* de Dom Philibert, e sabia muito bem que Maximino e Melânia já estavam tendo ideias e atitudes extravagantes naquele momento, sob a influência nefasta de pessoas de mente desequilibrada e visionária.

Em 1856, o bispo voltou a celebrar a Festa da Salette na Montanha. De lá, a 19 de setembro de 1857, enviou uma carta a todo o Clero de Grenoble. Nela Dom Ginoulhiac encerrava a série magistral e decisiva dos pronunciamentos de Dom Philibert e dos seus em relação à Salette. Este estabeleceu a autenticidade da Aparição e da devoção a Nossa Senhora da Salette. Aquele punha por terra a oposição, que não pôde mais se levantar.

---

[8] Id., *La Salette – Documents authentiques...*, op. cit., vol. III, p. 354.
[9] HOSTACHY, Victor MS, *La galerie des portraits...*, vol. I, op. cit., p. 204-205.

O bispo apreciava fazer peregrinações até a Montanha da Salette. A 17 de agosto de 1865 subiu a pé, acompanhado pelos padres Berthier e Archier, dois dentre os primeiros Missionários da Salette. Entretinha-se com eles dizendo-lhes que deviam ser "os representantes da Igreja junto a Maria". A 6 de agosto de 1867, abençoou os sinos do Santuário. A 19 de setembro de 1869 presidiu o 23º aniversário da Aparição. Durante seus últimos anos de episcopado em Grenoble, Dom Ginoulhiac acompanhou de perto a construção do Santuário e anexos, em curso na Santa Montanha.

A última peregrinação de Dom Ginoulhiac à Salette aconteceu num tempo muito difícil. Graves acontecimentos sacudiam a Europa. Tempo de pavor na previsão da Guerra Franco-Alemã, em 1870. Tempo de expectativa eclesial na previsão do Concílio Ecumênico Vaticano I, também em 1870.

Dom Ginoulhiac foi bispo de carregar muitas cruzes na vida episcopal. O Concílio Vaticano I seria mais uma. Preparou-se seriamente para o grande evento eclesial e dele participou com brilhantismo teológico. Fez parte da minoria, de quem foi o doutor mais ouvido e, por isso, criticado. Tomou a palavra em muitas sessões gerais. Defendia suas ideias pessoais com veemência e sincera convicção. Quando se tratou da votação do dogma da Infalibilidade Pontifícia, deu o voto *"non placet"*. Depois explicou que, pessoalmente, não era contra a Infalibilidade Papal, mas achava que o momento não era oportuno para tal definição dogmática. No entanto, acatou serenamente a decisão do Concílio. Não cabe, pois, a acusação de que Dom Ginoulhiac era anti-infalibilista e galicano radical. Giuseppe Alberigo analisa essa discussão vivida no Concílio Vaticano I, a respeito da Infalibilidade Pontifícia.[10]

---

[10] Cf. ALBERIGO, Giuseppe e outros, *História dos Concílios Ecumênicos*, São Paulo, Ed. Paulus, 2005, p. 367-389.

Em 1870, o bispo de Grenoble sucedeu ao cardeal De Bonald como arcebispo de Lyon. Essa nomeação levou o Pe. Victor Hostachy MS a fazer o seguinte comentário, mais tarde:

> Foi uma pequena ironia e uma malícia da Providência levar Dom Ginoulhiac, o hábil e prudente defensor da Salette, a suceder, na cátedra metropolitana de Lyon, o intempestivo cardeal De Bonald, que sempre foi mais ou menos a pedra de tropeço para a Aparição de 19 de setembro de 1846. Quando da tomada de posse e instalação do novo arcebispo, nem sequer foi pronunciado o nome do predecessor.[11]

O decreto da transferência de Dom Ginoulhiac, de Grenoble para Lyon, foi assinado em Roma, a 2 de março de 1870. Sua entronização aconteceu a 11 de agosto, sem ruído nem publicidade. Essa discrição convinha ao caráter do bispo de Grenoble. As graves circunstâncias da época também não recomendavam festividades maiores. Os horrores da guerra e as perturbações da Comuna trouxeram dias difíceis ao novo arcebispo de Lyon. Ele não se contentava em deplorar os males. Com todas as suas forças se doou ao alívio do sofrimento de seus compatriotas oprimidos pela guerra e à libertação dos soldados presos na Alemanha.

No Santuário de Fourvière, em Lyon, Dom Ginoulhiac encontrava a mesma Virgem que tanto havia amado em Salette. Dois anos após sua entronização na Cátedra de Lyon, em 1872, na Festa da Imaculada Conceição, lançou a pedra fundamental para a construção do novo e grandioso templo dedicado a Maria, no bairro de Fourvière, em Lyon.

Com o restabelecimento da paz na Europa, o arcebispo se desdobrou no serviço às comunidades de seu rebanho. Em 1873 organizou e presidiu o Sínodo do Clero da Arquidiocese. Uma obra de sua simpatia,

---

[11] HOSTACHY, Victor MS, *La galerie des portraits...*, vol. I, op. cit., p. 224.

que lhe lembrava a Salette, era a Associação de Nossa Senhora Auxiliadora, transformada em Terceira Ordem Regular de Nossa Senhora da Salette pelo Pe. Giraud, superior-geral dos Missionários Saletinos e grande amigo do arcebispo.

As forças de Dom Ginoulhiac diminuíam gradativamente. Por recomendação de seus médicos, transferiu-se de Lyon para Montpellier, sua terra natal, onde faleceu na manhã de 17 de novembro de 1875. Seu corpo foi levado a Lyon e enterrado na Catedral Primacial da França. Como Dom Philibert havia doado seu coração ao Santuário da Montanha da Salette, Dom Ginoulhiac também quis doar o seu ao Santuário de Fourvière, em Lyon.

Capítulo XIV

OUTROS PASTORES ENVIADOS

Com a transferência de Dom Ginoulhiac para Lyon, em 1870, a Sé Episcopal de Grenoble foi confiada a novo bispo.

1. Dom Paulinier

O novo Pastor Diocesano vinha do sul da França. Passou pouco tempo à frente da diocese de Grenoble. Teve, porém, excelente relacionamento com a Salette. Participou da festa de 19 de setembro de 1870 na Montanha da Aparição e da Primeira Peregrinação Nacional à Salette em 1872, quando fez a consagração dos peregrinos a Nossa Senhora da Salette, durante a celebração da Eucaristia. Em 1875, quando Dom Fava foi nomeado para a diocese de Grenoble, Dom Paulinier foi transferido para Besançon como arcebispo.

2. Dom Fava

Segundo o comentário de Pe. Victor Hostachy MS, Dom Fava "completa a trindade dos grandes bispos da Salette":

1º Dom Philibert de Bruillard foi, por assim dizer, o Pai, decretando a Aparição como "indubitável e certa";

2º Dom Ginoulhiac, o Filho, sofreu e combateu para lhe assegurar o triunfo;

3º Dom Fava, como o Espírito Santo a quem devotava culto especial, foi sua chama comunicativa e sopro propagador: é o bispo missionário da Salette. (...) Os Missionários de La Salette tiveram com ele a oportunidade de se difundirem para longe. Com sua benevolência episcopal, tornaram-se de direito pontifício, tomando uma extensão que lhes permitiu irradiar-se de Roma por sobre o mundo e "fazer passar" por toda a parte a mensagem de 19 de setembro de 1846. Dom Fava bem o mereceu. Dom Philibert de Bruillard foi seu fundador e definidor. Dom Ginoulhiac foi seu organizador e defensor. Dom Fava foi seu eloquente e ardoroso missionário.[1]

Bruillard, Ginoulhiac e Fava formam, pois, a tríade episcopal saletina.

Dom Amand-Joseph Fava nasceu em Evin-Malmaison, na diocese de Arras, a 10 de fevereiro de 1826. Seu pai, Jean-François Fava, era agricultor. Possuía um moinho de vento para moer trigo. Passou seus últimos anos de vida rezando o terço. Devoto de São José, Jean-François construiu um pequeno oratório em sua honra. Nele, o bispo emérito Dom Fava, aos oitenta anos de idade, se recolhia depois do passeio diário.

Jean-François Fava casou com Ernestine Lecomte, com quem teve três filhos e quatro filhas. Uma delas se tornou religiosa. Também tinha duas irmãs religiosas da Providência. Com elas, o menino Amand-Joseph aprendeu as virtudes do devotamento e da abnegação. Duas sobrinhas de Amand-Joseph também eram religiosas. Dois sobrinhos padres foram auxiliares de Dom Fava. Amand-Joseph entrou no Seminário de Cambrai onde fez seus estudos seminarísticos. Um irmão seu

---

[1] Ibid., p. 245.

foi morto na guerra da Argélia, em lugar ignorado. Amand-Joseph prometeu fazer-se missionário na África se o corpo do irmão fosse encontrado. Amand-Joseph sentiu-se vinculado à promessa quando o irmão foi encontrado num hospital.

Queria ser lazarista em Paris e partir para as missões. Por respeito a seus pais, que não desejavam ver o filho tão longe deles, entrou no Seminário Diocesano. A Providência pôs no seu caminho o Pe. Desprez que, admirável por seu devotamento, foi depois nomeado primeiro bispo da Ilha da Reunião, e mais tarde eleito cardeal. Sem tardança, os dois se puseram de acordo para partir em missão. Passando para o Seminário do Espírito Santo em Paris, a 27 de setembro de 1850, o seminarista Amand-Joseph teve como diretor espiritual o Pe. Libermann, Fundador da Congregação dos Padres do Espírito Santo.

A 12 de janeiro de 1851 foi ordenado sacerdote por Dom Desprez. A 7 de março seguinte, o novo bispo e o neossacerdote embarcaram para a colônia francesa de Saint-Denis, onde chegaram a 21 de maio. Ali, o Pe. Fava foi inicialmente nomeado vigário da catedral, depois secretário do bispo. Quatro anos mais tarde, a 31 de dezembro de 1855, foi nomeado vigário-geral da diocese. Como padre, Fava cuidava dos leprosos e dos escravos libertados pelo governo, mas tratados como párias.

Em 1857, Dom Desprez foi chamado de volta à França, para o bispado de Limoges. Levou consigo o Pe. Fava, que sempre sentia um irresistível chamado para as missões. A seguir, Pe. Fava partiu para a Ilha da Reunião, onde chegou a 23 de outubro de 1857. Fez uma viagem missionária pela costa oriental da África: Madagascar, Moçambique, Ilhas Seicheles, Zanzibar. Voltou a Saint-Denis, à Ilha da Reunião, a 3 de outubro de 1858. Sentia a necessidade urgente de ali anunciar o Evangelho. Com essa preocupação, viajou novamente para França, desembarcando em Marselha a 6 de outubro de 1859. Alguns dias depois, foi recebido em audiência por Pio IX e pelo cardeal Banabo, prefeito da *Propaganda Fidei*. Recebeu o título de vice-prefeito apostólico de Zanzibar. Recebido, depois, por Napoleão III, dele recebeu apoio para seu projeto missionário.

De volta a Saint-Denis, o Pe. Fava fez novas viagens a Zanzibar e, a 22 de dezembro de 1860, estabeleceu nesse país uma residência com dois padres e seis religiosas. Celebrou o Natal pela primeira vez nessas terras. Abriu em sua própria residência um abrigo para doentes nativos, uma sala para pronto-socorro, um hospital para os europeus e uma pequena farmácia. Criou escolas para as crianças da cidade. Ao final de 1862 foi obrigado a deixar Zanzibar e retornar a Saint-Denis, onde continuava sendo vigário-geral. Na Ilha da Reunião percorria as vilas, a cavalo e a pé, a serviço da pastoral. Deixou esse posto missionário a 8 de abril de 1871. Os grandes serviços prestados lhe valeram a Medalha da Legião de Honra.

Na época, a Ilha de Martinica, nas Antilhas, América Central, estava sem bispo havia mais de dez anos. Graças à influência de Dom Guibert, bispo de Tours, o Pe. Fava foi nomeado bispo dessa colônia francesa. A Providência quis que seu bispo consagrante fosse Dom Desprez, arcebispo de Toulouse. A ordenação episcopal aconteceu a 25 de julho de 1871, na Catedral de Montauban. Depois, Dom Fava fez uma visita à terra natal, Evin. Seu velho pai de 84 anos se ajoelhou diante do filho bispo para lhe pedir a bênção. Dom Fava o soergueu e lhe disse: "Meu pai, abençoe antes o seu filho, depois eu o abençoarei!". Ansioso por voltar à missão, a 4 de outubro de 1871 desembarcou na Martinica, onde o povo o acolheu com festa. Seu apostolado na ilha foi muito fecundo.

Em 1874, esse infatigável caminheiro do Evangelho fez uma peregrinação a Jerusalém. Foi o primeiro bispo francês a visitar os Lugares

Santos depois da conquista deles por Saladino. Na volta, deteve-se em Roma e Marselha.

O arcebispo de Toulouse, Dom Desprez, mais uma vez interferiu no caminho de Dom Fava. Nova missão o aguardava. Dom Fava, acometido por uma doença tropical, foi então chamado de volta à França para assumir a diocese de Grenoble. Foi nomeado, para tanto, a 3 de agosto de 1875.

A 29 de agosto deixou a Martinica e se dirigiu a Grenoble, onde tomou posse da Sé Episcopal a 18 de novembro seguinte. Foi grande a surpresa da diocese ao ver um bispo vir de tão longe. Um bispo missionário! Em Grenoble se pôs logo ao trabalho pastoral intenso. Por cinco vezes visitou todas as paróquias da diocese.

La Salette não tinha ainda um acesso fácil. Dom Fava, a 13 de junho de 1876, visitou a Montanha, subindo a pé, com a ajuda de um bastão. Os peregrinos presentes o receberam com alegria. No 30º aniversário da Aparição, a 19 de setembro de 1876, o bispo quis solenizar de modo especial a data. Na ocasião publicou sua primeira e admirável *Carta Pastoral* sobre a Salette. Em dois dias de estadia na Montanha, fez oito sermões aos peregrinos, mais a pregação da Via-Sacra numa das noites ali passadas. No dia do aniversário da Aparição, celebrou missa pontifical. Diz Pe. Hostachy: "Como apóstolo verdadeiro, apóstolo da caridade, apóstolo com a Virgem e como a Virgem, Dom Fava se prenunciava como o bispo-missionário por excelência de Nossa Senhora da Salette".[2]

O episcopado de Dom Fava foi repleto de numerosas lutas contra os inimigos da religião, particularmente contra a maçonaria.[3] Deixou-se impregnar pela Mensagem de Nossa Senhora em Salette. Sua obra

---

[2] Ibid., p. 270.

[3] Ibid., p. 313s.

episcopal se tornaria como que um comentário vivo dessa Mensagem. Em suas *Cartas Pastorais* retomava os diferentes temas presentes nas palavras da Bela Senhora. Até o fim de suas forças permaneceu fiel a si mesmo, ao Papa e a Nossa Senhora da Salette. Leão XIII tinha muito apreço por ele.

Em 1896 foram celebradas duas festividades: o cinquentenário da Aparição da Salette e o jubileu de prata de episcopado de Dom Fava. Os dois jubileus coincidiam com o 14º centenário do batismo de Clóvis, Rei dos Francos, em Reims. Na Carta Pastoral para a Quaresma de 1896, Dom Fava lembrou que Grenoble tivera um papel importante na conversão de Clóvis, de Santa Clotilde, sua mãe, e dos francos. Clotilde nasceu em Vienne, diocese de Grenoble. No dia cinquentenário da Aparição, Dom Fava, aos 70 anos de idade, foi ao Santuário da Salette onde celebrou o jubileu episcopal na presença de trezentos padres e cerca de cinco mil peregrinos. O presente maior por ele recebido foi o pálio episcopal, remetido pelo Papa através do cardeal Coullié, arcebispo de Lyon. Obteve ainda de Leão XIII a concessão de indulgência plenária para todos os que visitassem a Basílica da Salette durante o ano jubilar.

Durante o mês de julho de 1897, passou diversos dias no Santuário, acolhendo os peregrinos. Abençoou o grande sino da torre da Basílica, a 17 de julho. Na cerimônia estavam presentes o Pe. Jean Berthier e o Pe. Archier, que haviam fundado a Escola Apostólica junto ao Santuário em 1879. Ao grave som do sino se juntavam as vozes alegres dos seminaristas. Em 1897 a Escola já funcionava em Saint-Joseph, perto de Corps.

Dom Fava viveu uma de suas últimas e grandes alegrias no mês de agosto de 1899, quando um grupo de Missionários de Nossa Senhora da Salette partiu da França para fundar a missão saletina em Madagascar. O venerando bispo já sentia a fadiga recaindo sobre seus ombros. Continuava, no entanto, em sua atividade pastoral. No dia 16 de outubro de 1899 abençoou a tipografia da Casa da Boa Imprensa, em Grenoble, uma das mais belas obras de seu ministério episcopal. Foi seu último ato como bispo. No dia seguinte, a 17 de outubro, às cinco horas da manhã, foi encontrado morto em seu apartamento, por causa de uma embolia. Tinha 73 anos de idade. Seu funeral foi impressionante. O Pe. Hostachy escreveu: "Dom Fava concluiu excelentemente a bela trajetória de seu destino no apostolado missionário e no amor da misericordiosa Virgem Reconciliadora da Salette".[4]

---

[4] Ibid., p. 346.

Parte 2

O NOVO MANDAMENTO

Capítulo I

UM TEMPLO SOBRE ROCHA

1. O Santuário

A 31 de janeiro de 1849, Pe. Louis-Joseph Perrin, pároco de La Salette, em carta a Dom Philibert, expressou o desejo de construir na Montanha da Salette um Santuário servido por uma comunidade residente no local da Aparição. Com esse intento, começou a recolher donativos, antecipando-se ao ato episcopal de 1852. Antes de Pe. Louis, Dom Guibert havia manifestado esse mesmo desejo. No entanto, Dom Philibert de Bruillard não estava tão apressado porque a investigação em torno do Fato da Salette estava em curso. Além disso, era preciso adquirir o terreno para o Santuário antes de qualquer iniciativa de construção.

O terreno onde ocorreu o evento pertencia ao município de La Salette. As negociações com a Câmara Municipal foram longas. Finalmente, a 26 de outubro de 1851 uma área de cinco hectares foi adquirida por Dom Philibert e repassada à diocese de Grenoble. O terreno compreende o local da Aparição, o Santuário e a hospedaria, o cemitério e arredores do Monte Planeau.

Tomadas todas as providências, o contexto estava preparado para as novas decisões: a construção do Santuário e a fundação dos Missionários de Nossa Senhora da Salette. Dom Philibert de Bruillard, então, a 1º de maio de 1852, publicou o novo Mandamento, no início do qual afirma:

> Desde a origem do cristianismo raramente aconteceu que um bispo tenha tido a ocasião de proclamar a verdade de uma Aparição da Augusta Mãe de Deus. Essa felicidade, o Céu nô-la reservou sem que nós pessoalmente a merecêssemos, como prova sensível de sua misericordiosa bondade para com nossos bem-amados diocesanos. É uma *missão* infinitamente honrosa que nos foi dado cumprir; é um *dever* sagrado que tínhamos a cumprir; é um *direito* que nos é conferido pelos santos cânones dos quais tivemos que fazer uso, sob pena de uma resistência culpável à voz do céu e de uma oposição lamentável aos desejos que nos eram expressos de todos os lados.[1]

Depois de enaltecer a graça da Aparição e assinalar a grande repercussão de seu primeiro *Mandamento*, de 19 de setembro de 1851, Dom Philibert acrescenta:

> Entretanto, caros irmãos, nós só cumprimos uma parte da grande missão que o céu nos confiou. Outra, não menos bela, não menos importante para a glória de Deus, para a honra da Virgem Imaculada, para a felicidade de nossa diocese e para o bem da França toda, nos resta cumprir. Para cumpri-la, não pouparemos nem preocupações, nem trabalho, nem sacrifícios, muito felizes por consagrar o resto de nossa longa carreira à fundação de nova peregrinação em honra Daquela que é tão justamente proclamada como

---

[1] In BASSETTE, Louis, *Le Fait de La Salette...*, op. cit., p. 275.

Socorro dos cristãos, Refúgio dos pecadores, Consoladora dos aflitos, Saúde dos enfermos.[2]

Relembra, a seguir:

A peregrinação de Nossa Senhora da Salette já existe e desde a Aparição da bem-aventurada Virgem Maria está em plena atividade. Até agora, é verdade, só há uma pobre capela de tábuas, sem padres especialmente encarregados de lhe prestar serviço. Todos sentiam, porém, a necessidade de se construir um templo nesse lugar privilegiado. (...) Vós o compreendestes, estimados irmãos: trata-se agora da construção de um santuário em honra de nossa augusta Mãe, sobre a montanha privilegiada que ela se dignou honrar com sua presença, sobre a qual ecoou sua celeste voz. Esse santuário deve ser digno da Rainha do céu e um testemunho de nosso reconhecimento para com ela. Digno de nossa diocese privilegiada, da piedosa colaboração que nos encanta, e das generosas ofertas que chegam até nós. Pois, digamo-lo, não é para uma localidade mais ou menos restrita, é para o universo que nós construímos.[3]

Depois acrescenta:

Eis-nos chegados ao belo mês de maio, esse mês consagrado de modo especial ao culto de Maria. (...) Pois bem, queridos irmãos, é esse mês que escolhemos para a bênção e lançamento da primeira pedra do Santuário de Nossa Senhora da Salette. (...) Convidamos um de nossos mais caros

---

[2] Ibid., p. 276.
[3] Ibid., p. 276-277.

colegas a fazer o que nos seria tão gratificante fazermos nós mesmos, pessoalmente, se, mais do que a idade, os sofrimentos habituais no-lo permitissem. (...) Nós vos convidamos igualmente, nossos queridos e bem-amados irmãos, a comparecerdes sobre a Santa Montanha, e a aumentar com vossa piedosa presença a grandeza desse dia que deve alegrar o céu e fazer a terra estremecer de alegria.[4]

Logo após a publicação do *Mandamento Doutrinal* de Dom Philibert, o pároco de La Salette, Pe. Perrin contratou um mestre de obras para explorar a montanha em busca das pedras para a construção do Santuário.

O bispo marcou a data da bênção e lançamento da pedra angular do Santuário para o dia 25 de maio de 1852, e convidou Dom Chartrousse, bispo de Valence e ex-vigário-geral de Grenoble, para presidir a cerimônia, uma vez que ele mesmo, Dom Philibert, em razão de sua idade e estado de saúde, teria dificuldade de se fazer presente. No entanto, apesar de seus 86 anos de idade, participou da solene cerimônia.

Na manhã de 25 de maio, subiu à Montanha da Aparição a cavalo. Ao chegar ao local, foi aclamado por cerca de quinze mil peregrinos. Essa era a primeira visita à "sua montanha querida", como dizia. Apesar da chuva, às 10h00, Dom Philibert e Dom Chartrousse, com os padres presentes, seguiram em procissão até o local do futuro Santuário. Um simples altar de madeira ali fora instalado. Os bispos abençoaram a pedra angular. Numa caixa de chumbo instalada dentro da pedra, foram postas relíquias de São Francisco de Sales e de Santa Joana de Chantal, moedas e medalhas com a data do ano de 1852, cartas de comunidades religiosas e um pergaminho com a ata da cerimônia, escrito em latim e

---

[4] Ibid., p. 277-278.

assinado por Dom Philibert.[5] Finda a cerimônia, foi celebrada a missa. Ao final, depois da bênção do Santíssimo Sacramento, cada paróquia seguiu em procissão, cantando os louvores da Virgem Maria. A cerimônia se prolongou até o meio-dia. Os dois bispos partiram, após um almoço frugal. O dia foi vivido por Dom Philibert como "o coroamento de sua vida episcopal", o mais belo de sua existência.

Depois desse grande e belo acontecimento, o bispo solicitou à Santa Sé alguns favores espirituais: indulgências, missa votiva para a Virgem Maria e outros em benefício do Santuário. A favor da Confraria de Nossa Senhora Reconciliadora da Salette, pediu a confirmação desse nome e sua elevação a arquiconfraria. A Santa Sé atendeu benevolamente a esses pedidos. O Breve Pontifício de 7 de setembro de 1852, pelo qual se erige a arquiconfraria, é o documento mais antigo da Santa Sé a usar o qualificativo de Reconciliadora em relação a Nossa Senhora da Salette. Tornar-se-ia o título litúrgico dessa devoção mariana. O Indulto da Santa Sé, a 2 de dezembro de 1852, autorizou a celebração da memória da Aparição no dia 19 de setembro de cada ano, em todas as igrejas da diocese de Grenoble.

A 29 de dezembro de 1852, Dom Philibert pediu demissão do cargo de bispo de Grenoble. Dom Ginoulhiac foi seu sucessor, a partir de 1853. Sem delongas, Dom Ginoulhiac nomeou uma comissão de obras para a construção do Santuário e confiou sua direção ao arquiteto Alfred Berruyer, que servia à diocese de Grenoble. Pe. Archier, depois primeiro superior-geral dos Missionários de Nossa Senhora da Salette, foi encarregado de administrar as obras. Fora as pedras, retiradas do local, o restante do material de construção era carregado montanha acima em lombo de mulas, num percurso de doze quilômetros de íngremes

---

[5] Cf. texto in BACCELLI, Pe. Dr. Simão MS, *Conheçam La Salette...*, op. cit., p. 237.

trilhas, até chegar ao local situado a 1.800 metros de altitude. Os trabalhos de construção, iniciados em 1852, findaram em 1865, quando o Santuário foi aberto ao público. O Santuário foi construído sem nenhuma ajuda de poderes públicos e sem subscrição financeira para suas obras. A construção contou exclusivamente com a imensa e espontânea generosidade de fiéis, benfeitores, paróquias e dioceses da França.

O lugar da Aparição foi conservado em seu estado natural, a céu aberto. Durante o ano de 1864 foram instaladas as belíssimas estátuas que representam a Aparição, fundidas em bronze pela empresa Creusot, da França, e doadas pelo Conde de Penalver, da Espanha. Foram transportadas com grande esforço até o alto da Montanha da Aparição.

O Santuário, em estilo romano-bizantino, tem três naves, com quarenta e quatro metros e meio de comprimento, quinze de largura e dezoito e meio de altura. Pode acolher duas mil e quinhentas pessoas. Duas filas de colunas em pedra, com blocos de mais de quatro toneladas, sustentam a cobertura. O teto, em cobre, pode resistir às mais fortes tempestades. Duas torres quadradas, encimadas por uma cruz, ladeiam a fachada do Santuário. Até 1866, só havia um pequeno sino para anunciar as cerimônias, mas, a 6 de agosto, Dom Ginoulhiac abençoou outros quatro sinos maiores. Mais três foram instalados a 6 de outubro de 1889. Em 1891 foram postos mais dois, e a 17 de julho de 1897 foi colocado o maior de todos, com três toneladas de peso.

O altar-mor, obra de arte em mármore de Carrara, data de 1866. A artística estátua de Nossa Senhora, posta sobre ele, foi talhada em mármore de Carrara também, e esculpida segundo as determinações da Sagrada Congregação dos Ritos. Objetos sacros artísticos formam o tesouro do Santuário. Um majestoso órgão faz reboar suas harmonias pelas naves do Santuário. Um fino relicário de ouro, contendo um pedaço de pedra sobre a qual a Bela Senhora se assentou no início da

Aparição, é conservado no interior do Santuário. No presbitério, sob lápides de mármore incrustradas na parede, conservam-se religiosamente, de um lado, o coração embalsamado de Maximino Giraud juntamente com o do Conde de Penalver, e do outro, o coração embalsamado de Dom Philibert de Bruillard. Dez capelas laterais foram acrescentadas em 1894, em virtude da grande afluência de peregrinos e de sacerdotes, num tempo em que a missa não era concelebrada.

Depois do Concílio Vaticano II, em virtude das novas orientações litúrgicas, o interior do Santuário sofreu adaptações: um novo altar-mor para a concelebração das missas foi construído, as dez capelas laterais foram suprimidas. O interior do templo recebeu alguns grandes e belos painéis, pintados pelo artista francês Arcabas. Recentemente, foi construída a Capela da Reconciliação, anexa ao Santuário, para ampliar o atendimento litúrgico aos peregrinos.

Anexo ao Santuário, ainda, foram construídos ao longo dos anos prédios para hospedagem dos peregrinos. Diante do Santuário, num cemitério, repousam Missionários Saletinos. O local da Aparição, com a fonte milagrosa e o trajeto percorrido pela Bela Senhora durante a Aparição, desde o início foi cuidadosamente protegido. No interior dessa área foram instaladas as cruzes da Via-Sacra, sugerida pelos primeiros peregrinos ao visitarem o lugar.

2. O povo de Deus peregrino

A partir de 1854, as peregrinações ao local da Aparição da Salette se tornaram cada vez mais frequentes e numerosas. Muitas personalidades, bispos, sacerdotes e leigos visitaram a Montanha bendita. Maximino e Melânia, nos primeiros anos após a Aparição, costumavam acompanhar os peregrinos ao local bendito, para fazer-lhes a narrativa do evento. Diariamente, centenas deles, e milhares ao longo de cada ano, vindos de muitos países europeus e de outros continentes, visitavam o local. Depois da Guerra da Crimeia e do Concílio Vaticano I, em 1870, as peregrinações tiveram sensível crescimento.

Em 1871, grandes peregrinações organizadas, vindas de longe em trens especiais, foram semente para a 1ª Peregrinação Nacional, realizada em 1872 no Santuário da Salette, por ocasião do 25º aniversário da Aparição. A iniciativa foi tomada pelo Pe. Thédenat, pároco em Paris. Chocado com os horrores da Comuna em Paris, Pe. Thédenat se dirigiu a Ars, onde se deteve em meditação sobre a Mensagem da Salette. Surgiu, então, a ideia de congregar, na Montanha da Salette, as delegações de peregrinos vindos de todas as dioceses da França, numa peregrinação verdadeiramente nacional. Os Missionários de Nossa Senhora da Salette incentivaram a ideia. Com o auxílio dos padres Assuncionistas, a peregrinação foi organizada para implorar de Nossa Senhora a salvação da França e a libertação do Papa Pio IX, feito prisioneiro naquele tempo.

Na noite de 20 de agosto de 1872, depois da bênção do Santíssimo Sacramento no Santuário, a multidão, à luz de velas, se dirigiu ao local da Aparição para uma cerimônia improvisada, bela e comovente, na qual mais de cem sacerdotes estavam presentes. No dia seguinte, o número de sacerdotes era cerca de trezentos, junto a uma multidão de aproximadamente 14 mil peregrinos que cantavam e rezavam com grande emoção. Dom Paulinier, bispo de Grenoble, estava entre eles. Maximino fez a narrativa da Aparição. Uma procissão solene carregou, em torno do Monte Planeau, a estátua da Virgem Reconciliadora e se deteve junto à fonte milagrosa onde Dom Paulinier fez vibrante pregação. A cerimônia maior aconteceu a 22 de agosto quando, às 7h00, uma procissão imensa se dirigiu ao Santuário. Dom Paulinier fez a consagração dos peregrinos a Nossa Senhora da Salette, celebrou a missa e lhes deu a bênção.

Ao final de alguns dias de fadiga e de noites mal-dormidas, mas de intensa vibração religiosa, a multidão partiu com lágrimas nos olhos. A partir desse dia, grandes grupos de peregrinos iam ao local da Aparição. Eram acolhidos na hospedaria, pelos Missionários de Nossa Senhora da Salette. Nunca antes a Montanha da Salette fora visitada por tantos sacerdotes.

Em 1873, o Conselho de Peregrinações organizou um mês inteiro de orações públicas e peregrinações ao Santuário. A 21 de agosto foi celebrado o primeiro aniversário da peregrinação nacional. Em muitos Santuários franceses se fez, nessa ocasião, a consagração da França à Virgem Maria. O ano de 1873 foi dos mais eloquentes para a Salette. Depois, por mais de vinte anos, sob a direção dos padres Assuncionistas, partia de Paris a "Peregrinação Nacional de Penitência", para um retiro espiritual na Salette.

O Papa Pio IX, pouco antes de morrer, havia manifestado o desejo de que, em seu pontificado, fosse realizada a cerimônia da coroação da estátua de Nossa Senhora no Santuário. Tal desejo só foi realizado pelo seu sucessor, o Papa Leão XIII.

A 2 de fevereiro de 1879, Dom Fava anunciou à diocese que Leão XIII, por decreto de 19 de janeiro, concedera ao Santuário o título insigne de "Basílica Menor" e determinara a solene coroação da estátua de Nossa Senhora da Salette como "Reconciliadora dos Pecadores", no altar principal da Basílica. Leão XIII delegou o cardeal Guibert, arcebispo de Paris, para representá-lo na solenidade.

A 19 de agosto de 1879, o Santuário foi sagrado por Dom Paulinier, bispo de Besançon e antigo bispo de Grenoble, assistido por quatro outros bispos. No dia seguinte, uma grandiosa procissão carregou o real diadema a ser posto na fronte da estátua de Nossa Senhora da Salette, Reconciliadora dos Pecadores. Na presença de cerca de 20 mil romeiros, de 800 sacerdotes, do cardeal Guibert, de dois outros arcebispos, de sete bispos e de um abade, a dupla cerimônia foi oficiada com grandiosa solenidade. O cardeal Guibert abençoou e coroou a estátua. O vibrante canto do *Te Deum* foi seguido pelo som maravilhoso do carrilhão de sinos. O Pe. Giraud, Missionário de Nossa Senhora da Salette, Dom Mermillod, bispo de Genebra, e Dom Fava, novo bispo de Grenoble, fizeram homilias muito aplaudidas pela multidão presente.

O Santuário-Basílica da Montanha da Aparição, fundado por Dom Philibert de Bruillard, foi por ele confiado aos cuidados da Congregação dos Missionários de Nossa Senhora da Salette. Foi a primeira missão que eles receberam. A essa missão se dedicaram inteiramente ao longo dos anos. Contudo, em 1901 as leis antirreligiosas do governo francês proibiram a existência de comunidades religiosas no país. Os Missionários Saletinos se viram obrigados a deixar o Santuário e a partir para o exílio. Foi um momento difícil para a Congregação, obrigada a deixar o lugar sagrado onde nasceu. Ao final da Segunda Grande Guerra, os Missionários retornaram a esse local bendito, onde a Congregação nasceu, e reassumiram sua missão primeira. Durante mais de quarenta anos o Clero Diocesano de Grenoble os substituiu na direção do Santuário.

Os anos continuaram passando num ritmo intenso de pastoral das peregrinações em Salette. O Santuário-Basílica recebeu melhorias físicas. A hospedaria foi ampliada e modernizada de modo a acolher adequadamente os muitos peregrinos que desejam lá deter-se por mais tempo. Para uma adequada gestão da obra, foi criada a Associação dos Peregrinos da Salette, composta com a diocese de Grenoble, os Missionários e Irmãs de Nossa Senhora da Salette e os muitos leigos e leigas saletinos. Para um serviço mais organizado, além de um corpo de funcionários, voluntários de diferentes países dão generosamente seu tempo para o serviço aos peregrinos.

O povo da diocese de Grenoble tem grande amor a Bela Senhora, na consciência do imenso dom que Deus lhe fez pelo evento maravilhoso da Aparição. Desde muitos anos, o bispo de Grenoble congrega os fiéis da diocese para uma grande peregrinação anual ao Santuário-Basílica da Salette, no mês de setembro.

Na sequência da história desse local bendito, visitantes e peregrinos de muitas culturas e variadas origens, hoje como ontem, fazem da exigente peregrinação montanha acima uma transformadora caminhada interior para, através da Bela Senhora, se encontrar com o Senhor que lhes sugere com brandura: "Deixai-vos reconciliar com Deus" (2Cor 5,20).

Conversões inúmeras e extraordinárias caracterizam de modo especial a Montanha da Salette, ao lado de curas físicas. Os sedentos de Deus ali se congregam. Visitas ilustres fazem parte dessa história. Santos, como São Julião Eymard e o Santo Aníbal di Francia, cardeais, bispos, diplomatas, intelectuais, jovens, crianças e multidões de "pobres de Javé" se fazem peregrinos da Salette para contemplar as maravilhas de Deus no meio de seu povo. São João Bosco, tocado pelo evento da Aparição, publicou uma obra para divulgar o fato e a devoção a Nossa Senhora da Salette. Em 1946, Ano Centenário da Aparição, São João XXIII se fez peregrino da Salette quando era Núncio Apostólico em Paris. Nesse mesmo ano, o Papa Pio XII dirigiu calorosa Mensagem aos peregrinos e aos Missionários de Nossa Senhora da Salette. Em 1996, 150º aniversário da Aparição, São João Paulo II, em sua Mensagem, afirmou que a Salette é mensagem de esperança para o mundo atual. O cardeal Carlo Maria Martini, arcebispo de Milão, mais vezes levou seu presbitério para retiros na Montanha da Salette.

O Santuário-Basílica de Nossa Senhora da Salette tem sido invariavelmente, ao longo dos anos, um ponto de atração de incalculáveis multidões de peregrinos e um foco de irradiação da espiritualidade da Reconciliação. A beleza paisagística do local, a solidão das montanhas, a mística saletina e a pastoral envolvente, lá praticada, atraem cristãos e não cristãos de todos os recantos do mundo. Salette é um "lugar alto" de oração e contemplação. Seu encanto natural, impregnado de mística serenidade, silêncio e paz, convida a uma experiência interior de encontro reconciliador consigo mesmo, com os irmãos peregrinos e com Deus. Deus, através da Bela Senhora, continua realizando maravilhas de conversão e vida nova para seu povo. Ao lado de outros grandes Santuários, como Lourdes, Fátima, Guadalupe e Aparecida, Salette é sinal da presença peregrina de Cristo Jesus que, no meio de seus irmãos e irmãs, caminha na história rumo à plenitude do Reino do Pai.

Capítulo II

O LEGADO DE DOM PHILIBERT: OS MISSIONÁRIOS DA MÃE DA RECONCILIAÇÃO

Para bem compreender a fundação da Congregação dos Missionários de Nossa Senhora da Salette é preciso fazer a distinção entre "evento inspirador" e "ato fundador".

1. A Aparição da Salette: evento inspirador

A Aparição de Nossa Senhora em La Salette alcançou, entre 19 de setembro de 1846 e 1º de maio de 1852, ampla repercussão e aceitação por parte do povo de Deus, e sua aprovação pela Igreja. Nesse período, os Missionários de Nossa Senhora da Salette não existiam ainda.

Na Aparição, a Bela Senhora não se refere a nenhuma eventual fundação de Congregação Religiosa Missionária. A palavra final de Maria, "Pois bem, meus filhos, transmitireis isso a todo o meu povo", tem como destinatários diretos Maximino e Melânia. Indiretamente, os destinatários são todos os cristãos tocados pelo Fato da Salette. No entanto, a Congregação dos Missionários de Nossa Senhora da Salette ali encontrou seu ponto de referência originário.

O bispo de Grenoble, Dom Philibert de Bruillard, inspirando-se na Aparição, intuiu e explicitou seu nexo existencial com a Congregação por ele fundada. Na Aparição percebeu o carisma típico e o sentido da nova Instituição para a Igreja. O Fato da Salette é o "evento inspirador" sem o qual não existiriam os Missionários de Nossa Senhora da Salette. Os Missionários não existiriam, igualmente, sem o inspirado "ato fundador" de Dom Philibert de Bruillard, pelo qual o bispo lhes confiou o cuidado do Santuário da Salette. A atual Congregação não existiria, tampouco, sem a evolução e maturação, corresponsável e participada, do "Corpo de Missionários Diocesanos". O bispo conectou intimamente e para sempre os dois fatos: o evento da Aparição da Salette e a criação de seus Missionários.

2. Os precedentes da fundação

O contexto que levou o bispo de Grenoble a fundar o "Corpo de Missionários Diocesanos" era complexo:

- o Fato da Salette;
- o grande movimento de peregrinações que lá surgiu;
- as inúmeras confissões e conversões;
- os muitos milagres realizados a partir da Fonte Milagrosa;
- a instituição da Confraria de Nossa Senhora da Salette;
- a extraordinária expansão da devoção a Mãe da Reconciliação;
- a falta de sacerdotes para o atendimento pastoral do povo peregrino;
- a impossibilidade de se deixar o fardo das peregrinações à paróquia de La Salette;
- a existência de uma humilde capela no local da Aparição;
- a necessidade de construir um templo adequado no alto da Montanha.

Dom Philibert estava atento a essa realidade. Desde o primeiro aniversário da Aparição, recebia sugestões do Clero Diocesano de Grenoble e de bispos da França no sentido de instituir uma comunidade pastoral a serviço da peregrinação na Montanha da Salette. Alguns sacerdotes da diocese se dispunham a fazer parte dessa eventual comunidade. O próprio arcebispo de Paris, Dom Guibert, solicitava a Dom Philibert que tomasse uma iniciativa a respeito. Em 1851, algumas sugestões incluíam a perspectiva de uma "comunidade religiosa" a serviço da peregrinação.

Dom Philibert, a partir daí, pensava na fundação do "Corpo de Missionários Diocesanos". Embora a expressão não explicitasse inicialmente a ideia de uma comunidade religiosa propriamente dita, não se pode, no entanto, descartá-la da mente de Dom Philibert.

Duas opções se apresentavam ao bispo de Grenoble:

- ou designar auxiliares para o pároco de La Salette na pastoral das peregrinações;
- ou tornar o local da Aparição pastoral e administrativamente autônomo em relação à paróquia, com uma comunidade sacerdotal específica para o serviço aos peregrinos.

Dom Philibert preferiu a segunda opção.

3. O ato fundador de 1º de maio de 1852

Jesus Cristo, ao anunciar o Reino de Deus, congregou junto a si o primeiro "Corpo de Missionários", os Apóstolos, núcleo primordial de sua Igreja. Deu a eles uma "Regra de Vida", o Evangelho, centrada no Mandamento Novo. Deixou-lhes os sinais sacramentais de sua Presença, instituiu entre eles um ordenamento diretivo e os enviou a anunciar a Boa-Nova. À luz do Espírito do Pentecostes, a Igreja encontrou ao longo da história outros elementos necessários para a sua missão, em resposta a urgências pastorais. Entre eles está a Vida Religiosa.

Maria, na Aparição em Salette, referiu-se à Boa-Nova de seu Filho Jesus em função das necessidades de seu povo naquele momento e naquela situação. Pediu a mesma conversão que Cristo proclamou.

Manifestou o mesmo amor compassivo e reconciliador que transparece na palavra e na vida de Jesus. Convocou o seu povo a viver a prática da religião. Sua Aparição tornou-se fonte de inspiração para o surgimento de uma congregação religiosa assinalada pelo Espírito com o carisma da Reconciliação que a Bela Senhora pediu a seu povo.

Dom Philibert, por sua vez, inspirando-se na Aparição e em suas consequências, decidiu criar a nova instituição a serviço da Igreja. Sua intuição episcopal percebia as urgências pastorais que exigiam essa medida. Também entendia que a resposta a elas não podia ser dada por um indivíduo apenas. Era preciso fundar um "Corpo de Missionários Diocesanos".

Por seu *Mandamento*, Dom Philibert decretou a construção do Santuário e, ao mesmo tempo, a fundação dos Missionários de Nossa Senhora da Salette. No primeiro ponto do *Mandamento*, Dom Philibert de Bruillard trata do Santuário. No início do segundo ponto acrescenta:

> No entanto, estimados irmãos, por mais importante que seja a construção de um Santuário, algo de mais importante, ainda, existe: são os Ministros da Religião destinados a dar-lhe atendimento, a acolher os piedosos peregrinos, a fazê-los ouvir a Palavra de Deus, a exercer para com eles o ministério da reconciliação, a administrar-lhes o augusto sacramento de nossos altares e a ser para todos *os dispensadores fiéis dos mistérios de Deus* (1Cor 4,1) e dos tesouros espirituais da Igreja.
> Esses padres serão chamados *Missionários de Nossa Senhora da Salette*. Sua criação e sua existência serão, bem como o próprio Santuário, um monumento eterno, uma lembrança perpétua da Aparição misericordiosa de Maria.
> Esses padres, escolhidos dentre muitos outros para serem os modelos e os auxiliares do clero das cidades e das cam-

panhas, terão uma residência habitual na cidade episcopal. Residirão no alto da montanha durante o período de peregrinação, e durante o inverno evangelizarão as diferentes paróquias da diocese.

Nós instituímos agora, portanto, um corpo de missionários diocesanos a quem queremos dar vigor e crescimento com todas as nossas energias, com todos os nossos sacrifícios, e com a colaboração de nossos piedosos diocesanos, sobretudo, com a de nosso querido Clero.

Esse corpo de missionários é como que o selo com que queremos assinalar as outras obras que, pela graça de Deus, nos foi dado criar. É, por assim dizer, a última página de nosso testamento, é o último legado que queremos deixar a nossos bem-amados diocesanos. É uma lembrança viva que queremos deixar a todas e a cada uma de nossas paróquias. Queremos reviver no meio de vós, estimados irmãos, por meio desses homens respeitáveis que, ao falarem de Deus a vós, vos lembrarão de rezar por nós. (...) Essa sociedade de padres, destinados a se tornarem vossos eficientes auxiliares, que, em vista do futuro, fazem o sacrifício de sua própria pessoa, de sua posição vantajosa, e abraçando a vida pobre, dura, laboriosa do homem apostólico, exige vossa generosa colaboração, bem como a de vossos respeitáveis paroquianos. Eles necessariamente precisarão ter em Grenoble uma casa que lhes sirva de noviciado para formar os jovens padres, onde, no recolhimento e no estudo, se preparam para novas tarefas, e na qual poderão, de forma digna, abrigar-se em sua velhice. (...) Uma das mais belas obras que podereis criar, estimados colaboradores, e isso é possível em muitas paróquias, é a fundação que assegure uma missão para vosso rebanho, a cada oito ou dez anos. (...) A Santa Virgem apareceu em La Salette para todo o universo, quem disso pode duvidar? No entanto, ela apareceu também, de forma especial, para a diocese de Grenoble, que disso tirará duas vantagens inapreciáveis: um novo Santuário a Maria, um corpo de Missionários Diocesanos. Essas duas obras se tornaram possíveis somente por causa da Aparição, e para sempre perpetuarão a lembrança da Aparição.[1]

O texto é denso e breve, teológica e pastoralmente estruturado. Por ele, o bispo define a origem, a identidade e a finalidade da instituição eclesiástica por ele fundada. Estabelece um nexo íntimo, essencial e exclusivo entre a nova entidade eclesial e o evento da Salette com sua Mensagem. Indica seu carisma e espiritualidade, decorrentes da Aparição, com validade canônica, sem se perder, porém, na dimensão jurídica que envolve o ato. Em sua idade avançada, precário estado de saúde e sobrecarga de trabalho pastoral, Dom Philibert não tinha condições de explicitar detalhadamente seu pensamento quanto à espiritualidade, carisma e estruturação do "Corpo de Missionários". Os próprios Missionários tomariam a seu cargo essa tarefa comunitária.

Antes da promulgação do *Mandamento*, o bispo, a 5 de março de 1852, havia adotado a Regra dos Cartuxos de Lyon para ser aplicada ao "Corpo de Missionários Diocesanos". O texto, adaptado para o projeto, previa:

- como objetivo da comunidade, ajudar no ministério pastoral da diocese;
- o voto de obediência ao bispo como primeiro superior da comunidade;

---

[1] In BASSETTE, Louis, *Le Fait de La Salette...*, op. cit., p. 278-279.

- não haveria voto de pobreza, mas o cuidado com os sinais de riqueza;
- um noviciado para exercitar o candidato na vida regular e sacerdotal.

Essa Regra não tratava do voto de castidade, porque era inerente à condição sacerdotal de todos os membros da instituição. Não falava em voto de pobreza, mas recomendava a vivência do espírito de pobreza evangélica.

Ao mesmo tempo, para viabilizar o projeto, Dom Philibert procedia com prudência na escolha dos padres que fariam parte do "Corpo de Missionários". Dentre os sacerdotes mais indicados da diocese de Grenoble, escolheu três para compor a comunidade inicial: Burnoud, Sibillat e Denaz.

No mesmo dia 5 de março de 1852, o bispo outorgou a Regra aos três primeiros "Missionários Diocesanos de Nossa Senhora da Salette". Os três fizeram, entre suas mãos, "a promessa provisória que mais tarde será convertida em voto, de começar a viver e a trabalhar segundo o espírito da regra de nossa nova vocação de Missionários de Nossa Senhora da Salette".[2] Nesse dia, portanto, nasceu efetivamente o "Corpo de Missionários de Nossa Senhora da Salette". Pouco tempo depois, o *Mandamento* de 1º de maio de 1852 tornou oficial a decisão episcopal.

A partir dos indícios prévios, parece claro que a intenção de Dom Philibert era a de fundar, ao menos incoativamente, uma congregação religiosa:

> A iniciativa dessa fundação pertence com certeza a Dom De Bruillard, que queria uma instituição sólida e estável, e pode-se crer que, para assegurar essa solidez e essa estabilidade, ele pensava nos votos religiosos. A questão da Vida Religiosa, porém, não estava madura em novembro de

---

[2] In STERN, Jean MS, *La Salette – Documents authentiques...*, op. cit., vol. III, p. 75.

1852, e sem dúvida menos ainda em maio de 1852, sobretudo da parte dos Missionários.[3]

A Vida Religiosa Saletina, com suas estruturas canônicas, sua espiritualidade, carisma, vida apostólica e comunitária, tem ali sua pré-história. Era preciso, porém, que o "Corpo de Missionários" percorresse um longo caminho para chegar à própria identidade como Comunidade de Vida Religiosa. Era indispensável que vivesse ainda seu tempo de floração e maturação.

Dom Philibert, ao se referir à construção do Santuário, deixou claro que não era, apenas, para uma localidade restrita, e sim para o universo inteiro que o fazia. No texto afirma, ainda, que a Santa Virgem apareceu em La Salette para o mundo inteiro e que, tanto o Santuário quanto os Missionários, só existem por causa da Aparição e para sempre serão sua perpétua memória. Com isso, o bispo dá a entender que o "Corpo de Missionários" levaria a Mensagem de Maria não só à diocese, mas ao mundo todo, conforme o pedido da Bela Senhora. A dimensão universalista da missão ali transparece. Missão que não poderia ser a de um reduzido número de missionários restrito a uma diocese, mas a de uma instituição sólida e estável na forma de comunidade de Vida Religiosa ao serviço da Igreja.

Dom Philibert certamente "visava mais longe que a fundação de um simples corpo de missionários diocesanos. Sua intenção profunda tendia efetivamente para a fundação de uma verdadeira Congregação Religiosa, a dos Missionários de Nossa Senhora da Salette".[4]

---

[3] In NOVEL, Pe. Charles MS, *Du Corps des Missionnaires Diocesains à l'actuelle Congrégation des Missionnaires de Notre-Dame de La Salette*, polígrafo, 1968, p. 11.

[4] In NOVEL, Pe. Charles MS, *Des quatres conférences sur l'historie de la Congrégation des Missionnaires de Notre-Dame de La Salette*, polígrafo s/d, p.13).

O "Corpo de Missionários Diocesanos de Nossa Senhora da Salette", ao longo de seus primeiros anos de existência, com muito empenho e sofrimento se organizou internamente, evoluiu e se tornou efetivamente uma Congregação Religiosa de Direito Pontifício.

Pe. Gian Matteo Roggio MS, teólogo saletino italiano, comenta:

> Dom De Bruillard pensou, quis e fundou uma comunidade de sacerdotes que levasse adiante a memória e a profecia da Aparição: é evidente, pois, que em seu pensamento e em suas intenções a memória e a profecia da Aparição não estão presas a Maximino e Melânia. É precisamente esse fato que o leva à fundação dos Missionários de Nossa Senhora da Salette: eles não nascem para serem "suplentes qualificados" desses dois jovens, particularmente de Melânia, mas nascem em razão da peculiaridade do evento e de seu caráter geneticamente eclesial, que atinge singularmente a pessoa das crianças. (...) Dom De Bruillard recebeu o dom pessoal de criar uma família evangélica na Igreja: o coração de sua inspiração é o homem apostólico, o homem assinalado pelo apostolado. Em suas intenções, publicamente perceptíveis no *Mandamento* de maio de 1852, o missionário de Nossa Senhora da Salette é principalmente (e essencialmente) um apóstolo, plena e voluntariamente inserido na vida apostólica. É esta insistência substancial e essencial sobre a vida apostólica que o leva a dar vida a uma comunidade evangélica. (...) Esse gênero de vida e o serviço na comunidade vêm condensados na Aparição. (...) A Aparição é o carisma próprio daquilo que a Congregação se tornará a seguir.[5]

---

[5] In ROGGIO, Pe. Gian Matteo MS, *Osservazioni relative al volume "Découverte du secret de La Salette"*, polígrafo s/d, p. 12-13.

Pe. Novel acrescenta:

> Dom Philibert de Bruillard recebeu o carisma de fundador: ele fundou os Missionários de Nossa Senhora da Salette, mas não lhes deixou nenhuma Regra, a não ser um projeto provisório, nem mesmo algum escrito onde buscaríamos nosso espírito. No entanto, seu carisma de bispo e seu carisma de fundador se unem no fato de nos indicar onde devemos buscar nosso espírito, isto é, na Mensagem de Nossa Senhora da Salette, como ele quer sinalizar pelo nome que nos deu. (...) Enquanto nosso bispo fundador, ele nos indica a "Mensagem" de Nossa Senhora da Salette como fonte de nossa espiritualidade.[6]

4. Os pioneiros

Segundo a determinação de Dom Philibert, os três pioneiros, Burnoud, Sibillat e Denaz, estariam a serviço das peregrinações no Santuário durante o verão, e durante o inverno se dedicariam ao anúncio do Evangelho, à transmissão da Mensagem da Bela Senhora e à pregação de missões e retiros nas paróquias da diocese de Grenoble. O "Corpo de Missionários" foi, portanto, fundado explicitamente para o apostolado. Seus membros foram enviados para ser anunciadores da Palavra, ministros da Eucaristia e da Reconciliação, com a missão suplementar de transmitirem a Mensagem da Aparição; missão que passava oficialmente das mãos de Maximino e Melânia para a responsabilidade da Igreja, como diria depois Dom Ginoulhiac. O ponto de referência do apostolado do "Corpo de Missionários", pois, além de Jesus e seu Evangelho, é a pessoa da Bela Senhora e sua Mensagem, e não a pessoa dos dois jovens.

Logo após a fundação, os três pioneiros se instalaram no alto do Monte Planeau, local da Aparição. Burnoud era seu superior. Três ca-

---

[6] In NOVEL, Pe. Charles MS, *Des quatre conférences...*, op. cit., p. 2-3.4.5.

sebres e uma pequena capela, tudo em madeira, acolheram os pioneiros. A pobreza era grande, e rude o clima da montanha. A mútua estima compensava, porém, as agruras da meteorologia e do trabalho.

As obras de construção do Santuário iniciaram-se. Desde o dia 25 de maio de 1852, dia do lançamento da pedra fundamental, os pioneiros lá estavam. Nesse dia acolheram o bispo e a multidão de peregrinos. Longas filas de penitentes logo se formaram junto aos confessionários. O trabalho pastoral dos pioneiros era intenso. No começo do inverno de 1852, os três desceram à casa paroquial de La Salette, onde permaneceram até a primavera de 1853, quando retomaram o posto no local da Aparição.

Segundo Dom Philibert, havia outros padres diocesanos dispostos a entrarem na nova sociedade missionária. Dois se inseriram efetivamente no grupo, durante o ano de 1852: os padres Bonvallet e Archier. Num retiro pregado ao "Corpo de Missionários", no final desse mesmo ano, o bispo lhes propôs a profissão do voto de pobreza, somado às outras diretivas indicadas na Regra provisória que lhes havia outorgado. A resposta dos retirantes foi acolhedora, apesar de não terem ainda a estabilidade institucional necessária para a vivência da pobreza religiosa. Embora não tenham usado a expressão "Vida Religiosa" em sua resposta ao bispo, seu espírito manifestava-se aberto à ideia da vivência dos três votos religiosos.

A 29 de dezembro de 1852, Dom Philibert solicitou à Santa Sé a demissão oficial do cargo de bispo de Grenoble. No mesmo ato desligou-se formalmente do "Corpo de Missionários Diocesanos", que passaria aos cuidados do novo bispo. Dom Philibert, porém, manteve sempre paternal e carinhoso relacionamento com a Congregação por ele fundada.[7]

---

[7] Cf. STERN, Jean MS, *L'Evêque de Grenoble...*, op. cit., p. 79.

A 7 de maio de 1853, o novo bispo, Dom Ginoulhiac, assumiu a direção da Sé Episcopal de Grenoble. Por esse tempo, diversos outros padres diocesanos viveram uma experiência pastoral no local da Aparição: em 1853, o padre Richard; em 1854, Chavrier, Berlioz e Albertin; em 1856, Bossan; em 1857, Buisson e Petit. À medida que uns deixavam o posto, outros eram enviados por Dom Ginoulhiac para substituí-los. Foram tempos de instabilidade na composição do "Corpo de Missionários".

A instabilidade tinha diferentes motivações. Todos os membros do "Corpo" eram sacerdotes diocesanos, não tinham, portanto, experiência de vida comunitária. As exigências da vida comum criavam dificuldades. Nem todos se adaptavam às difíceis condições de vida e trabalho pastoral na Montanha da Aparição. A boa vontade e dedicação, no entanto, eram admiráveis. Os Missionários eram excelentes pessoas, zelosos sacerdotes, encantados pela Salette. Todos tinham seu ideal, mas sem a prática de vivê-lo em comunidade. Eram personalidades fortes, com diferentes concepções de vida comunitária. Desejavam maior autonomia em relação à diocese e mais estabilidade para o melhor desempenho da missão recebida. A ideia de Vida Religiosa persistia entre eles, apesar de todas as dificuldades. Por sua vez, a Regra de Vida não satisfazia a seus membros. Não contemplava todas as exigências da vida comunitária. A falta de legislação clara e necessária criava conflitos internos. Diante dessa situação, houve quem propusesse projetos de nova Regra de Vida. Por suas incongruências, porém, não foram aceitos nem pelo conjunto dos membros do "Corpo de Missionários" nem pelo bispo diocesano, Dom Ginoulhiac.

Em 1855, Pe. Archier e Pe. Denaz propuseram explicitamente ao bispo a adoção da Vida Religiosa, com uma Regra de Vida apropriada. Era o caminho para a superação dos conflitos internos. Dom Ginoulhiac acatou a ideia e logo encaminhou a redação de um projeto de Regra, com a ajuda de seu vigário-geral, Pe. Orcel. Durante o retiro pregado pelo bispo aos membros do "Corpo Missionário", em fevereiro de 1857, apresentou-lhes o projeto para que o analisassem. Nem todos concordaram. O bispo, porém, manteve sua proposta, de forma que, a 8 de novembro de 1857, convocou os Missionários a que optassem, uma vez por todas, entre deixar o grupo ou emitir os votos religiosos segundo a Regra apresentada, para assim constituir uma Congregação Religiosa de Direito Diocesano. A nova Regra, mais completa e adequada para a Vida Religiosa desejada, foi adotada em substituição à de Dom Philibert.

A data para a primeira profissão foi marcada pelo bispo para o dia 2 de fevereiro de 1858. O "Corpo de Missionários" nesse momento era composto de seis sacerdotes. Todos professaram nesse dia, constituindo a primeira Comunidade Religiosa de Direito Diocesano dos Missionários de Nossa Senhora da Salette: Archier, Berlioz, Albertin, Buisson, Petit e Bossan. A cerimônia foi realizada na presença de Dom Ginoulhiac, no Palácio Episcopal de Grenoble, com a presença dos vigários-gerais da diocese. Os votos foram emitidos por um ano, segundo as determinações da nova Regra. Com a profissão dos votos, o "Corpo de Missionários Diocesanos" se tornou Congregação Religiosa de Direito Diocesano, sob a direção do bispo de Grenoble.

Estranhamente, nenhum dos três pioneiros professou. Cada um tinha suas razões pessoais. Dois dentre eles, Burnoud e Sibillat, tinham-se desligado do "Corpo de Missionários" e haviam assumido outros serviços pastorais na diocese. Pe. Denaz, o terceiro, desejava fazer-se religioso como membro da equipe. Morreu, porém, durante o ano de noviciado, em abril de 1857.

Em novembro de 1858, Pe. Silvano Maria Giraud, grande místico e orador, entrou na nova Congregação, seguido pelo Pe. Henri Berthier, em 1864, e, em 1865, por seu irmão, Pe. Jéan Berthier, fundador dos Missionários da Sagrada Família.

Nessa época, por influência de Pe. Giraud, alguns dentre os Missionários desejavam dar à Congregação um caráter contemplativo, com a adoção de formas rigorosas de vida comunitária, segundo o modelo da vida monástica. A Aparição da Salette lhes apresentava razões suficientes para adotar esse estilo de Vida Religiosa. Os outros queriam a manutenção da forma apostólica, porque viam na Aparição razões claras e suficientes para tanto. A seu ver, a vida contemplativa tolheria o pleno exercício do ministério sacerdotal junto aos peregrinos. A discussão interna se prolongou. Só no Capítulo Geral da Congregação, em 1876, foi superada a questão com a adoção plena e definitiva da forma de Vida Religiosa Apostólica. Nesse mesmo Capítulo também foram feitas algumas revisões na Regra, tidas como necessárias para os rumos da Congregação, o que lhe deu a configuração canônica completa de que precisava.

Em 1870 Dom Ginoulhiac foi nomeado arcebispo de Lyon. A responsabilidade de orientar a nova Congregação diocesana passou a seu sucessor, Dom Paulinier. Poucos anos depois, Dom Paulinier, a 3 de agosto de 1875, foi substituído por Dom Amand-Joseph Fava, que logo assumiu a causa da Salette e de seus Missionários. A Congregação dos Missionários de Nossa Senhora da Salette ainda estava ligada exclusivamente à diocese de Grenoble. Como fervoroso Missionário, Dom Fava incutiu na Congregação uma generosa abertura para o grande mundo precisado do anúncio do Evangelho.

A Providência tinha seus caminhos que levariam a Congregação à missão universal. Dom Bernard, bispo na distante Noruega, precisava de sacerdotes para sua Igreja local. Conhecendo os Missionários de Nossa Senhora da Salette, convidou-os para irem à Noruega. A situação canônica da Congregação, de Direito Diocesano ainda, não lhe permitia, porém, dar esse passo.

Em 1879, Dom Fava, acompanhado pelo Pe. Henrique Berthier MS, foi recebido em audiência pelo Papa Leão XIII. Na conversação, o

Papa perguntou se a Congregação tinha uma Regra de Vida elaborada. Pe. Berthier trazia consigo uma cópia da Regra aprovada pelo Capítulo Geral, em 1876, e a entregou imediatamente ao Papa. Leão XIII a encaminhou ao Dicastério Romano competente, para sua aprovação pontifícia. A Congregação dos Missionários de Nossa Senhora da Salette foi elevada, a seguir, à categoria de Direito Pontifício. Com isso, abriam-se as portas para as missões no estrangeiro.

Consequentemente, a missão na Noruega pôde ser assumida. Depois de dez anos de grande dedicação, os Missionários deixaram essa missão por razões pastorais independentes de sua vontade. Por sua vez, Dom Bernard afastou-se da diocese, retornou para a França e se tornou membro da Congregação dos Missionários Saletinos. As circunstâncias, nesse momento, favoreceram a expansão da Congregação para outros países e continentes. Uma das últimas alegrias de Dom Fava foi a partida de um grupo de Missionários Saletinos para Madagascar, em agosto de 1899. Esse foi o momento providencial para a partida de Missionários de Nossa Senhora da Salette também para os Estados Unidos, para a Polônia e a Suíça, e a seguir para o Brasil. Hoje a Congregação, com cerca de mil membros, desempenha sua missão evangelizadora de Reconciliação em vinte e seis países, atuando particularmente em santuários saletinos e paróquias.

Inspirada no Fato e Mensagem da Aparição da Bela Senhora, a Congregação em sua configuração atual é o resultado da evolução interna dos pioneiros e de seus sucessores, na linha de Dom Philibert, o Fundador, e de Dom Ginoulhiac e Dom Fava: "Se Dom Philibert de Bruillard foi o fundador e definidor dos Missionários de Nossa Senhora da Salette, se Dom Ginoulhiac foi seu construtor e defensor, Dom Fava permanecerá como seu eloquente e ardente missionário".[8]

---

[8] In HOSTACHY, Victor MS, *La galerie des portraits...*, op. cit., vol. I, p. 245.

Essa "tríade episcopal saletina" definiu os rumos da Congregação que, mais tarde, à luz do Concílio Vaticano II, se adaptou às novas orientações eclesiais.

5. O carisma

Segundo a teologia paulina, são muitos os "carismas" ou "dons de amor" que Deus livre e bondosamente concede a pessoas e a instituições eclesiais para o bem de todo o seu povo. O carisma da Reconciliação é objeto de especial consideração por parte de Paulo em relação a um contexto eclesial sob seus cuidados, necessitado de reconciliação. Disso dá testemunho na Segunda Carta aos Coríntios 5,17-21, e em outros textos.

O carisma concedido a uma instituição eclesial é o benévolo e divino sopro de vida que a anima e dá sentido à missão para a qual é convocada. Vocação, carisma, consagração e missão formam o conjunto que dá especificidade a uma Congregação fundada para dar testemunho do amor de Deus para com seu povo.

O evento extraordinário de 19 de setembro de 1846 é o núcleo inspirador da intuição espiritual e pastoral de Dom Philibert de Bruillard, ao decidir pela construção de um Santuário e fundação dos Missionários de Nossa Senhora da Salette. É idêntica a corrente vital da graça que corre nas veias dos dois eventos. As raízes profundas do carisma e da missão da Congregação se encontram na Mensagem da Bela Senhora e no Fato da Salette, lidos à luz da Palavra de Deus. A Congregação recebeu esse dom amoroso do Pai por meio de Maria, a Mãe da Reconciliação. Em Salette, ela acena para o mistério reconciliador que Deus realiza com seu povo disperso, convocado à conversão. A Reconciliação, dimensão teológica e pastoral esquecida pela prática eclesial desde a Idade Média, foi reavivada a partir do extraordinário movimento de peregrinações e conversões que o Fato da Salette propiciou. O carisma da Reconciliação se tornou o cerne vital da Congregação dos Missionários de Nossa Senhora da Salette.

Em sua imensa riqueza sobrenatural, a Aparição desde o início foi lida como renovada manifestação da infinita misericórdia de Deus, através da compaixão da Virgem Mãe Maria ante o pecado e o sofrimento de seu povo. Misericórdia e compaixão que clamam pela conversão do povo, na esperança de que se deixe reconciliar com Deus.

As atitudes da Bela Senhora e sua evangélica Mensagem revelam esse mistério de misericórdia e compaixão: seu materno chamado para os filhos estarem junto à Mãe, sua compassiva solidariedade ante os sofrimentos do povo, a convocação para uma confiante submissão ao Filho Jesus, a denúncia dos males praticados, a certeza da misteriosa e amorosa presença de Deus junto a seu povo, o anúncio de nova realidade humana construída pela conversão, o envio para a transmissão da "grande nova". Essa é a graça da Reconciliação, graça de que fala Dom Ginoulhiac em sua *Instrução Pastoral e Mandamento*, de 1854, ao afirmar: "A Salette, é preciso não esquecer, não é uma nova doutrina, ela é uma nova graça!".[9]

A graça da Reconciliação é a "grande nova" de Maria em Salette e constitui o carisma de seus missionários.

Na mente de Dom Philibert, a origem do Santuário e a existência dos Missionários estão intimamente ligadas ao Fato da Aparição:

> Sua criação e sua existência (dos Missionários) serão, como o próprio Santuário, um monumento eterno, uma lembrança perpétua da Aparição misericordiosa de Maria. (...) Essas duas obras só se tornaram possíveis em virtude da Aparição, e para sempre perpetuarão a lembrança da Aparição.[10]

---

[9] In BASSETTE, Louis, *Le Fait de La Salette...*, op. cit., p. 373.

[10] Ibid. Mandamento de 1º de maio de 1852, p. 275-280.

A finalidade do Instituto Missionário é descrita no mesmo *Mandamento*:

> São ministros da religião destinados a servi-lo (o Santuário), a acolher os piedosos peregrinos, a anunciar-lhes a Palavra de Deus, a exercer para com eles *o ministério da Reconciliação*, a lhes administrar o augusto sacramento dos nossos altares e a ser para todos os fiéis os dispensadores dos mistérios de Deus (1Cor 4,1) e dos tesouros espirituais da Igreja (...). Esses padres, escolhidos entre muitos outros para serem modelo e auxiliares do Clero das vilas e campanhas (...), estarão sediados na montanha durante a estação de peregrinações e, durante o inverno, evangelizarão as diferentes paróquias da diocese...[11]

Três características marcam a existência e a espiritualidade dos Missionários de Nossa Senhora da Salette:

- *mariana:* os Missionários, como "perpétua lembrança da Aparição misericordiosa de Maria", na expressão de Dom Philibert, são chamados a viver do espírito marial;
- *reconciliadora:* o mistério da Reconciliação é o selo impresso pelo bispo no coração da comunidade eclesial por ele fundada;
- *missionária:* a missão foi assumida e vivida pelo "Corpo de Missionários" desde sua origem, tanto junto aos peregrinos no local da Aparição quanto na diocese de Grenoble, e mais tarde também em terras de missão.

Esse carisma foi expresso de maneira variada nas sucessivas Regras de Vida dos Missionários de Nossa Senhora da Salette ao longo de sua história. Paulatinamente percorreram seu caminho em busca de maior compreensão. O caminho recebeu especial iluminação por parte do Concílio Vaticano II. Sob a influência das Conferências Episcopais

---

[11] In BASSETTE, Louis, *Le Fait de La Salette...*, op. cit., p. 275-280.

da Igreja na América Latina, a Província dos Missionários de Nossa Senhora da Salette, no Brasil, intuiu maior extensão para o conceito de Reconciliação. Entendida também como Reconciliação Libertadora, leva em conta as fraturas pessoais, familiares e sociais para a superação de toda e qualquer divisão, injustiça e opressão. Onde há conflitos humanos, a Reconciliação se faz exigência do Reino de Deus. O Êxodo, as Cartas de Paulo aos Coríntios e aos Efésios conduzem a essa compreensão. O Reino de Deus clama por missionários que exerçam o encargo de embaixadores, para que, em nome de Cristo, proclamem a Boa-Nova da Reconciliação (2Cor 5,20). É tarefa confiada à Igreja toda e, nela e com ela, à Congregação dos Missionários de Nossa Senhora da Salette.

6. A missão

O *Mandamento* de Dom Philibert, a 1º de maio de 1852, delegou ao "Corpo de Missionários" a tarefa de servir os peregrinos junto ao Santuário, sendo pregadores da Palavra do Senhor, anunciadores da Mensagem da Bela Senhora, ministros da Reconciliação e da Eucaristia, dispensadores fiéis dos mistérios de Deus, modelos do Clero e seus auxiliares pela pregação de missões e retiros nas paróquias da Igreja local de Grenoble.

Inspirado na Aparição, Pe. Denaz, um dos pioneiros, em carta a Dom Ginoulhiac a 4 de agosto de 1855, assinalou um aspecto importante para a missão da Congregação: "O objetivo da divina Mensageira deve ser o de opor aos males da sociedade um remédio específico".[12] Essa intuição abriu a porta para uma pastoral sem fronteiras. Os Missionários foram convidados a se dirigir ao mundo fraturado pelo pecado e necessitado de conversão. Era preciso descer da montanha da contemplação e se confrontar com os males de todo tipo que inundam a baixada humana, em qualquer época da história. Vasto, pois, é o campo do ministério de Reconciliação. A dimensão extensa da missão da Congregação apareceu aos

---

[12] In JAOUEN, Jean MS, *Les Missionnaires de Notre-Dame de La Salette*, Grasset Éditeur, 1953, p. 38.

poucos nos textos constitucionais, à medida que as circunstâncias eclesiais possibilitaram a ampliação do projeto pastoral saletino.

A primeira Regra da Congregação, em 1852, assinalava como objetivo o serviço ao Santuário, as missões paroquiais e retiros, a direção de Seminários Menores e o ensino à juventude. A de 1858 acrescentou a missão em outros locais, conforme as indicações da Providência. Para a Regra de 1876, a missão da Congregação era a conversão dos pecadores, o serviço à peregrinação da Santa Montanha e de outros Santuários dedicados a Nossa Senhora da Salette, os retiros e as missões paroquiais para a superação dos males existentes. O encargo direto de paróquias foi igualmente assumido. A missão *ad gentes* faz parte do programa apostólico da Congregação desde a partida para a Noruega, em 1879, e para outros países a seguir. Essas indicações para a missão da Congregação se mantiveram ao longo dos tempos, com variações literárias, apenas.

A Regra atual, aprovada pelo Capítulo Geral de 1982, define como objetivos da Congregação: a reconciliação; a libertação de todos os seres humanos segundo a vontade do Pai; a vivência da fé; o anúncio da Boa-Nova onde não é conhecida; o diálogo inter-religioso; a luta contra os males que se opõem ao desígnio de Deus e à dignidade humana. Nesse conjunto de atividades, a Regra destaca o incomparável papel de Maria na vida do povo de Deus.

Nesse caminho iluminado pelo Espírito de Cristo e pelo testemunho da Virgem Maria, a arquiconfraria de Nossa Senhora da Salette, as Irmãs de Nossa Senhora da Salette e os leigos e as leigas saletinos se unem aos Missionários de Nossa Senhora da Salette na realização de sua missão reconciliadora, em atenção à palavra da Bela Senhora: "Pois bem, meus filhos, transmitireis isso a todo o meu povo!".

Capítulo III

A MISSÃO SALETINA NO BRASIL

1. Os primórdios da missão

Antes da perseguição às comunidades religiosas na França, os saletinos haviam partido para a missão na Noruega, em 1879. Com a saída da Noruega, em 1890, alargaram o horizonte missionário até Madagascar, Estados Unidos e Polônia. A missão saletina no Brasil, aberta pelo Pe. Clemente Henrique Moussier MS, surgiu nesse momento histórico.

Pe. Clemente, filho de Jean e Josephine-Sophie Jamier, era natural de Ablandens, uma das aldeias de La Salette, no sopé da Montanha da Aparição. Nasceu a 26 de setembro de 1860. Na aldeia natal, o pai Jean, com os conterrâneos Pierre Selme e Jéan-Baptiste Pra, assentou por escrito, pela primeira vez, a narrativa da Aparição feita por Melânia na noite de 20 de setembro de 1846, dia seguinte à Aparição.

O amor filial a Nossa Senhora da Salette levou o menino Clemente Henrique a sentir-se chamado por Deus para comunicar ao povo a Mensagem da Mãe da Reconciliação. Em 1876 entrou na Escola Apostólica, fundada naquele ano junto ao Santuário da Salette. A 31 de maio de 1885 foi ordenado sacerdote.

Tomado de zelo missionário, Pe. Moussier fez parte do primeiro grupo de saletinos enviados à América do Norte em 1892. Ouvindo lá falar das carências materiais e religiosas do povo brasileiro, sentiu-se chamado a trabalhar no Brasil. O assunto foi objeto de troca de correspondência iniciada durante os meses de maio e junho de 1893, entre a superiora provincial das Irmãs de São José de Chambéry, em São Paulo, Madre Maria Teodora Voiron, cujo processo de beatificação está em andamento, o superior-geral dos Missionários de Nossa Senhora da Salette, Pe. Auguste Chapuy MS, e o bispo coadjutor de São Paulo, Dom Joaquim Arcoverde de Albuquerque Cavalcanti. Depois de longo processo de discernimento, o novo superior-geral, Pe. Joseph Perrin MS, finalmente concedeu a Pe. Moussier a permissão de deixar os Estados Unidos e assumir o novo posto de missão. O missionário, então, foi à França para um retiro na Montanha da Salette. Depois tomou o navio para o Brasil.

2. A missão em São Paulo

Pe. Moussier desembarcou no porto de Santos, em São Paulo, a 18 de dezembro de 1902. Foi a Itu e depois a Jaú, no interior de São Paulo, onde, enquanto aprendia a falar a língua portuguesa, atendia como capelão os colégios das Irmãs de São José de Chambéry. Em busca de estabilidade para si e para os confrades que receberia a seguir, dirigiu-se à capital de São Paulo. Foi recebido pelo arcebispo Dom José de Camargo Barros, que, em 1904, lhe confiou a paróquia no bairro de Santana, cuja pobreza tocou seu coração de missionário. A paróquia, a única na zona norte da capital naquela época, não possuía nem igreja matriz nem casa paroquial. O pároco Pe. Moussier se instalou, então, junto ao colégio das Irmãs de São José, no Alto Santana. Ali acolheria, pouco tempo depois, os confrades chegados da Europa. Tendo, ao lado do colégio, a capela

Santa Cruz como base pastoral, Pe. Moussier entregou-se ao trabalho paroquial e à construção da igreja matriz. Animado por grande amor a Nossa Senhora da Salette, promoveu a devoção saletina, com novenas e procissões, solenizando a celebração do aniversário da Aparição no mês de setembro de cada ano.

Com a chegada de novos confrades, a missão saletina se estendeu para Santa Cruz das Palmeiras, no interior do estado de São Paulo. No entanto, em 1914, três Missionários Saletinos franceses atuando no Brasil foram convocados pelo governo da França para a Primeira Guerra Mundial. Por causa disso, e em virtude do começo da missão saletina no Rio de Janeiro, a paróquia de Santa Cruz das Palmeiras foi repassada à diocese. A missão saletina em São Paulo ficou reduzida à paróquia de Santana, na capital. Mais tarde, com a instituição da Região Episcopal da Zona Norte da cidade de São Paulo, a igreja matriz de Santana foi elevada a concatedral. Em 1986 a paróquia foi, por isso, entregue ao cuidado do Clero Diocesano.

Antes disso, em 1934 a Região Saletina no Brasil havia sido elevada a Província, com o título de "Imaculada Conceição". A sede, situada inicialmente em São Paulo, foi transferida para Curitiba, Paraná, na década de 1990.

Em 1942, a Província Imaculada Conceição sentia a necessidade de ter em São Paulo uma sede própria e estável. Conversações entre o superior provincial, Pe. Celestino Crozet MS, e o arcebispo de São Paulo, Dom José Gaspar de Affonseca e Silva, resultaram na fundação de nova paróquia, confiada de forma permanente aos Missionários Saletinos. Pe. Fidélis Willy MS foi seu primeiro pároco. Dedicada a Nossa Senhora da Salette, a paróquia-santuário se tornou centro de irradiação da devoção saletina, com valioso trabalho de assistência social. Em sua dimensão missionária também expande a devoção da Salette a outras regiões do Brasil e do exterior, como, p. ex., em Cuba, em cujo Santuário Nacional foi instalada uma estátua de Nossa Senhora da Salette.

Nova paróquia, confiada aos Missionários Saletinos pelo cardeal arcebispo Dom Paulo Evaristo Arns OFM, foi criada em 1972, no bairro da Vila Paulistana, na capital. A paróquia, dedicada a Nossa Senhora do Carmo, viveu uma pastoral inserida em meio a fortes movimentos populares. Junto a ela se instalou uma casa de formação de novos Missionários Saletinos, mais tarde deslocada para outro bairro da capital. Na região norte da cidade, foi criado um centro de apoio a pessoas com necessidades especiais, transformado depois em casa de retiros e de encontros para movimentos eclesiais.

Com a nomeação de Dom Demétrio Valentini para a diocese de Jales, São Paulo, a Província Imaculada Conceição, em 1985, foi convidada a prestar ajuda pastoral a essa diocese carente de sacerdotes. Os municípios de Indiaporã, Ouro Oeste e Populina estiveram aos cuidados dos Missionários Saletinos até 1992.

3. A missão no Rio de Janeiro

Pe. Moussier, em 1912, partiu de São Paulo para o Rio de Janeiro. Era superior regional dos Missionários Saletinos no Brasil. Em seu intuito missionário, queria fundar um Santuário dedicado a Nossa Senhora da Salette na então Capital Federal. Depois de tratar do assunto com o arcebispo do Rio de Janeiro, o cardeal Joaquim Arcoverde de Albuquerque Cavalcanti, a paróquia-santuário foi fundada, em 1914, no Catumbi, bairro marcado pela pobreza. Pe. Moussier, que já cuidava da paróquia do Santo Cristo nas proximidades, assumiu com zelo saletino também a tarefa de organizar e dirigir a nova paróquia. Em 1916 iniciou a construção do Santuário. Em janeiro de 1917, fundou a revista *O Mensageiro de Nossa Senhora da Salette*, hoje editada sob o título de *Salette*, em Marcelino Ramos/RS.

Nos tempos da Primeira Guerra Mundial de 1914, a gripe espanhola grassava na cidade do Rio de Janeiro e três Missionários Saletinos franceses atuando no Brasil foram convocados para o campo de batalha na França: Pe. Simão Baccelli MS e Pe. Paulo Ravier MS, que trabalhavam no Rio de Janeiro, e Pe. Francisco Burdin MS, que estava na capital de São Paulo. No fim da guerra os três voltaram para o Brasil.

Com a redução no número de saletinos naquele período, mais o cuidado pastoral dos doentes atingidos pela febre espanhola, a preocupação com a construção do Santuário e a sobrecarga das tarefas pastorais em duas paróquias, Pe. Moussier se sentiu extenuado e foi internado no hospital. Morreu em 1919 sem ver concluído o Santuário que foi inaugurado em 1927. O sepultamento foi acompanhado por enorme multidão. Era considerado um santo pelo povo.

4. A missão no Rio Grande do Sul

Em 1928, com a chegada de novos Missionários Saletinos vindos da Europa e dos Estados Unidos, foi possível estender o horizonte missionário até o Rio Grande do Sul, fértil campo vocacional naquela época. Pe. Fidélis Willy MS, novo superior regional, Pe. Agostinho Poncet MS e Pe. André Duguet MS dirigiram-se a Marcelino Ramos, no Rio Grande do Sul. Depois de tratado o assunto com Dom Atico Eusébio da Rocha, bispo de Santa Maria, diocese a cuja jurisdição Marcelino Ramos pertencia, foram ali fundadas a paróquia São João Batista e a Escola Apostólica Nossa Senhora da Salette, para a formação de Missionários Saletinos brasileiros.

Logo a seguir, na década de 1930, outros Missionários Saletinos, cheios de extraordinária dedicação, chegaram a Marcelino Ramos para trabalhar na formação dos jovens vocacionados: Pe. Francisco Allard MS, Irmão João Creff MS, Pe. Alberto Allamann MS e Pe. Francisco Xavier Hoegger MS.

Junto à Escola Apostólica por muitos anos funcionou o noviciado. Em 1957, o noviciado passou para União da Vitória, no Paraná. Mais tarde, em 1989, dado o projeto solidário entre a Missão Saletina do Brasil e a da Argentina, foi transferido para Cochabamba, na Bolívia, de onde em 1909 voltou para Marcelino Ramos.

Em 1936 iniciaram-se as grandes romarias a Nossa Senhora da Salette, junto à Escola Apostólica. Celebrada no final do mês de setembro de cada ano, a Romaria da Salette é a segunda mais antiga do Rio Grande do Sul. Atrai multidões de peregrinos vindos, sobretudo, dos três estados do Sul do Brasil.

Dado o progressivo aumento do número de romeiros, em 1942 foi construída, junto à Escola Apostólica, uma representação do local da Aparição da Salette (*Fac-simile*), na França. Por insistência de Dom Antônio Reis, bispo de Santa Maria, um Santuário teve sua construção iniciada em 1946, Ano Centenário da Aparição da Salette, e sua inauguração na Romaria de 1948. É visitado por inúmeras pessoas durante o ano todo. É o principal ponto de irradiação da devoção saletina no Brasil. Além da revista *Salette*, ali está sediada também a Equipe Missionária, que atende a muitos pedidos de Missões Populares no Sul do Brasil e em outras regiões do país.

Durante alguns anos a presença saletina no Rio Grande do Sul se ampliou com o serviço pastoral à paróquia São Pedro, em Erechim. Criada em 1958, a paróquia foi repassada ao Clero Diocesano em 1999. Outras paróquias da região foram igualmente atendidas ocasionalmente pelos Missionários Saletinos: Maximilano de Almeida/RS e Piratuba/SC.

5. A missão no Paraná

Como os Missionários Saletinos no Brasil, na década de 1950, já eram mais numerosos, a Província decidiu ampliar seu campo de ação e entrou no estado do Paraná. Inicialmente, em 1955, foi assumida a paróquia de São Cristóvão e N. Sra. da Salette, no bairro São Cristóvão, em União da Vitória, com uma vasta área interiorana. Junto à paróquia, as Irmãs de Nossa Senhora da Salette instalaram sua sede no Brasil.

Em Curitiba/PR, a Província foi incumbida de fundar a paróquia Nossa Senhora da Salette e Santa Rosa de Lima, no Jardim Social. A igreja matriz foi elevada a Santuário Arquidiocesano da Reconciliação. Em área anexa, o Instituto Salette acolhe os seminaristas saletinos de Filosofia e Teologia. Nele se realiza anualmente a Assembleia Provincial dos Saletinos no Brasil. É também local de retiros e encontros de grupos eclesiais. Junto a ele estão a sede da Província Imaculada Conceição e uma casa para idosos e enfermos da Província.

Durante diversos anos, os saletinos em Curitiba atenderam também à paróquia de Santa Madalena Sofia Barat, no bairro de Higienópolis, e a de São Pedro e São José Operário, no Bairro Xaxim. Comunidades de religiosas em Curitiba tiveram Missionários Saletinos como capelães. Por sua vez, a praça em frente ao Palácio Iguaçu, sede do governo do estado do Paraná, leva o nome de "Nossa Senhora da Salette". Sua origem está na devoção a Nossa Senhora da Salette como "Padroeira dos Agricultores". A devoção, surgida no Sul, encontrou acolhida no estado do Paraná por suas caraterísticas agrícolas.

No sudoeste do Paraná, igualmente e durante muitos anos, a Missão Saletina se fez presente nas paróquias de Vitorino, Renascença e Bom Sucesso. Bom Sucesso mais tarde voltou aos cuidados dos saletinos porque na região, em Rio Elias, existe um Santuário de Nossa Senhora da Salette. Grande número de peregrinos anualmente ali se congrega para celebrar a Romaria no mês de setembro. A paróquia Nossa Senhora da Glória, em Francisco Beltrão, a do Bairro Lagoão, em Palmas, a paróquia de Mariópolis, uma em Ponta Grossa e outra em Braganey, onde existe um Santuário de Nossa da Salette, também foram, por alguns anos, servidas pelos Missionários de Nossa Senhora da Salette.

6. A missão na Bahia

Na fase final do Concílio Ecumênico Vaticano II, a consciência da dimensão missionária se fez claramente exigente na Igreja. Naquela época, a Província Imaculada Conceição, com um contingente significativo de missionários trabalhando em obras pastorais mais organizadas, foi desafiada a lançar-se em áreas pastoralmente mais carentes, onde a Igreja precisava firmar sua presença evangelizadora no meio do povo pobre e desassistido. Embora alguns de seus membros estivessem atuando fora do Brasil, a Província não estava presente em terras de missão propriamente ditas.

Por insistência do Pe. Conrad Blanchet MS, superior-geral da Congregação, para que a Província brasileira se tornasse verdadeiramente missionária foi assumida, em 1963, uma extensa região litorânea, centralizada em Valença, ao sul de Salvador, na Bahia. Além de Valença, faziam parte do desafio missionário os municípios de Gandu, Ituberá, Nilo Peçanha, Taperoá, com inúmeras comunidades urbanas e rurais profundamente religiosas, mas muito carentes de atendimento pastoral e geograficamente muito dispersas. Depois de longos anos de dedicação pastoral por parte dos Missionários Saletinos, a vastidão geográfica obrigou-os a reduzir sua presença nos municípios de Valença e Tancredo Neves.

Com o surgimento de numerosas vocações no Nordeste brasileiro, a Província assumiu uma paróquia em Salvador e fundou uma casa de formação para seus vocacionados. Paralelamente, os monges do Mosteiro de Taizé, em Alagoinhas, Bahia, necessitados de recursos humanos, no início do século XXI solicitaram aos Missionários Saletinos a colaboração para a direção do Centro Ecumênico de Espiritualidade da Reconciliação. Cumprida a missão, a Província se retirou.

7. A missão no Centro-Oeste do Brasil

Em janeiro de 1988, durante a Assembleia Provincial, Dom Tomás Balduíno OP, bispo de Goiás, no estado de Goiás, implorou ao superior provincial urgente ajuda à sua diocese. Um de seus sacerdotes, Pe. Francisco Cavazzutti, fora vítima de atentado. Um tiro causou-lhe cegueira irreversível. O pedido sofrido de Dom Tomás foi atendido prontamente pela Província. Foi o momento da entrada dos Missionários Saletinos em terras goianas. A título de colaboração provisória, as paróquias de Mossâmedes e Sanclerlândia foram postas aos cuidados de um Missionário Saletino. Apesar de normalizada a situação, Dom Tomás não desejava a saída dos saletinos de sua diocese. Entregou-lhes, então, o cuidado de grande região pastoralmente necessitada: Itapirapuã, Jussara, Santa Fé de Goiás e Britânia. Por diversos anos os saletinos ali se entregaram com dedicação ao serviço do povo de Deus. Em janeiro de 1999, Dom Tomás solicitou o afastamento da diocese em razão da idade. Foi o momento apropriado para que os saletinos também suspendessem sua presença missionária nesse sertão goiano.

Goiás, porém, guardava um espaço providencial para a presença dos saletinos na cidade de Caldas Novas. No mesmo ano em que os saletinos deixaram a diocese de Goiás, Dom Guilherme Antônio Verlang MSF foi nomeado bispo de Ipameri, em Goiás. Sem demora, Dom Guilherme decidiu fundar um Santuário Diocesano dedicado a Nossa Senhora da Salette em Caldas Novas, cidade tipicamente turística. Essa decisão vinha acompanhada de outra, a de solicitar a presença dos Missionários Saletinos para acompanhar a construção e o serviço pastoral do Santuário, além de colaborar no serviço à paróquia local. Depois dos entendimentos adequados, o Santuário foi fundado e efetivamente confiado aos saletinos em 2004. As paróquias de Marzagão e de Rio Quente, situadas na região de Caldas Novas, foram atendidas pelos saletinos por algum tempo, como forma de entrada na diocese.

No ano de 1988, a Província Imaculada Conceição se havia lançado na direção do Mato Grosso. Várzea Grande, cidade anexa a Cuiabá, generosamente acolheu os Missionários de Nossa Senhora da Salette. A paróquia central da cidade, antes atendida pelos padres salesianos, foi repassada aos saletinos. Muitos sulistas habitavam na região. A devoção da Salette tinha migrado com eles do Sul para o Oeste do Brasil e fez com que, num bairro de Várzea Grande, se erguesse o belíssimo Santuário Arquidiocesano de Nossa Senhora da Salette, foco de atração de muitos romeiros, sobretudo por ocasião dos festejos da Padroeira no mês de setembro. As Irmãs de Nossa Senhora da Salette mantêm ali uma comunidade e prestam precioso atendimento pastoral e educacional ao povo do bairro.

A chegada dos saletinos ao Mato Grosso fez com que se desse um passo mais longo e se entrasse no extremo oeste do Brasil, na paróquia de Cujubim, arquidiocese de Porto Velho, Rondônia. Foi a resposta dada pela Província ao apelo da CNBB para que se assumisse uma frente missionária nessa imensa e longínqua região.

8. A missão além-fronteiras

Em meados do século XX a Província Imaculada Conceição pôs à disposição do Conselho Geral da Congregação membros seus para servir a obras vocacionais e missionárias na Itália, Espanha e Madagascar, e ao próprio governo central da Congregação em Roma. Na década de 1970, a Província Imaculada Conceição enviou um de seus membros para a Alemanha, no interesse de buscar ajuda para a formação de seus vocacionados no Brasil. Em retribuição à grande generosidade do povo alemão, a Província presta auxílio pastoral a diversas paróquias e comunidades religiosas na Alemanha, particularmente à diocese de Stuttgart. Por sua vez, o Santuário da Salette, na Montanha da Aparição, na França, necessitado de sacerdotes estrangeiros, recebe a colaboração da Província Imaculada Conceição no serviço aos peregrinos.

A devoção a Nossa Senhora da Salette se expandiu também no Paraguai. A ida de brasileiros para a terra guarani propiciou a entrada da devoção saletina em duas diferentes regiões do país. Dedicados colonos "brasiguaios" levantaram dois Santuários saletinos em áreas rurais de Cruzo Guarani, ao norte, e Naranjal, ao sul. Anualmente se celebram ali os festejos da Padroeira Nossa Senhora da Salette, conduzidos por Missionários Saletinos brasileiros.

9. A missão a serviço da Igreja no Brasil

Além dessas áreas pastorais, alguns Missionários Saletinos se dedicaram à pregação de Retiros para o Clero Religioso e Diocesano em diferentes lugares no Brasil. Outros prestaram relevantes serviços a Seções Regionais da Conferência Nacional dos Bispos do Brasil (CNBB), bem como à Direção Nacional e a Seções Regionais da Conferência dos Religiosos do Brasil (CRB).

Na linha da promoção do laicato, nos últimos anos a Congregação deu início, em suas diferentes Províncias, ao Movimento de Leigos e de Leigas Saletinos. São pessoas encantadas com o Fato da Salette. Sem pertencerem aos quadros formais da Congregação e permanecendo no próprio estado de vida, profissão e residência, unem-se aos Missionários Saletinos no empenho de uma vida cristã reconciliada e reconciliadora dentro da Igreja e da sociedade. Comungando da espiritualidade e do apostolado da Reconciliação, seguem um Regimento de Vida próprio, com organização interna e princípios de vida e de espiritualidade que os mantêm unidos entre si. Existente em diferentes países, o Movimento no Brasil congrega centenas de pessoas em diferentes estados. Depois do processo de formação, os participantes se reúnem periodicamente para a mútua animação, em estreita união com os Missionários e as Irmãs de Nossa Senhora da Salette. A Província Imaculada Conceição mantém igualmente uma Escola de Justiça, Paz e Reconciliação que organiza cursos intensivos de formação nessa área, para leigos e para leigas dispostos a atuar em paróquias atendidas pelos Missionários Saletinos no Brasil.

Apêndice

Capítulo I

O PERCURSO DE VIDA DE MAXIMINO E MELÂNIA

A missão de anunciar a Mensagem da Bela Senhora em Salette, confiada a Maximino e Melânia, teve seu ápice com a publicação do *Mandamento Doutrinal* de Dom Philibert de Bruillard, a 19 de setembro de 1851. Começava, então, a missão da Igreja, na expressão de Dom Ginoulhiac, em sua *Instrução Pastoral e Mandamento* de 4 de novembro de 1854. Uma vez reconhecida a autenticidade da Aparição por parte da Igreja, a missão dos dois jovens se tornou responsabilidade da própria Igreja. Nem por isso os dois privilegiados deixaram de transmitir a todos, incansavelmente e com inteira fidelidade até o final da vida, a palavra pública da Bela Senhora. A narrativa da Aparição com sua Mensagem foi parte integrante de seu dia a dia. Seu testemunho intrépido da Aparição foi vivido entre as grandes alegrias e os profundos sofrimentos que a missão lhes impôs. Em sua pobreza e humildade foram pessoas de oração, de vida cristã autêntica. As limitações pessoais de que sempre deram mostras, tanto antes quanto depois da Aparição, não interferiram, porém, na declaração da autenticidade do Fato da Salette. Maximino e Melânia são típicos representantes dos "pobres de Javé" de que falam as Escrituras. Em sua fragilidade humana, a graça do Senhor realizou maravilhas.

Dom Ginoulhiac soube fazer a necessária distinção entre o Fato da Salette e a vida de Maximino e Melânia, ao afirmar: "Se o caráter moral dos dois pastores, tal como era a 19 de setembro de 1846, pouco importa à realidade do Fato da Salette, o que eles se tornaram depois importa muito menos ainda".[1]

Importa saber, no entanto, como eles conviveram com a história do Fato da Salette. A vida de Maximino e de Melânia, após a Aparição, suscita surpresa e admiração.

A partir do final de 1850, ao deixarem o Colégio de Corps, ambos seguiram o próprio caminho, distantes um do outro, sem nunca mais se encontrarem. A vida deles se tornou errante, transumante, como a permanente transumância dos rebanhos que vagueiam pelas montanhas em busca de pastagem. Na inconstância permanente de sua vida, procuraram a paz amorosa que tinham vivido por alguns momentos na presença da Bela Senhora, na solidão da Montanha da Salette. Maximino e Melânia não foram canonizados, mas, considerado seu percurso de vida tecido na fidelidade a Deus e a Nossa Senhora, certamente vivem entre os braços eternamente carinhosos da Bela Senhora, no profundo do coração de Deus.

Durante a Aparição, ambos receberam da Bela Senhora uma "palavra pessoal", um por vez, e sem conhecimento de seu respectivo conteúdo. A "palavra pessoal", ou "segredo", foi firmemente conservado no recôndito do coração de Maximino e de Melânia, por toda a vida, apesar das muitas e grandes tribulações vividas. A ternura materna que a Bela Senhora lhes demonstrou ficou eternamente impressa em seu viver. Apropriaram-se da "palavra pessoal" recebida e a guardaram como somente sua.

---

[1] In BASSETTE, Louis, *Le Fait de La Salette...*, op. cit., p. 355.

A "Mensagem" ou "palavra pública" dirigida pela Bela Senhora a todo o seu povo, e comunicada pelos dois pastores, foi, por sua vez, entregue à Igreja, por ela foi aceita e a ela agora pertence. É mensagem de conversão, de reconciliação, de vida nova em Cristo. É mensagem que retoma o que está no coração do Evangelho do Filho da Bela Senhora. Seu anúncio é, pois, tarefa de toda a Igreja, a Missionária do Senhor.

1. Maximino: inconstância de vida na fidelidade a Bela Senhora

Maximino, depois da Aparição, viveu um filial relacionamento com o Pe. Mélin. O pároco de Corps, depois do Incidente de Ars, ajudou Maximino a entrar no Seminário de Rondeau, perto de Grenoble. Para tanto, a pedido de Dom Philibert, Pe. Mélin solicitou, a 1º de outubro de 1850, a permissão do tutor de Maximino, seu tio Templier.

A 28 de outubro de 1850, estando no Seminário, Maximino enviou ao Pe. Mélin uma carta muito singular:

> Agradeço-lhe imensamente pelos muitos bens que de vós recebi nestes quatro anos. Vós me servistes de pai, vós me cuidáveis mais que meu pai, vós me dáveis a instrução que meu pai não podia me dar e eu não passava de um ingrato para convosco. Desobedeci a vós até o último ponto. Eu vos irritei, e dou testemunho do meu reconhecimento de minha ingratidão: oh miserável! É como se diz: a ingratidão é um vício revoltante; tende piedade de um pobre ingrato para convosco, dirigi-lhe algumas palavras de consolo. Pareceu que perdia vossos benefícios, mas não. Deus vos recompensará: ele vos promete uma coroa eterna por causa de vossa paciência para comigo e para com meu tio. Deus vos recompensará por todas as vossas boas obras a meu fa-

vor. Rezarei bastante por vós; vós rezareis por mim para que possa fazer bem meus estudos. Se demorei tanto em vos escrever é porque tinha medo de vós, como o pai Adão tinha medo de Deus depois de seu pecado: dignai-vos perdoar um ingrato, um pobre pastor das Montanhas. Permiti-me, peço-vos, que vos chame de meu pai porque vós sois mais do que meu pai e eu sempre vos desobedeci: infeliz que sou! Perdoai-me, vos peço... Quanto a minha atividade, vos comunicarei mais tarde...[2]

Como seminarista, Maximino gostava de passar férias em Corps, onde era bem acolhido pelas Irmãs do Colégio onde havia estudado. Frequentemente subia à Montanha da Aparição junto com o Pe. Mélin para apresentar o Fato da Salette aos peregrinos. Durante as férias de 1851, Maximino foi à Grande Chartreuse para um retiro de oito dias. No retorno, entrou no Seminário de Côte Saint-André. Achava-se que ali seria menos procurado pelos curiosos.

No Seminário, porém, como Dom Ginoulhiac observaria mais tarde em sua *Instrução Pastoral e Mandamento*, Maximino se pôs a brincar de "profeta", inventando "predições" que nada tinham a ver com a Aparição, mas atemorizavam os colegas e faziam-no rir. Achava graça das pessoas quando o levavam demasiadamente a sério. Esse tipo de comportamento vivido no Seminário, entre 1851 e 1853, motivou sua saída da instituição, o que lhe custou uma crise pessoal, desestabilizando mais ainda sua vida sofrida. Esse comportamento fora demonstrado, antes, por ocasião de sua visita a Ars, em 1850, e posteriormente, na redação de seu "segredo" enviado ao Papa Pio IX, em 1851. Era uma ca-

---

[2] In HOSTACHY, Victor MS, *La galerie des portraits...*, vol. II, op. cit., p. 162-163.

racterística da personalidade de Maximino. Isso, no entanto, não impediu que levasse uma vida de excelente cristão.

A infância de Maximino foi menos infeliz que a de Melânia. Sofreu muito, porém, em seus primeiros anos de vida por causa da morte da mãe. Carregava consigo, portanto, sérios problemas afetivos. Desde criança fora obrigado a suportar um peso que sempre o acompanhou na forma de instabilidade psicomotora. Outro fator que pesou em sua instabilidade congênita, o mesmo, aliás, que atingiu Melânia, foi o contato que teve com pessoas curiosas, aduladoras e muitas de psiquismo perturbado. O risco de que certas amizades trariam consequências infelizes para o equilíbrio de ambos era real. Faltava-lhes uma orientação sólida e constante da parte de um diretor espiritual.

Aos vinte anos de idade, Maximino conseguiu concluir seus estudos clássicos. Em 1856, entrou no Seminário Maior de Landes, aos cuidados dos padres jesuítas. Nem mesmo eles foram capazes de "injetar juízo e saber na pobre cabeça de menino grande, sempre estulto e pouco apto a receber uma instrução sólida".[3] O próprio Maximino, em carta à Irmã Sainte-Thècle, afirmou: "Eu acreditava, em minha boa-fé, que aos vinte anos de idade não seria mais uma criança, mas todos os dias faço a experiência do contrário".[4] Admirável candura e humildade! Moço transparente e honesto, mas a instabilidade o impedia de alcançar sucesso nos estudos, apesar dos bons conselhos que ocasionalmente recebia de Pe. Mélin.

Ao final de dois anos de estudos filosóficos, externou certa hesitação quanto a seu futuro. Não sabia que caminho de vida seguir. Deixou o Seminário. Foi para Paris, onde trabalhou no Hospital de Vésinet, entre o verão de 1859 e janeiro de 1860. No entanto, pressentia dificuldades,

---

[3] In CARLIER, Louis MS, *Histoire de l'Apparition...*, op. cit., p. 192.
[4] Ibid., p. 193.

como deixou entrever numa carta a 5 de janeiro de 1860: "Muitas pessoas do Ministério do Interior me criticam: minha conduta é irrepreensível, mas me falta capacidade".[5]

Os tempos difíceis vieram. Viveu durante cerca de quatro meses pelas ruas de Paris, sem amigos e sem moradia. Caiu na miséria e na doença. Chorou muitas vezes junto ao altar da Santa Virgem, em Saint-Sulpice. Numa de suas primeiras cartas à Irmã Sainte-Thècle, em Corps, declarou que estava comendo o pão que o diabo amassou.

Com a ajuda de amigos, conseguiu entrar no Colégio de Tonnerre, onde passou um ano e meio aperfeiçoando sua formação geral. Em Paris frequentava a casa de Pe. Julião Eymard, seu compatriota e futuro santo. Recebeu ajuda do casal Jourdain, uma família generosa que o tratava como filho e lhe deu condições de estudar medicina. Pe. Julião declarou que: "Sem a senhora Jourdain que o acolheu em sua casa, o pobre Maximino seria como a lama das ruas de Paris".[6] A 1º de janeiro de 1862, Maximino revelou ao Pe. Mélin sua alegria por estudar medicina.

Em sua instabilidade pessoal, Maximino começou a sonhar em voltar à terra natal. Escreveu ao Pe. Mélin dizendo-lhe que queria voltar a Corps e que desejava lá comprar uma casa para trabalhar como médico e farmacêutico. O dinheiro para tanto, segundo ele imaginava, viria da venda de um terreno pertencente à senhora Jourdain, próximo a Paris.

O entusiasmo não durou muito. A 17 de outubro de 1864, desencorajado, escreveu novamente a Pe. Mélin para dizer-lhe que estava endividado, que era pobre e que o casal Jourdain não era suficientemente rico para continuar a ajudá-lo. Queixava-se de que os estudos de medicina eram muito longos e receava não ter clientela alguma depois de formado. Logo a seguir, abandonou o curso.

---

[5] In HOSTACHY, Victor MS, *La galerie des portraits...*, vol. II, op. cit., p. 165.
[6] In STERN, Jean MS, *La Salette – Documents authentiques...*, op. cit., vol. III, p. 135.

Em 1865, o pobre frustrado, em viagem pela Itália, chegou a Roma, onde, por intermédio do cardeal Villecourt, seu grande amigo, tornou-se guarda pontifício por seis meses, depois dos quais voltou a Corps, em 1866. Em 1870, durante a Guerra, foi mobilizado para servir no Forte Militar de Barrauz, em Grenoble. Mensalmente procurava o Missionário Saletino Pe. Berthier para se confessar. De volta a Corps, em 1875, Maximino teve um último sonho: tornar-se Missionário de Nossa Senhora da Salette. Sonho que, como os outros, certamente não se teria concretizado se Maximino tivesse sobrevivido. Em Corps, a muito custo ganhava a vida como comerciante de objetos religiosos e de uma bebida alcoólica chamada "Licor Saletino", fruto de precária sociedade com um amigo que o explorou. Maximino se endividou mais uma vez. Pedia ajuda aos Missionários da Salette e ao casal Jourdain, que acabou na falência.

Maximino, porém, guardava em seu coração um terno e profundo amor a Bela Senhora. Diariamente rezava o terço em sua honra. Jamais esqueceu o maravilhoso evento da Aparição. Repetia sempre, com inteira fidelidade, a narrativa da Aparição. Pe. Archier MS, que o conheceu a fundo, deu um belo testemunho a seu respeito: "Teve-se a ousadia de dizer que Maximino não era piedoso. Nada de mais injusto e falso!".[7] Seus costumes eram moralmente irrepreensíveis. Não era padre nem religioso. Não quis se casar. A um amigo que o criticava por isso, respondeu: "Depois que vi a Santa Virgem, não posso me apegar a nenhuma outra pessoa sobre a terra!".[8]

Falsos amigos de Maximino, com a intenção de lhe arrancar o "segredo", davam-lhe, às vezes, bebidas misturadas com substâncias entorpecentes. Maximino, então, se excedia um pouco, mas sem perder o

---

[7] In CARLIER, Louis MS, *Histoire de l'Apparition...*, op. cit., p. 199.
[8] Ibid., p. 201.

controle de si. Era um defeito que Maximino procurava corrigir. Ele mesmo reconhecia que não era modelo de vida. Com humilde sinceridade, em setembro de 1861, na Montanha da Salette, ao fazer mais uma vez a narrativa da Aparição no local de onde a Bela Senhora se elevara aos céus, afirmou: "Chegada a esse ponto, ela se elevou e desapareceu, e me deixou com todos os meus defeitos".[9]

O término de sua vida foi muito edificante. Um ano antes da morte, contraiu uma doença grave. Durante a enfermidade intercedia sem cessar a Bela Senhora por sua cura. Confessava-se e comungava frequentemente. No começo de novembro de 1874 a doença amainou e permitiu que Maximino fizesse sua última peregrinação ao Santuário da Aparição. Comungou e fez, pela última vez, a narrativa da Aparição às religiosas da Salette que trabalhavam no serviço aos peregrinos junto ao Santuário.

A 1º de março de 1875 seu confessor o visitou. Recebeu os Santos Sacramentos. Ao comungar, pediu um pouco de água da Salette. O Pão Eucarístico foi seu último alimento e a água da Salette sua última bebida. Logo após a partida do confessor, Maximino deu seu último suspiro. Asma, palpitações cardíacas e inflamação das pernas o levaram à morte.

O coração de Maximino, depois de embalsamado, foi deposto em urna especial no interior do Santuário na Montanha da Salette, conforme o desejo expresso dele, tal era seu amor pela Bela Senhora! Seu corpo foi sepultado no cemitério paroquial de Corps. A população da cidade, muitos padres das redondezas e um grande número de pessoas vindas de outras regiões, apesar da neve, participaram do funeral. As despesas do enterro foram assumidas pelo Santuário, com a permissão do bispo de Grenoble, Dom Fava.

---

[9] In STERN, Jean MS, *La Salette – Documents authentiques...*, op. cit., vol. III, p. 24.

Maximino viveu e morreu pobremente, mas profundamente amoroso da Bela Senhora. Se não era isento de defeitos, deu provas de excelentes qualidades. Foi muito estimado por seus compatriotas. Ao narrar o evento extraordinário de que fora privilegiada testemunha, sempre assumia uma postura grave, de clareza, prontidão, dignidade e calma. Seu exterior era amável, puro, de boas maneiras. Não tinha receio de defender a Aparição e defender-se dos contraditores. Não o fez somente por palavras, mas também por escrito. Em 1866 havia publicado um texto intitulado *Ma profession de foi sur l'Apparition de Notre-Dame de La Salette*, um opúsculo de 72 páginas. Nele fez uma tocante e piedosa dedicação a Bela Senhora, declarando que estava disposto a dar a vida em defesa da Aparição.[10]

No testamento, Maximino deixou um maravilhoso testemunho de fé cristã e de amor a Bela Senhora:

> Em nome do Pai, e do Filho, e do Santo Espírito. Amém. Creio em tudo que ensina a santa Igreja apostólica e romana, em todos os dogmas definidos por nosso Santo Padre, o Papa, o augusto e infalível Pio IX. Creio firmemente, mesmo ao preço de meu sangue, na célebre Aparição da Santíssima Virgem, sobre a Santa Montanha de La Salette, a 19 de setembro de 1846, Aparição que defendi por palavras, por escritos e por sofrimentos. Depois de minha morte que ninguém venha a afirmar que me ouviu desmentir o grande acontecimento de La Salette, pois estaria mentindo para si mesmo ao mentir para o universo. Com esses sentimentos dou meu coração a Nossa Senhora de La Salette.[11]

---

[10] Cf. CARLIER, Louis MS, *Histoire de l'Apparition...*, op. cit., p. 206-214.

[11] Ibid., p. 214-215.

2. Melânia: vida virtuosa em trajetória tortuosa

O percurso de vida de Melânia, após a Aparição da Salette, foi mais longo e complicado que o de Maximino. No Colégio das Irmãs da Providência, em Corps, desde o final de 1846, Melânia estava sob a direção da superiora, Irmã Santa Tecla, e progredia no domínio de si e na luta contra a tentação da vaidade suscitada pelos elogios recebidos. Tornava-se adulta e não podia mais permanecer entre jovens no colégio onde viveu durante quatro anos como colega de Maximino. Por isso, em carta de 1º de outubro de 1850, Dom Philibert afirmou: "Quanto a Melânia, já é mais do que tempo de sair de Corps. Mandei um aviso à madre superiora de Corenc. É preciso, então, que se tenha o consentimento de seus pais".[12]

Pe. Mélin não mediu esforços para convencê-la a partir, pois ela receava o afastamento de seu ambiente familiar. Era demasiado tímida. Finalmente aceitou ir para Corenc, nas proximidades de Grenoble, onde foi bem recebida como postulante no Convento das Irmãs da Providência. Era o fim do verão de 1850.

Em carta a Pe. Mélin, a 19 de outubro do mesmo ano, Melânia expressou seu contentamento: "Pe. Mélin, apresso-me em lhe escrever para comunicar-lhe a felicidade que tenho de estar em Corenc com as boas religiosas".[13] Um ano mais tarde, a 29 de setembro de 1851, ao final do tempo de postulado, escreveu novamente a Pe. Mélin expressando sua alegria porque em breve receberia o hábito religioso para iniciar o período do noviciado com o nome de Irmã Maria da Cruz.

Como noviça, Melânia recebeu o encargo de cuidar de um grupo de crianças da escola das Irmãs. Desempenhou a contento a tarefa recebida. Nela despontou a intenção de trabalhar em país de missão. Era

---

[12] In HOSTACHY, Victor MS, *La galerie des portraits...*, vol. II, op. cit., p. 160.

[13] Ibid., p. 160.

piedosa e dada à mortificação. No entanto, manifestava-se apegada às próprias ideias. Melancólica, preferia estar sozinha, parecendo às vezes ausente da realidade, imersa em imaginações. Era objeto de veneração até por parte de padres e de outras personalidades importantes, que, ao ouvi-la, tomavam nota de tudo que dizia. Melânia lia a vida de santos e outros textos de caráter místico com estranhas revelações que influenciaram seus escritos posteriores. Sua mestra de noviciado, Irmã Teresa de Jesus, lhe dava apoio. No entanto, essa tendência de Melânia, já adulta, para a elaboração de vaticínios nada tem a ver com a Melânia adolescente que, na Aparição da Salette, recebeu, juntamente com Maximino, a Mensagem pública da Bela Senhora e a "palavra pessoal" dada a cada um dos dois.

A 1º de maio de 1854, as superioras, preocupadas em dar uma formação mais exigente para a humildade, enviaram Melânia, ou Irmã Maria da Cruz, à Comunidade de Corps. Foi bem acolhida, mas logo surgiram dificuldades, inclusive com o pároco Pe. Mélin, a ponto de Melânia não saber o que fazer. Teve problemas de saúde. Foi à Montanha da Salette onde reencontrou serenidade.

De volta a Corenc, Melânia soube, porém, que não tinha sido admitida à profissão religiosa. Sua decepção foi profunda. O motivo da recusa foi exposto, mais tarde, por Dom Ginoulhiac, na *Instrução Pastoral e Mandamento*:

> Quanto a Melânia, se ela não foi inteiramente submetida às mesmas provações (que Maximino), suportou outras, suficientes para inflamar imaginações mais calmas e pôr em risco as virtudes mais provadas. Depois do dia 19 de setembro de 1846, ela foi, por parte de grande número de pessoas, mesmo dentre as mais respeitáveis e distintas, transformada em objeto de delicadas atenções, de atitudes ternas e respei-

tosas que mais pareciam uma espécie de culto, de tal forma que, se durante alguns anos ela não se deixou envolver, não seria estranho que não se deixasse levar, por fim, pelo apego às próprias ideias, o que é um dos maiores perigos que correm as almas favorecidas por dons extraordinários. Esse apego ao próprio juízo e a certas singularidades, que são suas consequências naturais, atraiu nossa atenção desde que fomos informados a respeito e, embora a Comunidade tenha reconhecido sua piedade e seu zelo na instrução religiosa das crianças, nós cremos que era de nosso dever não admiti-la aos votos anuais, para formá-la mais eficazmente na prática da humildade e da simplicidade cristãs, que são a proteção necessária e mais segura contra as ilusões da vida interior.[14]

No mês de setembro de 1854, o bispo Dom Charles Newsham, superior do Seminário Maior de Ushaw, na Inglaterra, foi a La Salette para a celebração do oitavo aniversário da Aparição. Encontrou-se com Melânia, que lhe pareceu frágil e sofrida. Imaginou que a mudança de clima e um repouso pudessem lhe fazer bem. Em carta a Dom Ginoulhiac, Dom Newsham se dispôs a levá-la à Inglaterra por alguns meses. Dom Ginoulhiac permitiu-lhe que a levasse consigo, com "a condição de que ela mesma consentisse".[15]

Melânia aceitou a proposta. Assim, podia afastar-se do assédio dos curiosos e dos problemas sofridos em Corps e Grenoble. Teria também a oportunidade de aprender o inglês, como desejava. A saída da França para a Inglaterra, em setembro de 1854, não foi, portanto, um

---

[14] In CARLIER, Louis MS, *Histoire de l'Apparition...*, op. cit., p. 181.

[15] Cf. STERN, Jean MS, *La Salette – Documents authentiques...*, op. cit., vol. III, p. 350.

exílio imposto. Melânia foi devidamente consultada, aceitou espontaneamente o convite e partiu na plena liberdade.

Na Inglaterra, Dom Newsham não tinha condições de mantê-la junto a si. Confiou Melânia às Irmãs Carmelitas do Convento em Darlington, no Condado de Durham. Melânia se deixou cativar pelo estilo de vida das contemplativas. Pediu para fazer parte da comunidade. A 25 de fevereiro de 1855 recebeu o hábito do Carmelo em cerimônia de grande pompa. Diversos bispos e membros da nobreza inglesa estavam presentes. A solenidade do ato, por certo, foi motivo de satisfação para Melânia. Findo o noviciado no Carmelo, professou os Votos Religiosos a 24 de fevereiro de 1856. Pouco tempo depois, no entanto, compreendeu-se que a admissão aos votos fora um ato precipitado. Sinais inquietantes apareceram no comportamento de Melânia. Voltou a fazer predições obscuras, a ter atitudes estranhas mescladas com momentos de tranquilidade. O claustro começou a se mostrar pesado para a pastora Melânia, habituada aos espaços abertos das montanhas.

Em julho de 1860 Melânia recebeu a visita de sua irmã Maria. A família estava em má situação. Melânia entrou em desespero. Quis voltar para a França a todo custo. Em setembro seguinte partiu de Darlington para Marselha, onde habitava sua mãe. Foi acolhida na Casa São Barnabé, das Irmãs da Compaixão, onde se hospedou como pensionista. Vestia amplo hábito preto com uma touca. Isolava-se, caminhando pelo jardim. Fora proibida de se dar a conhecer como a testemunha da Salette para evitar perturbações para a Comunidade. Sabia-se apenas que era uma ex-carmelita de Darlington, na Inglaterra.

Em 1861 Melânia, usando o hábito das Irmãs da Compaixão, foi enviada a Cefalônica, na Grécia, para trabalhar num orfanato em Corfu, a pedido do bispo daquela diocese. Em 1863 voltou a Marselha onde passou alguns meses no Carmelo. Depois voltou para as Irmãs da Compaixão, em cujo noviciado foi admitida pela superiora geral em 1864. Recebeu o hábito sob o nome de Irmã Victor, com o compromisso formal de não se dar a conhecer a ninguém como a testemunha da Salette.

Nessa época, alguns bispos italianos viviam exilados em Marselha, em virtude da situação político-religiosa da Itália. Entre eles estava Dom Petagna, bispo de Castellamare di Stabia, perto de Nápoles. Durante sua estadia em Marselha, dava assistência espiritual às Irmãs da Compaixão, entre as quais se encontrava Melânia.

Melânia aproveitou a oportunidade para pedir acolhida junto à diocese de Dom Petagna. Desligou-se, então, da Congregação das Irmãs da Compaixão, em abril de 1867. O bispo paternalmente a acolheu em Castellamare di Stabia, acompanhada pela Irmã Zenaide Beillon, da Congregação da Apresentação. Antes de partir para a Itália, porém, Melânia esteve na Montanha da Salette, de 15 a 18 de abril de 1867.

Os primeiros tempos em Castellamare foram duros. As duas companheiras, Melânia e Irmã Zenaide, nada tinham a fazer. Sem recursos, receberam ajuda do Pe. Silvano Maria Giraud, superior-geral dos Missionários de Nossa Senhora da Salette. De Nápoles, a 11 de junho de 1867, Melânia enviou uma carta ao Pe. Giraud, dizendo-lhe:

> Venho agradecer-vos todas as vossas bondades. (...) Terei como dever muito bom o de rezar por vós, meu reverendo padre, pelos bons padres da Santa Montanha, bem como pelas religiosas, pois que todos se tornaram a língua ou a boca de Maria para repetir o que, a toda bela e boa Mãe, disse a seus dois pequenos nadas.[16]

---

[16] In CARLIER, Louis MS, *Histoire de l'Apparition...*, op. cit., p. 186-187.

Como, em 1869, a situação de vida em Castellamare ainda continuava difícil, Melânia se pôs a dar lições de francês a crianças pobres na casa de uma senhora. Em troca, Melânia recebia acolhida.

Dom Petagna morreu em 1878. Nesse ano Melânia foi a Roma, onde foi recebida pelo Papa Leão XIII. Viveu durante alguns meses num Convento das Irmãs Salesianas. Nessa época, passou a redigir a "Regra para os Apóstolos dos Últimos Tempos", cujo núcleo central, segundo ela, lhe tinha sido confiado por Nossa Senhora, na Aparição. Concentrou-se também na redação de seu "segredo". No final de 1879 voltou a Castellamare, onde publicou o "Segredo".

Em 1884 Melânia voltou à França. Depois de alguns meses passados em Corps, foi residir em Cannes para cuidar da mãe. Sua situação era difícil. Pe. Giraud continuava a lhe enviar ajuda financeira. Ela agradecia gentilmente.[17]

Depois da morte da mãe, a 1º de dezembro de 1889, Melânia voltou a morar em Marselha. No bairro de Montolivet, ela introduziu a devoção a Nossa Senhora da Salette, o que levou o pároco a descobrir que Melânia era a testemunha da Aparição. Ao saber disso, o vigário-geral da diocese a transferiu para o bairro de Le Cannet, onde também foi reconhecida. Por decisão superior, ela recebeu a ordem de deixar Marselha.

Após a guerra de 1870, Melânia, com a colaboração do cônego De Brandt, um entusiasta das revelações do seu "segredo", finalmente quis fundar a controvertida Congregação dos "Apóstolos dos Últimos Tempos". O bispo de Autun, Dom Perraud, com o apoio da Santa Sé, se opôs à iniciativa. Melânia, contrariada, abandonou o projeto ao final de muitas dificuldades.

---

[17] Ibid., p. 187-188.

Em 1892 Melânia voltou à Itália e se estabeleceu em Galatina, perto de Lecce, sede episcopal de Dom Zola. Ali permaneceu durante cinco anos. Em 1896 fez uma viagem a Paris. Na capital da França, suas tendências escatológico-apocalípticas, hauridas em "profecias populares" correntes na época, se acentuaram no contato com pessoas imbuídas dessa mentalidade. Em setembro de 1897 se transferiu para Messina, na Itália, a pedido do bispo da diocese, Dom Annibale Di Francia, hoje canonizado. Dom Annibale pedia sua ajuda para a fundação da Congregação das Irmãs do Divino Zelo. Em junho de 1899 voltou para a França, estabelecendo-se em Allier e, a seguir, em Diou, cujo pároco Pe. Combe, uma personalidade controvertida, era interessado por visões e profecias de caráter apocalíptico. Melânia a ele se confiou e sob sua orientação redigiu uma autobiografia. Ali permaneceu por três anos.

Aproximando-se o final da vida, em 1902 Melânia esteve pela última vez em La Salette. Foi acolhida pelos capelães do Santuário, que já estava aos cuidados do Clero da diocese de Grenoble, pois os Missionários Saletinos haviam sido expulsos pelo governo francês.

Na Montanha da Salette, junto à fonte milagrosa, a 18 de setembro de 1902, Melânia repetiu a narrativa da Aparição feita por milhares de vezes ao longo de sua vida, de maneira idêntica à que havia feito em Ablandens ao anoitecer do dia da Aparição. No dia seguinte, 19 de setembro, repetiu a narrativa diante dos inúmeros peregrinos maravilhados. Na longa conversação tida com os capelães do Santuário naquela oportunidade, Melânia afirmou: "Há três coisas na Aparição: a Aparição como tal, o discurso e minha visão".[18] Distinguia, portanto, entre a Mensagem da Bela Senhora e a leitura do Fato da Salette que ela, Melânia, interpretava a seu modo, sob a influência de "profecias populares". E deu a entender que tomava distância de toda a confusa história em que se

---

[18] Cf. *Annales de N. D. de La Salette*, novembro de 1902, p. 106.

envolveu, dizendo: "Já não sei o que é meu e o que é de outros, mas o que se passou a 19 de setembro de 1846 é como acabo de vos contar".[19]

Melânia deixou na Salette um testemunho de fidelidade a Bela Senhora, de humildade, modéstia e mortificação. Por onde passava deixava a impressão de grande virtude e terna piedade. Sempre foi pessoa de intensa vida de penitência, oração e contemplação. Jamais vacilou em seu testemunho a respeito do Fato da Salette como tal.

Em junho de 1903 Melânia voltou novamente para a Itália. Estabeleceu-se em Altamura, Província de Bari, onde, por recomendação do bispo Dom Cecchini, se hospedou em casa posta à sua disposição por uma família generosa, nas cercanias da cidade. Morava sozinha e diariamente frequentava a missa no Convento das Irmãs do Divino Zelo, Congregação que ela ajudou a Dom Annibale Di Francia fundar.

Na manhã do dia 15 de dezembro de 1904, Melânia não compareceu à missa. Dom Cecchini pediu a sua doméstica que fosse ver o que acontecia. A porta da casa estava fechada. A autoridade competente foi chamada, entrou na casa e encontrou Melânia morta. A família que a acolhera quis sepultá-la na tumba familiar. Dom Cecchini, porém, com os cônegos da Catedral e uma grande multidão, levaram Melânia a sua última morada no Convento das Irmãs. Dom Annibale, nessa ocasião, exaltou as virtudes de Melânia.

Dom Fava, bispo de Grenoble, deixou por sua vez a respeito da testemunha da Salette a seguinte declaração: "Melânia, a quem interroguei em Castellamare há dois meses, assinaria com seu próprio sangue a narrativa (do Fato da Salette) que ela fez e sempre manteve".[20]

Melânia sofreu grandes pressões psicológicas da parte de pessoas que a envolveram, gerando controvérsias. Sua história pessoal teria sido

---

[19] In STERN, Jean MS, *Que sont devenus les enfants?*, polígrafo s/d.
[20] In CARLIER, Louis MS, *Histoire de l'Apparition...*, op. cit., p. 189.

diferente se tivesse tido uma sábia orientação espiritual. No entanto, em sua atribulada existência manteve sempre uma coerente vida de oração e meditação, de integridade e austeridade, na fidelidade tenaz a Bela Senhora e ao Fato da Salette com sua Mensagem pública, tanto em sua juventude quanto em idade avançada. Melânia elaborou também, por iniciativa própria, anos depois da Aparição, algumas reflexões, fruto de sua complexa vivência religiosa confrontada com o evento da Salette. Formam o chamado "segredo de Melânia" que nunca foi objeto de reconhecimento por parte da Santa Sé. O que a autoridade eclesiástica reconheceu como autêntico é, apenas, o Fato da Salette com sua Mensagem pública. Essa distinção deve ser preservada.

O acompanhamento pessoal, recebido por Maximino e Melânia após a Aparição, foi deficiente. Em sua vida errante não foram suficientemente protegidos contra os riscos enfrentados por causa da extraordinária experiência mística por eles vivida na Montanha da Salette. Pio IX, a 13/08/1853, enviou carta a um bispo da Toscana, na Itália, onde a Virgem teria aparecido a uma moça naquela época, recomendando ao bispo um bom e sábio discernimento no trato do assunto: "Pense nas pessoas que detêm em mãos a educação dos adolescentes, e a quem são confiados seus espíritos frágeis!".[21] O Papa tinha em mente o caso dos adolescentes Maximino e Melânia, já expostos a influências nefastas no ano de 1853.

Apesar das consequências indesejadas, é admirável o fato de que

> ... o céu tenha escolhido para a Salette mensageiros tão primitivos, tão frágeis e também decepcionantes. Maximino e Melânia foram escolhidos como membros e representantes do povo dos pequeninos, e não porque teriam sido crian-

---

[21] In STERN, Jean MS, *L'Evêque de Grenoble...*, op. cit., p. 63.

ças-prodígio. De resto, ao longo de toda a história, Deus escolheu para si mensageiros e representantes frágeis. Entre eles, alguns se mostraram perfeitos ou quase, outros manifestaram fraquezas, outros enfim mereceram a sentença que atinge o mau servidor. Todos, porém, foram instrumentos nas mãos de Deus.[22]

O mesmo Pe. Jean Stern MS, em relação à trajetória de vida dos dois pastores da Salette, assim conclui:

> Pode-se dizer que Maximino e Melânia viveram uma experiência religiosa profunda na Montanha a 19 de setembro de 1846. Esse evento marcou profundamente a vida deles. Eles tudo fizeram para permanecer fiéis à Mensagem que Maria lhes entregou. Em relação aos segredos, diria que fazem parte de sua experiência religiosa, a partir da Aparição. Uma experiência que continuaram lendo a partir do evento como tal e do círculo de pessoas que os submeteu a toda espécie de pressões e manipulações religiosas e políticas. Não esqueçamos que as crianças resistiram até onde suas forças lhes permitiram fazê-lo. Elas escreveram os segredos, seduzidas por mentiras, ameaças... Nada há de estranho se incluíram na redação dos segredos toda espécie de predições apocalípticas que corriam por toda parte nessa época. Nada há de estranho se, ouvindo essas coisas, elas as incorporaram a suas experiências humanas, sociais e religiosas.[23]

---

[22] Id., *La Salette – Documents authentiques...*, op. cit., vol. III, p. 137.
[23] Id., *Maximin et Mélanie: les secrets*, polígrafo s/d., p. 5.

Capítulo II

UMA ESPINHOSA QUESTÃO

Maximino e Melânia, ao longo de toda a vida, tenaz e firmemente recusaram revelar, não só ao público em geral mas também entre si, o "segredo" recebido por cada um, separadamente, durante o evento da Salette. A contragosto aceitaram pô-lo por escrito em 1851 e enviá-lo ao Papa, na suposição de que Pio IX o havia solicitado, o que não correspondia à verdade. No entanto, sempre houve suspeitas de que nenhum dos dois tenha revelado o "segredo", guardado com extremo cuidado no próprio coração. O conteúdo, escrito naquela oportunidade, foi considerado por muitos inocente escapatória de jovens irritados pelas pressões sofridas para que revelassem o que a Bela Senhora lhes pedira para não revelar. As duas cartas de Maximino e Melânia, enviadas ao Papa e inacessíveis ao público, foram guardadas nos Arquivos do Vaticano. Um mundo de fantasias envolveu, a partir daí, essa questão.

Quanto a Maximino, depois de 1851, procurava se evadir dos curiosos, contando-lhes "profecias" de brinquedo, para rir-se deles. Suas "profecias" retomavam predições apocalípticas conhecidas pelo povo naquela época.

Quanto ao "segredo de Melânia", a história é mais complexa. Desde 1853 foi publicado por ela em cinco diferentes redações, em momentos distintos, com a afirmação de que o tinha recebido da Bela Senhora. Seu conteúdo sempre veio carregado de catástrofes, destruição e morte, o que não corresponde à imagem do Deus do Evangelho. O comentário de Pe. Jean Stern MS, competente pesquisador da história da Salette, é contundente a esse respeito: "O que se sabe de Melânia e dos contatos que ela teve durante os anos cinquenta nos obriga a recusarmos a atribuição de qualquer caráter sobrenatural ao seu muito famoso 'segredo'".[1]

Há fundados motivos para recusar o caráter sobrenatural do que Melânia nele afirma. Os traumas por ela sofridos têm real influxo sobre suas afirmações: as dolorosas carências de ordem familiar, o abuso de autoridade eclesiástica, a veneração recebida por parte de admiradores indiscretos e as influências negativas de aficionados a "mistérios" e a "profecias populares". Melânia conheceu a miséria em diferentes dimensões de sua vida. O peso dessa realidade era demasiado para a frágil Melânia. Precisava libertar-se dele.

A partir de 1852, particularmente, a tendência de Melânia em assumir uma imagem diferenciada se intensificou. A moça introvertida se pôs a reler o próprio passado de sofrimentos. O amor próprio ferido se deixava entrever. Demonstrava dificuldade em distinguir entre a realidade da Aparição e os próprios sonhos, entre a personagem verdadeira que fora e o imaginário que formara de si mesma. Seus devaneios serviam aos aduladores que a exaltavam como dotada de perfeita santidade e tiravam proveito de sua simplicidade. Melânia assim afirmava que, desde criança, teria tido revelações sobrenaturais, encontros com anjos, com a Virgem Maria, com o Menino Jesus, êxtases e até mesmo a graça da ciência teológica infusa. Fantasias de adolescente nascidas de frustrações, frutos de uma infância pesadamente sofrida. Sequelas de mecanismos do subconsciente que a levavam a imaginar a infância feliz que desejava ter vivido e que jamais viveu.

---

[1] In STERN, Jean MS, *La Salette – Documents authentiques..*, op. cit., vol. III, p. 125.

Na verdade, ninguém dentre os que a conheceram percebeu traços de experiências místicas extraordinárias em sua infância remota. Nem Jéan-Baptiste Pra, seu patrão em Ablandens, que bem a conhecia antes da Aparição, nem a prudente Madre Sainte-Thècle, que, após a Aparição, cuidou de Melânia durante quatro anos no Colégio em Corps, nem o judicioso Pe. Mélin, pároco de Corps, que a acompanhava com cuidado, nem a zelosa educadora De Brulais, nem o habilidoso Pe. Lagier, nem o consciencioso Pe. M. Rousselot, que a interrogaram e a observaram de perto; ninguém deu testemunho a respeito da veracidade desse imaginário elaborado por Melânia a respeito de sua infância. A verdade do real passado de Melânia foi atestada pela investigação oficial promovida pelos bispos de Grenoble, Dom Philibert e Dom Ginoulhiac, pelas Irmãs da Providência de Corps e por muitos outros investigadores na época. Seu passado não impediu, porém, que ela tivesse se tornado pessoa de intensa oração e penitência em seus anos maduros.

Em agosto de 1853, os primeiros retalhos do "segredo" de Melânia vieram à tona. Seu conteúdo prenunciava as redações dos anos setenta, mais reduzido, porém. Desde então Melânia fazia distinção entre o texto do "segredo" enviado ao Papa, em 1851, e o que guardou no recôndito da alma. De passagem pela Grande Chartreuse, em 1853, declarou num escrito autobiográfico: "A Santa Virgem deu à selvagem dois segredos: um foi enviado ao Papa e o outro a selvagem dele jamais falou".[2] É surpreendente o fato de ela chamar a si mesma de "selvagem".

Em 1854, a construção do Santuário estava em andamento. Os primeiros Missionários de Nossa Senhora da Salette lá estavam a serviço dos peregrinos. Como padres diocesanos, viviam em comunidade com uma Regra de Vida provisória que não correspondia a suas aspirações. Melânia, por sua vez, queria ser fundadora de uma comunidade

---

[2] Ibid., vol. III, p. 118.

religiosa. Com a parca experiência adquirida no noviciado, em Corenc, redigiu uma Regra sumária com esse objetivo.[3] Em 1857 pensou em elaborar uma Regra para os "Apóstolos dos Últimos Tempos", Congregação intuída por São Luís Grignion de Montfort. A Regra seria aplicada aos Missionários no Santuário. As reações contrárias forçaram a suspensão do projeto.

Em 1858, o mesmo interesse fez parte de nova redação do "segredo" de Melânia. Adèle Chevalier, uma autodenominada mística, fez uso dele na redação de pretensa Regra para os Missionários e as Religiosas do Santuário. O bispado de Grenoble reagiu firmemente. A Regra não foi aplicada nem aos Missionários nem às Religiosas da Salette.

Nesse mesmo ano de 1858, Amédée Nicolas, um advogado de Marselha que mantinha correspondência com Melânia, publicou um livro sobre a Salette. Após algumas peregrinações à Montanha da Aparição, Nicolas começou a fazer "profecias" a respeito de Roma, do Papa, da França e do nascimento do "Anticristo". Esses temas estão presentes na versão mais ampla do "segredo de Melânia", propositadamente publicado em 1858, quando um comentário de Nicolas sobre o Apocalipse veio a público também. Mais tarde, nos anos sessenta, Nicolas acolheu Melânia em sua casa, em Marselha, e se fez seu ardente defensor. Algum tempo depois, cópias do "segredo" circulavam pela imprensa em Marselha. Curiosamente, numa carta de 7 de janeiro de 1873, a própria Melânia, referindo-se ao texto, afirmou: "São coisas tiradas do Apocalipse, às quais não era preciso dar crédito".[4] Melânia desde cedo teve contato com tais "profetas de desgraças", na expressão do Papa São João XXIII, os quais, sobretudo a partir de 1870, se tornaram muito ativos na difusão do chamado "segredo de Melânia".

---

[3] Ibid., p. 224-227.

[4] Ibid., p. 118.

Em 1878, segundo Melânia e seus admiradores, era chegado o momento de publicar a redação completa e final do "segredo". O opúsculo foi impresso em Lecce, no sul da Itália, em 1879. Dom Zola, bispo da diocese, acompanhou de perto sua impressão, autorizou a Cúria a lhe dar o *imprimatur* e, a 25 de novembro, enviou uma centena de exemplares ao cônego De Brandt, admirador de Melânia. O texto foi amplamente divulgado.

O opúsculo contém a narrativa da Aparição. O "segredo", nela inserido, ocupa cerca de onze páginas, ou seja, três vezes mais que a "Mensagem" pública da Bela Senhora. O texto se refere a metrópoles depravadas, a nações e chefes de povos, ao Papa, ao imperador, lança impropérios contra o Clero, anuncia diferentes desgraças, prediz o nascimento do "Anticristo" e dirige forte apelo aos "Apóstolos dos Últimos Tempos" para que transformem o mundo. O texto é tão apocalíptico, anticlericalista e racista que não é possível atribuí-lo a Nossa Senhora. Trata-se de um pasticho extremamente confuso.[5] No pós-Concílio Vaticano II, em 1988, o antiromanismo desse texto serviu de pretexto ao bispo Lefèbvre para usar da Salette como justificativa para sua revolta contra o Papa.[6] O "segredo" assenta-se sobre três elementos básicos: o anticlericalismo acentuado, a esperança de uma conversão maciça das pessoas para escapar do Apocalipse anunciado e a preservação de uma elite na fé, os "verdadeiros discípulos do Deus vivo", "os verdadeiros imitadores de Cristo", "os Apóstolos dos últimos tempos".

Muitos bispos reagiram contra o opúsculo de Melânia. Em fevereiro de 1880, o cardeal Caterini, secretário do Santo Ofício, pediu explicações a Dom Zola a respeito do *imprimatur* que havia concedido ao opúsculo. Os cardeais da Santa Sé, apoiados pelo Papa, em junho de

---

[5] Ibid., p. 120.

[6] Cf. "Il Tempo", Roma, 1º de julho de 1988; in STERN, Jean MS, *La Salette – Documents authentiques...*, op. cit., vol. III, nota 5, p. 110.

1880 recomendaram a Dom Zola que não se ocupasse mais de Melânia e que ela fosse proibida de escrever sobre tais assuntos. Pediram-lhe também que o opúsculo fosse retirado da mão dos fiéis. O Pe. Archier, superior-geral dos Missionários de Nossa Senhora da Salette, e os próprios Missionários responsáveis pelo Santuário da Santa Montanha foram informados a esse respeito. Numa carta ao superior-geral, o cardeal Caterini afirmou: "A Santa Sé viu com desprazer a publicação desse opúsculo e quer que os exemplares, lá onde tiverem sido divulgados, sejam retirados das mãos dos fiéis".[7]

Em drástica medida do Santo Ofício, o processo de beatificação de Dom Zola foi interrompido. A decisão foi comunicada a seu sucessor, em carta de 4 de junho de 1936. Em 1951 o processo foi definitivamente suspenso. A decisão da Santa Sé foi confirmada em 1985, no pontificado de João Paulo II.[8] Dom Zola foi um santo bispo. Sua santidade, porém, não evitou a imprudência cometida.

Amédée Nicolas e seus sequazes, apaixonados pelo "segredo" de Melânia, reagiram ante as medidas da Santa Sé. Desencadearam pela França afora uma revolta contra a autoridade eclesiástica. Com isso, o "movimento melanista", que tem raízes longínquas nos anos imediatamente posteriores a 1853, se exacerbou.

Em 1901, e novamente em 1907, foram postas no *Index* duas outras publicações sobre o "segredo" de Melânia, atribuídas ao Pe. Émile Combe, pároco de Diou, no Allier, França, que hospedara Melânia em 1899. Depois, em 1915, nova interdição foi exarada pela Santa Sé.[9] Em 1923 ainda, foi expedida nova condenação e nova inclusão do opúsculo no *Index*.

---

[7] In CARLIER, Louis MS, *Histoire de l'Apparition...*, op. cit., p. 188.

[8] Cf. STERN, Jean MS, *L'affaire des "secrets"*, nota 21, p. 7, polígrafo, La Salette, 16 de julho de 2002.

[9] In *Acta Apostolicae Sedis*, 7, 1915, p. 594.

Apesar dos interditos, um grupo combativo continuou a dar suporte à divulgação do "segredo" de Melânia. Pode-se dizer, portanto, que "há uma espécie de conaturalidade entre o 'segredo' e as preocupações milenaristas, cronologizantes e político-religiosas desse pequeno mundo de que o próprio Léon Bloy fez parte",[10] juntamente com Pe. Combe.

O "movimento melanista" é formado por pessoas empenhadas na exaltação de Melânia como figura central do Fato da Salette. O "segredo", para eles chave de leitura da Aparição, lhes é mais importante do que a Mensagem pública da Bela Senhora. Para o melanismo, "acolher La Salette significa, de fato, acolher Melânia: ela é, com Maximino em posição subalterna, o verdadeiro sinal da Aparição, a verdadeira graça concedida à Igreja".[11]

O "movimento melanista", difuso antes da publicação final do "segredo de Melânia", em 1879, se radicalizou com Léon Bloy e Pe. Combe, e se desviou da correta interpretação e recepção do Fato da Salette firmada pela Igreja.

Léon Bloy se autodenominava "Peregrino do Absoluto" à procura de Deus. Nasceu a 11 de julho de 1846, ano da Aparição da Salette. Dizia ele: "Pertenço, pois, à Salette, de forma muito misteriosa". Teve formação cristã na infância, mas cedo perdeu a fé. Convertido, tornou-se um cristão exaltado. Era escritor patético, brilhante, genioso e genial. Visitou a Montanha da Salette pela primeira vez a 29 de agosto de 1879. Lá descobriu a grandeza do evento que marcou definitivamente sua vida. Escreveu páginas brilhantes a respeito, e páginas demolidoras contra certas pessoas e instituições. Bloy foi uma segunda vez à Salette em 1880, acompanhado por Anne Marie Roulé, pessoa tomada por

---

[10] In STERN, Jean MS, *La Salette – Documents authentiques...*, op. cit., vol. III, p. 123.
[11] In ROGGIO, Gian Matteo MS, *Mons. Philibert de Bruillard e La Salette*, polígrafo, nota 96, p. 30, s/d, Roma.

delírios e detentora de "segredos", o que levou Bloy a se impregnar de ideias apocalípticas e milenaristas. Em virtude de alguns problemas surgidos com a presença dos dois na Montanha da Salette, mais o inverno que chegava e obrigava o Santuário a fechar as portas aos peregrinos, os dois hóspedes foram solicitados a partir. Indignado, Bloy se revoltou contra os Missionários da Salette por causa disso, e contra Dom Ginoulhiac por não ter admitido Melânia à profissão religiosa.

Em 1879, Bloy tomou conhecimento do "segredo de Melânia". As predições apocalípticas dela invadiram sua alma torturada. O "segredo" se tornou para ele a chave de interpretação do Fato da Salette. A Aparição e sua Mensagem não passavam de episódio secundário para ele. Melânia e seu "segredo" ocupavam o primeiro lugar. Pe. Dr. Simão Baccelli MS, que conheceu pessoalmente Melânia na Montanha da Aparição em 1902, na obra *Conheçam La Salette*, traz páginas esclarecedoras sobre essa questão.

Em 1906, Bloy retornou pela terceira vez ao Santuário da Salette e redigiu a obra *Celle qui pleure*, segundo a qual se atém ao "segredo" lido em chave escatológica. Morreu em 1917, em plena Guerra Mundial, preocupado com o fim dos tempos e seus terríveis cataclismos, fim prefigurado pela Primeira Grande Guerra, fim iminente segundo suas extravagantes interpretações da Bíblia. Fez a seu modo, nessa perspectiva apocalíptica, a exegese do "segredo" e da autobiografia de Melânia. Para ele, a tragédia da Guerra era a confirmação do "segredo". A Salette, lida nessa ótica, se tornou para Bloy "o *sinal* maior, a matriz interpretativa de toda a trajetória da história. Os acontecimentos são avaliados e calculados em relação à Salette que, por isso mesmo, se torna a *chave* da história humana".[12]

---

[12] In ANGELIER, François e LANGLOIS, Claude, *La Salette, Apocalypse, pélèrinage et littérature – 1856-1996*, Grenoble, Editions Jérôme Millon, 2000, p. 189.

Apesar de tudo, Bloy colaborou para que intelectuais de primeira grandeza na França e além encontrassem o caminho de Deus. Essas personalidades conheceram de perto sua paixão pelo Cristo, seu amor pela Mãe do Senhor, sua profunda vida cristã. Souberam, porém, relativizar prudentemente suas críticas acerbas e ímpetos apocalípticos.

Pe. Émile Combe nasceu em 1845 e morreu em 1927. Trabalhava em Vichy, na França. Era um caráter forte e crítico, de mentalidade apocalíptica e monarquista. Em 1894, antes de acolher em sua paróquia de Diou, na região do Allier, Melânia já idosa, Pe. Combe havia publicado um estudo sobre o "segredo de Melânia", obra na qual previa que o grande castigo do mundo e o triunfo universal da Igreja aconteceriam a 19 de setembro de 1896, cinquentenário da Aparição. A 15 de junho de 1901, a obra foi posta no *Index* dos livros proibidos pela Santa Sé.

Melânia, em 1900, se instalou em Diou para dar assistência ao pai de Pe. Combe em final de vida. Combe, nesse ano, acompanhou Melânia numa visita à Montanha da Salette e, a seguir, publicou uma brochura sob o título *Le secret de Mélanie et la crise actuelle*.

Antes, em 1897, enquanto residia na Sicília, Melânia, a pedido de Dom Annibale Di Francia, havia redigido em italiano uma autobiografia traduzida por ela mesma para o francês em 1900, sob o controle de Pe. Combe, que exerceu influência decisiva na redação final dessa autobiografia. Depois repassou o texto a Léon Bloy, que a publicou em 1912, após a morte de Melânia, com o título *Vie de Mélanie bergère de La Salette. Écrite par elle-même en 1900. Son enfance (1831-1846)*.[13]

Em sua autobiografia, Melânia descreve experiências místicas que, segundo ela, viveu na infância, quando teria recebido os estigmas. Privilegiada, sempre segundo ela, recebia com frequência a comunhão das mãos do próprio Jesus. Teria recebido também a ciência teológica infusa.

---

[13] Cf. STERN, Jean MS, *La Salette – Documents authentiques...*, op. cit., vol. III, p. 222.

Trata-se, porém, de visão radicalmente contrastante com o que a história relata a respeito da sua infância. É impossível admitir a verdade histórica desse relato e atribuir criteriosamente um caráter sobrenatural ao "segredo" por ela formulado e tão instrumentalizado por outros.

Em seu *Journal*, Combe se propôs defender Melânia contra as calúnias de que ela se dizia vítima e servir de testemunha num eventual processo de beatificação dela. No *Journal*, traçou-lhe um itinerário espiritual. Nele a Aparição da Salette fica em segundo plano. A predominância é atribuída a Melânia e ao seu "segredo".

As últimas páginas do *Journal* estavam repletas de críticas à Igreja, porque se opusera à publicação do "segredo de Melânia". Segundo Combe, só o castigo divino poderia redimir e converter a Igreja desse pecado.

Melânia permaneceu em Diou por três anos e voltou à Itália, onde faleceu em 1904.

Considerada a vida de Melânia depois de 1851, ela pode ter-se enganado por falhas de memória ou por imaginações distorcidas. Frágil em sua formação e fragilizada por muitas contrariedades, foi influenciada por pessoas exaltadas e de discernimento pouco seguro, com as quais teve notoriamente contato. Na verdade, a época estava impregnada de "profetismo" esotérico. O fenômeno era recorrente no século XIX. A França vivia duras turbulências desde a Revolução de 1789, o que proporcionou um clima propício ao surgimento de "profecias populares" de teor apocalíptico, fruto e causa de terror. A Revolução de 1848, ou Comuna de Paris, e a derrota na Guerra franco-alemã de 1870 fizeram muitas pessoas levar a sério "profecias" sem nenhuma seriedade.

Esses tempos complexos permitiram o surgimento do anúncio de desgraças. O Apocalipse de São João era usado de maneira distorcida. A espera do fim dos tempos se articulava com a regeneração da fé para expiação dos crimes cometidos. A imagem de um Deus vingador justificava os clamores apocalípticos. Esses "erros do século" foram condenados pelo *Syllabus* de Pio IX.

O Concílio de Latrão, na Constituição *Munus Praedicationis*, de 19 de dezembro de 1516, já havia condenado:

> ... as pregações escatológicas que juntavam multidões naquela época do começo do séc. XVI, e que eram obra de homens "que acenam para terrores e ameaças (...) e que tentam confirmar suas afirmações com falsos milagres". O Concílio proíbe-os de "afirmar com segurança a época fixada para os males futuros, ou para a vinda do anticristo, ou o dia preciso do juízo".[14]

Essa mesma reprovação foi retomada pela Igreja no século XX. A 11 de outubro de 1962, na sessão solene de abertura do Concílio Vaticano II, o Papa João XXIII afirmou que é preciso discernir os sinais dos tempos, superando as "insinuações de almas que, embora ardentes de zelo, carecem do senso de discernimento e de medida, e só veem nos tempos modernos prevaricação e ruína, o que as leva a dizer que a nossa época é pior, comparada com os tempos passados". E acrescentou que se via obrigado a "discordar desses *profetas da desgraça*, que anunciam eventos sempre infelizes, como se fosse iminente o fim do mundo".[15]

O caso de Melânia, portanto, não foi um fenômeno isolado. Em seu tempo,

> ... é esse o "capital profético" disponível também para Melânia, a pastora da Salette, que se transforma em pitonisa, em profetiza a favor das turbulências que rasgam a Fran-

---

[14] In ALBERIGO, Giuseppe, *História dos Concílios Ecumênicos*, Paulus, 2005, p. 322.
[15] Ibid., p. 400.

ça dos anos 1870. Ela se declara portadora de "visões" sobre o futuro doloroso de seu país, as quais lhe teriam sido transmitidas pela Virgem, quando da Aparição de 19 de setembro de 1846. O "segredo" de Melânia tende assim a se transformar numa profecia que anuncia a iminência do fim dos tempos. A recepção da mensagem marial, transformada desse modo, desenha uma nova face da testemunha de La Salette.[16]

Nessa longa, confusa e triste história, Melânia, porém, viveu uma profunda afeição à Mãe de Jesus, na busca da santidade por uma vida de oração, de austera penitência, de cuidado para com os órfãos e pela Vida Consagrada. Vida caraterizada pelo apego ao Fato da Salette e à Mensagem pública da Bela Senhora. "Na sua vida e no seu segredo, Melânia escreveu a *sua* interpretação da Mensagem da Salette por ela jamais alterada ou mudada, mas sempre repetida com fidelidade e heroísmo."[17]

A santidade, porém, não supre as limitações naturais. Santo algum esteve isento delas. Com elas, nelas e por causa delas, eles buscaram a perfeição. Melânia, vivendo sofridamente seu afã de santificação, deu testemunho de piedade a todos que encontrava pelo caminho. A Mãe da Reconciliação reservou junto de si compassiva e amorosa acolhida a Melânia, testemunha de sua Aparição em Salette.

---

[16] In ANGELIER, François e LANGLOIS, Claude, *La Salette, Apocalypse...*, op. cit., p. 70.
[17] P. Vanzan, in ROGGIO, Gian Matteo MS, *Mons. Philibert de Bruillard et La Salette*, op. cit., p. 71.

Capítulo III

UMA QUESTÃO SUPLEMENTAR

As cartas manuscritas, contendo o suposto "segredo" ou "palavra pessoal" recebida por Melânia e Maximino na Aparição da Salette, foram imediatamente enviadas ao Papa Pio IX e guardadas nos arquivos da Congregação para a Doutrina da Fé, no Vaticano. Sabia-se que um dossiê reservado à Salette fora constituído pela Santa Sé a partir de 1880, por causa da polêmica levantada pela publicação do "segredo de Melânia". As duas cartas, como se supunha, encontravam-se nesse dossiê. Sabia-se também que a Santa Sé havia incluído no *Index* as obras que divulgavam o mesmo "segredo". O *Decreto do Santo Ofício*, em 21 de dezembro de 1915, confirmava essa orientação. Novamente, a 28 de fevereiro de 1983, em carta enviada a Dom Matagrin, bispo de Grenoble, Dom E. Martinez, da Secretaria de Estado do Vaticano, reafirmava a mesma posição da Santa Sé, explicitamente negativa quanto a esse assunto, declarando

> ... que é oportuno que se mantenha essa medida, para evitar tanto quanto possível a difusão de toda literatura contestável a respeito do suposto "segredo". Isso de nenhuma forma significa que a Santa Sé queira jogar suspeitas sobre o culto votado à Bem-aventurada Virgem Maria sob o título de Nossa Senhora da Salette, na linha da Exortação Apostólica *Marialis Cultus* do Papa Paulo VI. Seria, por outro lado,

inadmissível que se venha a semear perturbações no Santuário de La Salette durante as cerimônias que ali se realizam sob a responsabilidade do Reitor e em pleno acordo com o Ordinário do Lugar, o bispo de Grenoble.

Uma nova situação se criou entre 1997 e 1998, sob o pontificado de João Paulo II, quando os arquivos da Congregação para a Doutrina da Fé foram abertos a pesquisadores e a historiadores. O francês Pe. Michel Corteville, melanista convicto, filho de outro conhecido melanista, Fernand Corteville, ao saber dessa atitude da Santa Sé, a 2 de outubro de 1999 teve fácil acesso ao *Dossiê da Salette* arquivado no Vaticano.

Com a ajuda de Pe. René Laurentin, o Pe. Michel publicou uma obra sobre o assunto, em 2002. Nela, o ponto focal é o "segredo de Melânia".

O teólogo saletino italiano Pe. Gian Matteo Roggio faz uma análise severa dessa obra. Nela desvenda um erro metodológico, a falsidade histórica e a distorção teológica na abordagem do Fato da Salette:

> A tese de fundo sustentada pelos autores é que o evento de La Salette encontra sua explicação autêntica nos segredos confiados pela Virgem a Maximino e Melânia. (...) Acolher La Salette significa, de fato, acolher Melânia: ela, tendo Maximino em posição subalterna, é o verdadeiro sinal da Aparição, a verdadeira graça concedida à Igreja.[1]

Roggio aprofunda sua crítica a essa obra ao afirmar:

> Por mais vezes os autores repetem abertamente que a leitura dos segredos, seja por parte do bispo de Grenoble, De Bruillard, ou por parte de Pio IX, deu o impulso decisivo e inapelável para a decisão de aprovar oficialmente tudo

---

[1] In ROGGIO, Gian M. MS, *Osservazioni relative al volume...*, op. cit., p. 1.

que aconteceu a 19 de setembro de 1846. (...) Isso é histórica e teologicamente falso. Dom De Bruillard escreve textualmente no *Decreto* de aprovação de 19/09/1851: "*A nossa convicção* (relativamente à Aparição) *já era plena e indubitável ao final das sessões da Comissão, a 13/12/1847*". No entanto, a redação dos segredos por Melânia e Maximino, e sua leitura por parte de Dom De Bruillard, só acontecem entre 3 e 6 de julho de 1851. (...) Por outro lado, se os segredos, como sustentam os autores, realmente "se referem a temas essenciais da profecia de La Salette", dever-se-ia encontrar um reflexo disso no *Decreto* de aprovação assinado por Dom De Bruillard. Nada disso aparece. O *Decreto* não concede aos segredos um lugar ou dignidade particular: eles não são superiores à Aparição. (...) O objetivo da Aparição não provém dos segredos. (...) O que nela é considerado em perspectiva apostólica e espiritual é simplesmente a Mensagem pública (...), centro e chave de leitura hermenêutica da Aparição. Os autores são, pois, novamente desmentidos pelo *Decreto* de aprovação, uma vez que a autenticidade da Aparição não promana e não provém dos segredos. (...) Os autores estão de tal forma presos por sua tese que não percebem que o *Decreto* apresenta invariavelmente a Aparição como uma totalidade: "*Nós julgamos que a Aparição (...) traz em si mesma todos os caracteres da verdade*". (...) Por isso mesmo, caem num concordismo obsessivo e contínuo (...) que serve apenas para justificar teses que não aparecem na posição oficial da Igreja em relação ao que ocorreu a 19 de setembro de 1846.[2]

---

[2] Ibid., p. 1-3.

Em outro texto, *Mons. Philibert de Bruillard et La Salette*, o mesmo teólogo Gian Matteo Roggio MS observa que, na interpretação do Fato da Salette feita pelos dois autores, surge um tríplice problema:

a) Os "segredos" passados pela Bela Senhora aos dois pastores são, segundo os autores, a chave de explicação para aquilo que não é secreto, i.e., a Mensagem da Virgem Maria que é pública, pois é endereçada a todo o povo de Deus.
b) A missão profética da Bela Senhora é esvaziada para dar lugar a uma pretensa atividade "profética" exercida após a Aparição pelos dois pastores, tidos pelos autores como sendo os verdadeiros profetas da Salette.
c) A memória da Bela Senhora perde relevância ao ser substituída pela memória dos dois pastores, sobretudo a de Melânia, personagem central, segundo os mesmos autores.[3]

Roggio criteriosamente observa também que, para os autores, Melânia por repetidas vezes faz novas revelações em virtude de novas e sucessivas manifestações que teria recebido da Virgem Maria. Isto significa que a Aparição de 19 de setembro de 1846 não estava concluída e que, portanto, as novas manifestações de Nossa Senhora a Melânia não foram aprovadas pela Igreja através do *Decreto* de Dom Philibert de Bruillard a 19 de setembro de 1851, reafirmado por Dom Ginoulhiac a 4 de novembro de 1854. Na verdade, a aprovação da Igreja foi dada à Aparição, e não à vida de Maximino e Melânia, por melhores que tenham sido em sua existência posterior ao Fato da Salette aprovado pela autoridade eclesiástica.[4]

---

[3] In ROGGIO, Gian M. MS, *Mons. Philibert de Bruillard et La Salette*, polígrafo s/d, p. 61.
[4] Ibid., p. 63-64.67.

O que, finalmente, interessa aos dois autores é divulgar o "segredo de Melânia" com a pretensa previsão de castigos catastróficos para o mundo, e não anunciar o esperançoso apelo à conversão, segundo a Boa-Nova da Reconciliação proclamada pela Bela Senhora.

Contrariamente a essa obra dos dois melanistas, o Pe. Jean Stern MS analisou com grande competência o Fato da Salette, fazendo uso do mesmo método científico aplicado pelo próprio Pe. Laurentin em relação às Aparições de Lourdes, método que Laurentin, aliás, não soube aplicar em relação à Aparição da Salette. Desse método faz parte o elenco dos documentos, fatos e datas, segundo a ordem cronológica e uma análise crítica que Pe. Stern publicou em três volumes: *La Salette – Documents Authentiques: Dossier Chronologique Intégral*. Esse é o caminho legítimo para se abordar o Fato da Salette.

CONCLUSÃO

A história assinala a existência de inúmeros fatos e situações do passado que permanecem opacos ao entendimento humano. Tramas circunstanciais complexas dificultam ou impossibilitam a transparência necessária para sua avaliação. Exigem, pois, pesquisa, análise e juízo crítico para que sejam compreensíveis em sua extensão temporal e em seu real significado. Obscuridades e vazios, somados a julgamentos prévios ou preconceituosos, criam empecilhos para sua compreensão definitiva. A história como ciência, nisso manifesta seus limites.

O assim chamado "Fato da Salette" não esteve isento dessas dificuldades. Em torno dele, certezas se fizeram de imediato. Incertezas surgiram depois, por efeito de compreensão errônea, de manipulações evidentes ou da má vontade a seu respeito.

O povo imediatamente intuiu a dimensão sobrenatural do evento de 19 de setembro de 1846. Nesta certeza, multidões de peregrinos visitavam o local bendito para implorar e agradecer a Bela Senhora que aparecera em Salette. A autoridade eclesiástica logo se pôs a verificar os dados. Ao final de cinco anos de criteriosa análise, Dom Philibert de Bruillard, no exercício pleno de sua autoridade ante a diocese de Grenoble, a 19 de setembro de 1851 reconheceu oficialmente a veracidade do Fato da Salette, com o apoio da Santa Sé.

Contudo, a má vontade de pessoas, levadas por razões subjetivas inconfessáveis, levantou forte oposição em relação à Aparição e à autoridade episcopal que a reconhecera como autêntica. A rebeldia motivou

Dom Ginoulhiac a confirmar solenemente o pronunciamento de seu antecessor na cátedra de Grenoble. A afirmação do Fato da Salette com a Mensagem da Bela Senhora deixou, portanto, de ser apenas missão de Maximino e Melânia para se tornar missão da Igreja. O Fato da Salette passou a ser, na perspectiva do Evangelho, assunto de pregação e de ação apostólica da própria Igreja. A partir disso e por causa disso os Missionários de Nossa Senhora da Salette exercem seu ministério pelo mundo afora.

Anos depois do Fato da Salette e de seu reconhecimento oficial por parte da Igreja, surgiu a polêmica do "segredo de Melânia". Trata-se de assunto apócrifo que não faz parte daquilo que a Igreja assumiu como verdadeiro em relação à Aparição. Caracteriza-se como um acervo de incompreensões, distorções e manipulações que envolveram o Fato da Salette, a pessoa de Maximino e, sobretudo, a de Melânia. Essa questão, apesar dos percalços, não abala, porém, o núcleo firme da Aparição com a palavra pública da Bela Senhora. A pura Mensagem da Mãe de Jesus, em Salette, conserva inteiro seu valor evangélico para além das fabulações surgidas a seu respeito. A autenticidade do Fato da Salette definida pela Igreja permanece inalterada. A Aparição é e sempre será fonte de graças para o povo de Deus.

Para melhor compreensão da polêmica do "segredo" é preciso distinguir as diferentes palavras ditas em relação ao Fato da Salette:

a) Primeiramente, a palavra dada pela Bela Senhora na Mensagem dirigida a todo o seu povo. Essa Mensagem pública, confiada a Melânia e Maximino para que a transmitissem a todos, foi proclamada por eles com total integridade e inteira fidelidade ao longo da vida. A narrativa do Fato da Salette por eles feita a milhares de pessoas sempre incluiu a mesma palavra ou Mensagem da Bela Senhora destinada a seu povo.

b) Outra palavra, a "palavra pessoal", distinta da Mensagem pública, foi dada pela Bela Senhora, durante a Aparição, a cada um dos dois separadamente, em forma de "segredo" e conservada com tenacidade no recôndito do coração por Melânia e Maximino. Jamais foi revelada a ninguém, nem mesmo entre si, como a Bela Senhora lhes havia pedido. Permaneceu na alma deles como fonte de alegria e de encantamento, conforme ambos afirmaram. Desde cedo, porém, essa "palavra pessoal" foi objeto de especulações por parte de pessoas ansiosas, interessadas em descobrir supostos mistérios nela ocultos.

c) Nesse contexto, surge a terceira palavra, a que foi escrita por Maximino e Melânia em cartas pessoais e secretas enviadas ao Papa Pio IX. Foi extorquida por um processo de invasão da intimidade dos dois adolescentes, no desrespeito à dignidade pessoal deles. Seu conteúdo não pode ser avaliado como legítimo ou não, uma vez que é impossível confrontá-lo com o verdadeiro conteúdo conservado no secreto do coração deles. As circunstâncias em que as cartas foram redigidas permitem supor, no entanto, que contêm apenas subterfúgios de dois adolescentes oprimidos, que se negavam a revelar o que de fato receberam como "segredo" por parte da Bela Senhora.

d) Por fim, a palavra também conhecida como "segredo de Melânia", escrito alguns anos após a Aparição, surgiu no contexto de circunstâncias desastrosas que a envolveram. Foi elaborada e reelaborada com sucessivos acréscimos, publicada por diversas vezes como sendo revelada, de forma que não se pode saber qual seja a verdadeira versão dessa palavra de Melânia. Nunca, porém, foi reconhecida como legítima pela Igreja. Apesar de oficialmente rejeitada pela autoridade eclesiástica, é, contudo, insistentemente propalada por seus defensores.

Em toda essa conturbada história o que resta de oficialmente autenticado pela Igreja é, apenas, o Fato da Salette com sua respectiva Mensagem. Essa Mensagem é a palavra legitimamente saletina, carregada de sentido bíblico e teológico, com veemente apelo à Reconciliação conforme o Evangelho. Sua transmissão a todo o povo de Deus, confiada primeiramente a Maximino e Melânia, foi assumida pela Igreja no ato do reconhecimento oficial da Aparição. Lida e anunciada à luz da Palavra de Deus, e integrada no contexto do Fato da Salette, essa Mensagem se tornou para o povo de Deus fonte de Vida Nova pela conversão a Cristo Jesus, o Filho da Bela Senhora.

O Fato da Salette revela a compaixão infinita de Deus manifestada pelas lágrimas de sua Mãe Maria e traz para a humanidade uma mensagem de esperança, como dizia São João Paulo II. Salette não é foco de trevas que ameaça e deprime o ser humano. É, acima de tudo, um farol que ilumina o mundo, conforme a palavra de Dom Philibert de Bruillard. A "Montanha Iluminada" da Salette irradia sobre o povo de Deus a Luz do Mundo, o Cristo Senhor.

Desde o *Mandamento* de Dom Philibert, o Fato da Salette está nas mãos da Igreja. Dom Ginoulhiac, a 19 de setembro de 1855, numa alocução aos peregrinos afirmou:

> A missão das crianças acabou, a da Igreja começa. Quer andem onde quiserem, quer se dispersem pelo mundo, quer se tornem maus cristãos, quer desconheçam o que anunciaram a todos os povos, ou desprezem todas as graças que receberam e que receberão ainda, tudo isso não poderá eliminar o milagre da Aparição, que é certo, canonicamente comprovado e jamais será seriamente atingido.[1]

---

[1] In BERNOVILLE, Gaetan, *La Salette*, Paris, Ed. Albin Michel, 1946, p. 245.

Na limpidez de seu coração, felizes e encantados, Maximino e Melânia contemplaram a Bela Senhora e docilmente acolheram e transmitiram sua Mensagem. Humildes e sedentos de paz, semearam a Palavra da Reconciliação que lhes fora confiada. Carentes e aflitos, sentiram o amor compassivo da Virgem Mãe que os chamou junto a si como filhos prediletos. Frágeis e oprimidos, viveram a experiência da misericórdia do Pai. Em suas muitas virtudes, limites e provações se tornaram instrumento da ação divina que age por meio da fraqueza humana. Cumpriram sua missão como "pobres de Javé" e repousam no aconchego celestial da Bela Senhora, que os acolheu com renovado convite: "Vinde, meus filhos, não tenhais medo!". Junto a ela encontraram a paz que não conheceram na vida e tiveram resgatada a dignidade de filhos de Deus e da Bela Senhora.

Na esteira dos bispos de Grenoble, Dom Philibert de Bruillard, Dom Ginoulhiac e Dom Fava, os Missionários e as Irmãs de Nossa Senhora da Salette, unidos aos leigos e às leigas saletinos, assumem, a exemplo de Maximino e Melânia, a tarefa apostólica de transmitir a Mensagem da Bela Senhora e de testemunhar sua compaixão por todo o povo de Deus. O mistério da Reconciliação, sublinhado em Salette, se faz presente no ministério pastoral da Igreja. A devoção filial à Mãe da Reconciliação foi abraçada pela Igreja e impregna a espiritualidade do povo de Deus. A Aparição da Salette, em sua grandiosa beleza, é nova graça para sempre derramada por Deus sobre seu povo.

O Santuário-Basílica da Montanha da Salette desde o início foi centro de peregrinações oriundas do mundo inteiro. Nele e em muitas outras obras apostólicas pelo mundo afora, exerce-se o ministério da Reconciliação à luz do Evangelho e da Aparição da Salette.

A Bela Senhora, Mãe da Reconciliação, como revelou na Aparição, suplica sem cessar ao Filho Crucificado-Ressuscitado a conversão dos filhos seus, membros de seu povo pecador. Por sua prece maternal, a torrente da Vida Nova que brota do Coração misericordioso do Senhor, torrente simbolizada na fonte milagrosa da Salette, jamais deixará de irrigar o coração de seu povo.

BIBLIOGRAFIA

A. G. B., *Mélanie à La Salette*, Annales de N. D. de La Salette, novembro de 1902, p. 97-113; janeiro de 1903, p. 176-179; setembro de 1903, p. 53-55, França, Sanctuaire Notre-Dame de La Salette.

ALBERIGO, Giuseppe e outros, *História dos Concílios Ecumênicos*, São Paulo, Paulus, 2005.

ANGELIER, François; LANGLOIS, Claude e outros, *La Salette, Apocalypse, pèlérinage et littérature (1856-1996)*, Grenoble, Editions Jérôme Millon, 2000.

BACCELLI, Pe. Dr. Simão MS, *Conheçam La Salette*, São Paulo, Paulinas, 1953.

BARRETTE, Eugène G., *Uma pesquisa nas origens e na evolução do carisma dos Missionários de Nossa Senhora da Salette*, tradução de Pe. Antônio Nichelle MS, Curitiba, polígrafo, 1976.

BASSETTE, Louis, *Le Fait de La Salette 1846-1854*, Paris, Les Editions du Cerf, 1955.

BERNOVILLE, Gaetan, *La Salette*, Paris, Ed. Albin Michel, 1946.

CARLIER, Louis MS, *Histoire de l'Apparition de la Mère de Dieu sur la montagne de La Salette*, 9. ed. Lille, Desclée de Brouwer et Cie., 1914.

CASTEL, Pe. Roger MS, *Ce qu'Elle dit sur la Montagne*, França, polígrafo s/d.

FASSINI, Pe. Atico MS, *História da Salette*, 2. ed. Passo Fundo, Gráfica Editora Pe. Berthier, 2008.

FASSINI, Pe. Atico MS, *Crônicas de uma Missão: 100 anos de presença saletina no Brasil*, Passo Fundo, Gráfica Editora Pe. Berthier, 2001.

FASSINI, Pe. Atico MS, *Salette na rota do Cruzeiro do Sul*, Curitiba, TopGRAF Editora&Gráfica Ltda., 2010.

FREIRE-MAIA, Newton, *O que passou e permanece*, Curitiba, Editora UFPR, 1995.

HOSTACHY, Victor MS, *La galerie des portraits de La Salette (Mons. Philibert de Bruillard, Mons. Ginoulhiac, Mons. Fava)*, vol. I, Lille, s/d.

HOSTACHY, Victor MS, *La galerie des portraits de La Salette (Pères Louis Perrin, Mélin, Gérin)*, vol. II, s/d.

JAOUEN, Jean MS, *Les Missionnaires de Notre-Dame de La Salette*, Grasset Éditeur, 1953.

JAOUEN, Jean MS, *La Grâce de La Salette au régard de l'Eglise*, Association des Pélèrins de La Salette, Corps, 1981.

MARTINI, C. M. *Les larmes de Marie*, Suissa, Ed. Saint-Augustin, 2002.

MARTINI, Carlo Maria; BARRETTE, Gene; BROVELLI, Franco, *Maria e a dimensão afetiva da fé*, tradução de Pe. Atico Fassini MS, Petrópolis, Vozes, 1995.

NOVEL, Pe. Charles MS, *Du Corps des Missionnaires Diocesains à l'actuelle Congrégation des Missionnaires de Notre-Dame de La Salette*, polígrafo, 1968.

NOVEL, Pe. Charles MS, *Des quatre conférences sur l'histoire de La Congrégation des Missionnaires de Notre-Dame de La Salette*, polígrafo, s/d.

O'REILLY, J., *La Historia de La Salette*, Cochabamba, Bolivia, 1996.

PERRELLA, Salvatore M.; ROGGIO, Gian Matteo, *Apparizioni e Mariofanie. Teologia, Storia, Verifica Ecclesiale*, Torino, Ed. San Paolo, 2012.

ROGGIO, Pe. Gian Matteo MS, *Osservazioni relative al volume "Découverte du sécret de La Salette"*, Roma, polígrafo, s/d.

ROGGIO, Pe. Gian Matteo MS, *Mons. Philibert de Bruillard e La Salette*, Roma, polígrafo s/d.

ROGGIO, Gian Matteo MS; AVITABILE, Angelo MS, La Salette: un'Apparizione da riscoprire, in *Ephemerides Mariologicae*, Madrid, p. 433-454, out.-dez. 2008.

SCHLEWER, Marcel MS, *Salette, opção de vida*, tradução de Pe. Atico Fassini MS, Passo Fundo, Gráfica Editora Pe. Berthier, 1999.

STERN, Jean MS, *La Salette – Documents authentiques, septembre 1846-début mars 1847*, vol. I, Paris, Desclée de Brouwer, 1980.

STERN, Jean MS, *La Salette – Documents authentiques, fin mars 1847-avril 1849*, vol. II, Paris, Les Éditions du Cerf, 1984.

STERN, Jean MS, *La Salette – Documents authentiques, 1er mai 1849-4 novembre 1854*, vol. III, Paris, Les Éditions du Cerf, 1991.

STERN, Jean MS, *L'Éveque de Grenoble qui approuva La Salette: Philibert de Bruillard (1765-1860)*, Strasbourg, Editions du Signe, 2010.

STERN, Jean MS, Mgr. Ginoulhiac, La Salette et le prophétisme populaire, in *Bulletin Mensuel de l'Académie Delphinale*, Grenoble, p. 247-259, jul.-set. 2004.

TOCHON, Maurice, *La Salette dans la France de 1846*, Versailles, Ed. de Paris, 2006.

TROCHU, Francis, *O Santo Cura D'Ars*, Líthera Maciel Ed. Gra., 2009.

ZINK, Ludwig MS, *Dialogues à La Salette – Dans la solitude des montagnes*, Strasbourg, Éditions Du Signe, 2010.

VVAA, *La Salette – Témoignages*, Paris, Éditions Bloud & Gay, 1946.

A MONTANHA ILUMINADA

Santuários da Salette

Santuário da Salette

FRANÇA

O Santuári-Basílica nos Alpes da França

O Santuário-Basílica em frente ao local da Aparição

3

Nossa Senhora da Salette em lágrimas

Nossa Senhora transmite sua mensagem aos pastorinhos

Assunção de Nossa Senhora da Salette

Maximino e Melânia, testemunhas da Aparição

O Santuário-Basílica e o local da Aparição

Nossa Senhora sentada e em lágrimas
Nossa Senhora em conversação com os dois pastorinhos

Peregrinos da Salette

Procissão do Santíssimo Sacramento

Procissão noturna em torno do local da aparição

O Santuário-Basílica envolto pela neve

Nossa Senhora no final da Aparição

O pôr do sol nas montanhas da Salette

Coroação da estátua da Salette pelo Papa Francisco,
na Praça de São Pedro, em 18/05/2016

Santuários da Salette
BRASIL

O Santuário da Salette no Rio de Janeiro/RJ

Romaria no Santuário da Salette em Marcelino Ramos/RS

O Santuário da Salette em São Paulo/SP

O Santuário da Salette em Curitiba/PR

O Santuário da Salette em Várzea Grande/MT

O Santuário da Salette em Caldas Novas/GO
Altar campal